Narrative Communication
A Story / Humanistic Perspective

叙事传播
故事／人文观点

臧国仁　蔡　琰◎著

ZHEJIANG UNIVERSITY PRESS
浙江大学出版社

图书在版编目(CIP)数据

叙事传播:故事/人文观点 / 臧国仁,蔡琰著. —杭州:
浙江大学出版社,2019.1(2023.6 重印)
ISBN 978-7-308-18484-7

Ⅰ.①叙… Ⅱ.①臧… ②蔡… Ⅲ.①传播学—研究
Ⅳ.①G206
中国版本图书馆 CIP 数据核字(2018)第 179181 号

本书为五南图书出版股份有限公司授权浙江大学出版社
在中国大陆出版发行之简体字版本
浙江省版权局著作权合同登记图字:11-2018-418 号

叙事传播:故事/人文观点

臧国仁 蔡 琰 著

责任编辑	陈佩钰 姜井勇	
责任校对	罗人智	
封面设计	项梦怡	
出版发行	浙江大学出版社	
	(杭州市天目山路 148 号 邮政编码 310007)	
	(网址:http://www.zjupress.com)	
排 版	杭州隆盛图文制作有限公司	
印 刷	广东虎彩云印刷有限公司绍兴分公司	
开 本	710mm×1000mm 1/16	
印 张	17.5	
字 数	305 千	
版 印 次	2019 年 1 月第 1 版 2023 年 6 月第 7 次印刷	
书 号	ISBN 978-7-308-18484-7	
定 价	58.00 元	

为"传播研究"之人文取向进言

本书于 2017 年 6 月在台湾出版繁体字版,由素负盛名的五南图书出版股份有限公司负责编辑与发行业务。出版后除照例赠书给几位多年来在相关领域常相往来的传播学教授外,另也呈正于台湾政治大学前校长吴思华教授。未料吴教授随即派发了"任务",邀我们 10 月份在政大"研究暨创新育成中心"的"未来力实验室"系列读书会上以"偶然"为题报告新书内容。

受宠若惊之余,我们以"人生少有'必然'而多'偶然',亦少'因果'而多'因缘'。'偶然'与'因缘'之后,就是(说)故事的开端"为旨,在读书会上初试啼声,并且得到了许多正面回应。

其后,目前就读于政大传播学院的两位博士生王喆(浙江传媒学院助理教授)与王彦(浙江工业大学人文学院副教授)热心帮忙接洽了大陆的几家高校出版社,透过电子邮件和微信与相关编辑讨论多次后,11 月底确定委请国家一级出版社浙江大学出版社负责本书简体字版的编辑与发行工作。

因而,本书能与大陆读者见面都要归功于这两位同学热心、主动牵线,没有她们的敦促与安排本书无缘问世。本书编辑姜井勇先生不嫌本书谫陋,多方联系,盛情感人,作者铭记在心,难以言谢。

11 月杪,我们受黄瑚教授之邀,前往上海复旦大学新闻学院参加"2017 传播与社会发展海峡两岸暨港澳学术论坛",遂有机会与来自各地高校的师生们以专题讲座的形式交流新书内容。廖圣清教授的点评、与会师生的会后意见交换以及吴思华教授与其他成员在"未来力实验室"系列读书会上的回应,皆让我们受益良多,因而有了以下延续本书所言的想法。

如本书第二章第四节所言,"……多年来……(美国传播教育)独尊传播效果之后果即在于传播研究主题愈趋'坚硬'(或可称其为 hard science,即偏向自然科学的传统),人文素养不足,令人遗憾",因而,本书期许以"人"为本(如本书副书名所示),强调叙事传播之核心概念"旨在回归人之本性并视'故事'为人类沟通核心所在,强调人生而能讲故事也能聆听故事,人与人之间可透过故事讲述而达成相互沟通,且在故事交换过程中犹能共享情感,并借此促进理解与体谅"(见第二章第四节小结)。

由是本书续在第九章第四节定义"叙事传播"为"在某些特定时空情境,透过口述及多媒介/跨媒介载具述说故事的历程,涉及'讲述者'与'讲述对象'之自述/他述生命故事,借此促进彼此倾听以建立沟通行动,进而体验人生、了解生命意义、创造美好生活"。此处强调"传播"概念之"人文"特质,即在透过故事讲述与交换,以期能与听者共同探索生命智慧。

唯因本书章节有限,实犹未能深入剖析相关议题,若与"人本主义心理学"(humanistic psychology;见 Schneider、Pierson & Bugental,2015)相较,显有极大开拓空间。

如 Arons 和 Richards(2015)所言,多年来心理学已因过度倾向于行为主义且愈发靠拢"硬性科学"(hard science),而摒弃了一些无法测量与操作变项的研究主题:"在科学一元论的标志下,长久存在的假定即在认为,透过一致的方法,心理学可以归结为与物理学同样的学科。"(2015:163)其中所述弊端与长期强调"效果论"的传播研究如出一辙,也与本书作者上述对传播研究之批评与反思不谋而合。

所幸在如 A. Maslow、C. R. Rogers、R. May 和 J. Bugental 等研究者的持续努力下,以人文主义为本之心理学研究 60 年来已逐渐站稳脚步而常被称为心理学领域的"第三力量"(the third force;见 Arons & Richards,2015:164),且足以与偏向行为主义的传统心理学以及精神分析分庭抗礼。

究其(指"人本主义心理学")主要内涵,则当包括"人性本善论"(指人的天性本有实现自我潜能并满足基本需要的倾向)、"需要层次论"(指"需要"是产生动机的源泉且可略分为基本需要与心理需要,唯有较低层次的需要得到满足后才会产生高一层次的需要)、"自我实现论"(指完美人性与个人潜能或特性的实现)等重要元素,可谓"西方心理学史上的'一场重大的突破',也是'人关于自身知识的一个新纪元'"(参阅 Moss,2015)。①

因而与其相较,本书对于何谓传播研究之"人文取向"以及传播研究应如何持续发展"人文取向"的阐构均仍浅薄。未来当以"人本主义心理学"为师,

---

① 本段说明与引句皆出自"MBA智库百科"网络资料:http://wiki.mbalib.com/zh-tw/%E4%BA%BA%E6%9C%AC%E4%B8%BB%E4%B9%89%E5%BF%83%E7%90%86%E5%AD%A6,访问时间:2017 年 12 月 19 日。

"穷尽洪荒之力"深入解析以能持续发展传播学之"人本主义"论点。

而这也正是本书在大陆出版简体字版之初心,我们诚盼未来有更多传播学子共襄盛举,齐为传播研究之"人文(叙事)取向"尽心尽力。首要之务,当在改变"故事并非传播研究关心对象"的想法,透过阅读本书而乐于从中华文化之丰富新旧故事库里取得素材,进而探讨人文传播研究之可能议题。

举例来说,"家庭传播/沟通"(family communication)一向冷僻且中外皆然,鲜少受到传播学者青睐,相关中文书籍(无论译著还是专著)尤少,常散布于非传播领域而未成气候。

但对华人传播而言,"家庭传播/沟通"又有重要地位,乃因其与华人日常生活关联甚深,华人皆受惠于其中而常未知(叶光辉、黄宗坚、邱雅沂,2005)。"家庭故事"(family stories)尤其扮演着举足轻重的角色,包括家庭(家族)传统如何演变、家人之共同生命记忆如何述说、家庭生命(family life)如何延伸、家庭象征符号或轶事如何创造并维持、家庭典范(或模范)如何仪式化并被长期推崇等(见 Jorgenson & Bochner,2004),均足以反映"家庭""故事""传播"三者在华人社会的紧密互动关系,实有其研究发展之潜力。

Segrin 和 Flora(2005:65)曾经定义"家庭故事"为:"口述(verbal account)一些对家庭而言显著且重要的个人经验,尤与(成员彼此——引者加;下同)的关系创建与维系相关,也包括互动的规则,同时反映家庭与其他社会机构之信仰。"Segrin 和 Flora 认为,家庭故事就是"符号意义的制造过程",其主要作用在于"回忆往事、解释并判断事件……确认(成员间的)归属并联系世代"。且正负面事件皆有,内涵常与某些特殊仪式(如家族成员的生日宴会、婚宴、丧礼等)有关,内容则涉及某些常见主题,如夫妻间的初次相识、子女的出生趣事、家庭如何共同面对困境、重大决策之制定等(2005:66)。

Langellier 和 Peterson(2006)则由莫里斯・梅洛-庞蒂(Maurece Merleau-Ponty)之现象学与米歇尔・福柯(Michel Foucault)学说入手,认为家庭故事有其物质与言说意涵。他们认为,正如"家庭"并非个体之组合体,"家庭故事"亦非仅是"故事"的聚合(2006:101),而有"参与"意涵,以致家庭故事之讲述旨在彰显"说故事者""听众""角色"三者间不断变动的关系系统,展现说故事者与他者间的"身体实践"(bodily practices)活动。①

整体观之,以"故事观点"为核心的"华人传播"研究或能促成在西方传播理论之"效果""信息""传递"本质外增添人文色彩,力求与本土/在地社会(指

---

① 以上改写自臧国仁、蔡琰(2010)。

"家庭"）相互连结，以期建立具有华人特色之传播理论。①

而此处以"家庭故事"取材仅为一例，本书谈及之其他议题如游戏、想象、角色扮演、新闻故事、动画或动漫（见本书第三章）甚至轶事、神话、大众文化作品（见本书第一章）亦都各具故事形态而值得（并正等待）传播学者一探究竟。尤以其内容在此 21 世纪初期常以不同形式（本书称之为"媒介"或"跨媒介"）与不同工具（本书称之为"媒材"，如语言、文字、图画、声音或跨媒材）进行串联、变异、转型、改造（见本书第三章），亦当更是传播研究者所能大显身手之处，而"人"在其间如何讲述、再述、重述以能促成故事更为美好、精彩、获得共鸣，则亦当是传播研究"人文取向"的可能目标了。

因而在本书简体字版发行之刻，请容我们诚挚地邀请大家齐来思考"传播研究"之人文意涵为何、如何进行方能使其壮大、如何建立华人社会之研究特色，等等，如此则心愿足矣。

臧国仁 蔡 琰

参考文献

[1]叶光辉，黄宗坚，邱雅沂. 现代华人的家庭文化特征：以台湾北部地区若干家庭的探讨为例[J]. 本土心理学研究，2005(25)：141—195.

[2]臧国仁，蔡琰. 以"影像家庭生命故事"为核心之华人传播叙事观点刍议——兼向汪琪教授的学术成就致敬[D]. 台湾政治大学传播学院讲座教授汪琪荣退专题演讲会，2010 年 5 月 14 日.

[3]Arons, M. & Richards, R. Two noble insurgencies: Creativity and humanistic psychology. In K. J. Schneider, J. F. Pierson & J. F. T. Bugental(Eds.). The Handbook of Humanistic Psychology: Theory, Research, and Practice (2nd Ed.)[M]. Thousand Oaks, CA: Sage, 2015: 161—176.

[4]Cole, T. R., Kastenbaum, R. & Ray, R. E.(Eds.). Handbook of the Humanities and Aging(2nd Ed.)[M]. New York, NY: Springer, 2010.

[5]Cole, T. R., Ray, R. E. & Kastenbaum, R.(Eds.). A Guide to Humanistic Studies in Aging: What Does It Mean to Grow Old? [M]. Baltimore, MD:

---

① 人本主义心理学外，台湾《本土心理学研究》自 1993 年创刊迄今已近 25 年矣，其宗旨之一就在"提高心理研究的本土意识"，对华人传播研究当有示范作用。

John Hopkins University Press,2010.

[6]de Medeiros,K. Who "owns" gerontology? The importance of thinking beyond the sciences(book review)[J]. The Gerontologist,2014,54(4):723—727.

[7]Jorgenson,J. & Bochner,A. P. Imagining families through stories and rituals. In A. Vangelisti(Ed.). Handbook of Family Communication[M]. Mahawh,NJ:Lawrence Erlbaum Associates,2004.

[8]Langellier,K. M. & Peterson,E. E. Narrative performance theory:Telling stories doing family. In D. O. Braithwaite & L. A. Baxter (Eds.). Emerging Theories in Family Communication:Multiple Perspectives[M]. Thousand Oaks,CA:Sage,2006.

[9] Moss,D. The roots and genealogy of humanistic psychology. In K. J. Schneider,J. F. Pierson & J. F. T. Bugental(Eds.). The Handbook of Humanistic Psychology:Theory, Research, and Practice(2nd Ed.)[M]. Thousand Oaks,CA:Sage,2015:3—18.

[10]Schneider,K. J. ,Pierson,J. F. & Bugental,J. F. T. (Eds.). The Handbook of Humanistic Psychology:Theory, Research, and Practice(2nd Ed.)[M]. Thousand Oaks,CA:Sage,2015.

[11]Segrin,C. & Flora,J. Family Communication[M]. Mahawh,NJ:Lawrence Erlbaum Associates,2005.

前言:旌旗未卷头先白 [*]

我撰写此书实有大志,诚盼读者洞察正在横跨多个不同学术领域(按:指社会建构论)且在社会文化各个角落与全世界皆正展开中的精彩对话。对许多对话参与者而言,这些讨论有其重大寓意,几等于发生在 16、17 世纪欧洲文化思想与社会实践(领域)的剧烈变化,导致我们从"黑暗时代"跨越到了"启蒙时代"。就我而言,目前的对话不仅动摇了我们一向认为真实与良善的基础,(却)也提供了前所未见的创意思维与行动机会……(Gergen,1999:vi;添加语句出自本书)

——

2016 年 7 月 22 日整天燠热,气温升高至 37℃,不愧是全年最热的夏历"大暑"节气。第一作者一早来到研究室里再次书写"结论"一章,午后时分总算完成初稿。

走在回家路上,汗流浃背,回想这三四年来的写写停停,如今终得写就全书九个篇章,内心顿感澎湃不已。

二

当我们初起人生时,就像闯入已在舞台上演出的一出戏,其开放式剧情决定了我们扮演的角色以及故事结局如何进行。舞台上的其他演员早已对剧情

---

[*] 语出宋代辛弃疾词,原指战争未胜发却花白,此处比喻本书作者著书未成而发亦已先白矣。

有些了解,因而让新手(如我)得以加入(Bruner,1990:34;添加语句出自本书)。①

　　本书撰写源起久矣,两位作者早在 20 世纪 90 年代末期完成《新闻叙事结构》(蔡琰、臧国仁,1999)一文时即已开始酝酿,惜多时以来因对"叙事"研究所思有限且此领域发展迅速、令人"眼花缭乱",以致迟迟未有具体进展。

　　新世纪(21 世纪)开启之际,两位作者皆获"新闻美学"专题计划,随即分从两人各感兴趣之"时间"与"情感"面向切入,讨论"美学"对新闻报道之可能影响。因缘巧合地阅读了荷兰学者 Schroots(1996;Schroots & Birren,2002)的专著后,却也方才领悟"叙事"总也涉及"情感"与"时间"两轴:一方面,故事内容常与生命历程之高、低潮有关,每次述说多由此开展,进而回顾"当年之勇"或是"幸好……"等人生重大成就或伤痛(此即"情感轴线");另一方面,这些高、低潮之述说也与"时间轴线"紧密相关,乃因其起伏总常简化成"在某年某月……""……当年之我若……就……""记得那时候……"之表述。

　　Schroots(1996)进而以此建立了由其自创之"人生分支模式"(branching model of life),并以此为"生命故事"(叙事)之主要分析途径,进而探索讲述者之生命历程如何走过当年、变化关键为何、人生如何曲折蜿蜒、主要历练为何、"得"与"失"间如何互为犄角等(本段改写自蔡琰、臧国仁,2011:29)。两位作者因而有所体悟并自 2005 年改从"美学"角度探索"叙事",先以"老人叙事"(narrative gerontology)为题,在《传播研究简讯》发表短文一篇(臧国仁、蔡琰,2005a),长度仅及五页,却是开启叙事研究之"起手式"。

　　其后十年间,作者另曾分以"时间叙事"(臧国仁、蔡琰,2005b)、"创意/创新与叙事"(蔡琰、臧国仁,2007)、"新闻叙事"(臧国仁、蔡琰,2010a)、"旅行叙事"(臧国仁、蔡琰,2011)、"图文叙事"(蔡琰、臧国仁,2012)、"新闻访问叙事"(臧国仁、蔡琰,2012)、"想象叙事"(蔡琰、臧国仁,2010a,2014a)等子题,写就专文并向各传播学刊投稿,幸皆获刊,逐步累积并建构了如本书各章所述"叙事传播"概念之基本图像。因而,本书基本架构就建立在以上诸篇业已迭经学术审查之论文,但在撰写本书过程中又曾增添文献并大幅度改写(重写),不一而足。

---

　　① Bruner(1990)的经典著作原在辩驳心理学领域如何自从加入了认知科学后就"误入歧途",仅重视实证主义的"因果论"而忽略"意义"实则受制于社会文化。Bruner 认为,"意义"来自与他人的互动,属公共与社区性质而非自我或主观(1990:33)。其观点对本书启发甚大,如第一章所示,"传播"并非仅是"信息传递"之过程,实则涉及了不同叙事者彼此透过讲述故事而相互影响,系以符号(含文字与语言)之互动传递了社会文化中难以觉察的意涵。

　　首篇以"叙事传播"为名之学术论文则于 2013 年刊出(臧国仁、蔡琰, 2013),自此信心大增,决定以此为题由第一作者提出为期三年(2013—2016) 之"专著写作计划",并于 2012 年幸蒙通过;此即本书漫长而又曲折之筹备历 程,其并非一蹴而就也。

　　至于本书之撰写,亦颇曲折。早在 2012 年,第二作者(蔡琰)即已在教授 休假期间完成初稿,但因自忖创意不多而逐搁置,复经两位作者多次讨论后, 始决定在原有章节架构下重新起稿。也源于"专著写作计划"每年均须提交期 中报告,也就依此时限逐步往前推进,终能在 2016 年年中完成原定计划而以 十二章结项。

　　其后再次大幅度修改内文,除合并原稿第一、二章、删除"时间叙事"与"旅 行叙事"两章外,另将"数位叙事"章节前移,盼能借由章节调整而聚焦,以免章 节过多而致庞杂。全书最后以九章定稿,从"理论重整"(第一至三章)到"纪实 叙事"(第四、五章),复从"情感创意与叙事"(第六至八章)到"结论与反思"(第 九章),共计二十万字左右(参见第一章第三节之"本书章节介绍");书写虽力 求简洁以利阅读,但格式仍仿一般学术专著详细引注。

　　此时回顾来时路,顿觉书写九个章节就像生了九个个性迥异的"孩子",每 章内容虽都立基于过去曾经发表过的学术论文(部分章节则系新写),但各章 内容各异、长短不一,写作过程中持续改写、扩张、增添,每每写就一章就得稍 事休息,方能鼓起余勇、另起炉灶重新下笔。有的章节由第一作者起笔而有的 章节却系由第二作者开头,但彼此不断相互修改以致最后已难区分初稿究系 出自何人,最后仅能因第一作者负责结项而忝列于前,实则两人贡献程度无分 轩轾。

　　本书每章内容虽都紧扣"叙事"概念,但因各章子题不同且触及广泛,九个 篇章书写下来所阅相关文献早已难以计数,而曾接触之相关概念亦已不知凡 几(唯有关"时空情境与叙事之关联"则因删减两章而未纳入),此或都归于前 述叙事领域近期发展迅速,令人常有"眼花缭乱"之故。[①]

　　如此写写停停,其间仅能效法前引 Gergen(1999)所持"使命感",期盼此 书成书后得让传播研究领域无须继续倚赖传统"效果论"为唯一学习典范。研 究者或皆能透过本书而乐于与不同理论模式对话,进而展开"前所未见的创意 思维与行动机会"(Gergen,1999:vi)。

---

　　① 　如 Herman(2013a)全书共四百余页(含索引),单单参考书目即达四十二页,而附注亦多达五十一 页,可见其倚赖相关文献之多与广,与本书所处情境并无二致。

如 2015 年 10 月底完成第五章《访问与新闻访问之叙事访谈结构与特色》初稿后,曾在回家路上盘算如何撰写次章,此时适逢学校举办 2015 年"包种茶节"因而山下、山上校园皆热闹非凡,传院大楼却因位于山边而能隔离于喧嚣之外。在宁静的研究室里心有所感,于是写下了以下日志(参见本文之首所引):

撰写此书的缘由,实与上引社会建构主义知名学者 Gergen(1999)在其专著绪言《我们如何往前继续》所述有关。

如 Gergen(1999)所陈,当其专著出版之刻,大约是全球盛大庆祝"千禧年"最高潮之刻,但他却始终挂念着 20 世纪 90 年代出现的"百家争鸣"思潮要如何继续,因而才认为这些"百家争鸣"现象之重要性几可比作欧洲文明从"黑暗时代"走向"启蒙时代"的转折点。

而如今十数年又已缓缓走过,那些社会思潮的冲击与争辩却犹未平息,科技的发展仍旧逼着人们不断思索新的理论模式,此点尤以传播研究为然。

21 世纪出现的诸种新沟通工具,如互联网、社群媒体、通信软件,皆已造成了 20 世纪五六十年代发展的传播理论陷于渐无用武之地,当年信息匮乏时期所归纳演绎的理论内涵大多已褪色,但是新理论尚在何处?

总之,面对这个既黯淡却又光明的时代,传播研究者要如何除旧布新地提出与前不同的理论,以能协助未来学子在传播学术思潮中历久弥新而不致被淘汰,此即本书撰述的主要背景所在。

三

本书得以完成,首先要感谢政治大学传播学院"老人传播研究群"(已于 2014 年更名为"人老传播研究群"成员持续之讨论与共议。曾有成员自嘲"研究群"成立多年来像在搞"五年一贯"升学计划,原因是许多大学部成员进入"研究群"时尚属懵懂,每周定时聚会跟着老师与研究生学长学姐们交换想法频发意见,耳濡目染后始领略到读书与做研究有趣而能渐有成长。许多大学部成员因而决定报考研究所,一旦录取则又继续在"研究群"里每周见面、讨论,一待就是四五年者众,正像是这些年推动之"修读学、硕士五年一贯学程"计划宗旨一般。

根据稍早统计(蔡琰、臧国仁,2011),"研究群"成立最初十年间(2001—2011)以大学生身份进入"研究群"者共 29 人、硕士生 13 人、博士生 4 人,另有博士后研究员 1 人曾于 2009 年短暂加入。而在"研究群"担任助理期间由大学部考入硕士班者 18 人,硕士生升入博士生 7 人,含 3 人由大学部考入硕士班后又进入大学博士班就读且已陆续取得学位执教。

这些助理同学初期多来自政大传播学院所辖三系(新闻系、广播电视系、广告系),进入研究所后则各自发展学术兴趣,主修科目分属"戏剧""剧场管理""剧本写作"(台北艺术大学)、"公共行政"(台湾政治大学)、"财务管理"(台湾中山大学、台湾政治大学)、"传播管理"(台湾中山大学)、"口语传播"(世新大学)、"媒体传达设计"(台湾实践大学)以及政大传院原属之新闻、广电、广告各所,显示出定期讨论对其各自知识能力之增长确有助益,长期浸淫后多能不吝于共享知识,年年重回"研究群"而不以为苦,甚至不舍离开。

至于"研究群"每周讨论所为何事?为何可以一周复一周地不断"听报告""交换想法""延伸讨论"?简单地说,就是以各年度"专题研究"提供之经费进行"有兴趣的研究"。两位作者借着每年所提专题研究计划不断累积所思,并邀请成员大胆分享,无须顾及身份也无须担心所言是否成熟,重点反在"盍各言尔志"且平等地交换想法,长久之后自能茁壮成长。

有些成员(如各协同主持人)也有自己的专题研究计划,因而透过成员间的相互提问,"研究群"成为他处难以觅得之学术讨论平台,每周持续不断地"听报告""交换想法""延伸讨论"也就成了每位成员(包括老师与同学)自我成就的最佳机会。大学生固能在此耳濡目染而得以通过考试进入研究所,硕士、博士研究生何尝不是经由这段历程而完成毕业论文?而本书两位作者亦无例外,完成此书更是受惠于成员们无私的想法交换。①

总的来说,本书得以完成当也应特别感谢相关部门以及各年度匿名审查委员之持续支持,让作者得因经费无虞而悠游于学术研究多年未改其志。政治大学传播学院"顶尖大学计划"曾经提供部分研究助理经费,对本书之推进颇有助益,十分感谢。五南图书出版股份有限公司陈念祖副总编辑应允接受投稿,延续过去近十年来的合作关系,至为感激。

四

在教书生涯的最后阶段,好像是回光返照那样,蓄积了更多的创造力,同时也锻炼了百毒不侵的勇气。正是借由这样的转折,我决心更进一步去直视千回百转的漂流生命(参见陈芳明:《残酷与唯美的辩证史》,台湾《中国时报》2016 年 3 月 29

---

① 本书部分章节曾蒙"人老传播研究群"成员蒋与弘、黄心宇、黄晓琪阅读,专此致谢。

日第 D4 版,http://www.chinatimes.com/newspapers/20160329000830-260115)。

回想当年第一作者在 20 世纪 70 年代初期就读政大新闻系期间,系于大四阶段首次接触"大众传播理论",授课者徐佳士老师[①]以其业师W. Schramm 提出之理论模式解释了何谓"传播",在当时尚是青涩之年留下了深刻印象。

两位作者就读博士班期间均曾受教于美国得克萨斯大学奥斯丁分校 James W. Tankard, Jr. 博士,而曾持续探究传播理论模式之演变,尤其心仪 E. Rogers 于 20 世纪 70 年代前后发展之"创新传布模式"(见 Rogers & Shoemaker,1971),对于这些理论的优劣自能了然于心。如今,两位作者担任教席也都各逾二十五年,且皆接近此"教书生涯的最后阶段",阅读上引陈芳明教授之言颇能会心一笑。

也如陈教授所写,本书当是两位作者在此阶段蓄积多时的心力所写,透过九章文字的累积,期能"更进一步去直视千回百转的漂流生命",谨以此记。

五

本书完成三校即将付梓之刻,正值小女信芝与云林尹府崇儒君缔结良缘设宴同欢,谨以此书敬献并祝福两位新人永结同心,共谱幸福乐章。

---

① 根据网络资料(https://tw.answers.yahoo.com/question/index? qid=20070306000015KK06043),徐佳士教授曾在其大作《大众传播八讲》序言提及,该书师法 W. Schramm 著作,内容兼顾理论与书写,流畅易读,徐教授因而自承也望其能多让一些驻足观望之研究者在大众传播学科停留深究。曾任政大新闻系系主任的徐佳士教授是 W. Schramm 的入室弟子,也是将其著作引入台湾学界的第一人,如此不难想象 Schramm 之大众传播理论在台受到重视之程度。

图表目录

图 1.1 故事的源起与流动 ··· 3

图 1.2 由叙事角度重新思考之传播内涵 ······················· 15

图 3.1 非线性叙事传播的外在相关元素 ······················· 58

图 3.2 以"理性"与"情感"为叙事传播共同基础之示意 ··········· 62

图 3.3 叙事传播的八面晶体结构 ································ 64

图 5.1 访问与新闻访问相关概念 ································ 117

图 6.1 想象在叙事真实建构中的位置 ························· 129

图 6.2 有关想象与叙事传播的可能关联 ······················· 144

图 7.1 图文叙事的相关论述元素 ································ 171

图 9.1 故事之再述与分享 ······································ 205

图 9.2 叙事与不同元素的互动关系 ····························· 207

表 7.1 受访者讲述家庭照片之意涵及叙事声音 ··················· 153

第九章　结论与反思:叙事传播之未来展望

　　——再论以"人"为本的"说故事"传播行为 …………………… 196

第一节　概论:回顾有关叙事学意涵的学术论辩 …………………… 196

第二节　叙事传播的未来

　　——以故事"再述"与"延展"为例 …………………… 203

第三节　反思"叙事传播"研究之可能限制与不足 …………………… 209

第四节　本章结语:重述"叙事传播"之定义与源起 …………………… 217

参考文献 …………………………………………………………… 221

第五节　电视新闻文本之叙事结构 ………………………………… 84
第六节　网络新闻文本之叙事结构 ………………………………… 89
第七节　本章结语：新闻叙事结构研究之未来 …………………… 90

第五章　访问与新闻访问之叙事访谈结构与特色 ……………… 92

第一节　概论：新闻访问叙事研究之必要性 ……………………… 92
第二节　"访问"及"新闻访问"之相关研究 ……………………… 95
第三节　新闻访问研究与叙事概念之连结：人文取向之考量 ……… 106
第四节　本章结语：访问与新闻访问之人文取向叙事观 ………… 116

第六章　想象与叙事 ………………………………………………… 119

第一节　概论：（灾难）纪实报道与情感叙事 …………………… 119
第二节　想象与叙事思维 …………………………………………… 123
第三节　想象与说故事 ……………………………………………… 127
第四节　纪实报道与想象 …………………………………………… 132
第五节　想象与非纪实叙事之创作（力） ………………………… 137
第六节　本章结语：Sarbin 之"想象即（叙事）行动"观点 …… 139

第七章　（新闻）图文叙事与图像传播 ………………………… 145

第一节　概论：图片（照片）之一般叙事作用 …………………… 145
第二节　新闻图像之图文互动叙事作用 …………………………… 155
第三节　本章结论：反思从"静态图像"到"动态影像"之说故事方式 … 164

第八章　叙事传播与日常情感生活

　　　　——以游戏、仪式与故事原型为例 ……………………… 176

第一节　概论：叙事与日常传播活动／行为 ……………………… 176
第二节　叙事传播之"日常生活"（everyday life）研究观点 ……… 177
第三节　情感与叙事传播 …………………………………………… 180
第四节　游戏对叙事传播研究之启示 ……………………………… 182
第五节　仪式与叙事传播 …………………………………………… 187
第六节　叙事传播之故事原型 ……………………………………… 190
第七节　本章结语：叙事传播之真谛 ……………………………… 194

目 录

第一章　绪论:"故事"与"叙事传播" ·············· 1

第一节　概述"故事" ································· 1

第二节　"叙事传播"的特色与内涵 ················ 6

第三节　本书章节介绍 ····························· 16

第四节　本章结语:"叙事学"或"叙述学"之论 ···· 18

第二章　叙事典范与大众传播研究 ············· 19

第一节　概论:典范之作用 ························ 19

第二节　典范与典范转移 ························· 21

第三节　叙事学/叙事研究/叙事理论/叙事典范 ··· 22

第四节　大众传播研究的典范转移:从实证论到叙事典范 ·· 30

第五节　本章结语:传播典范之转移与"数位叙事"之兴起 ·· 38

第三章　数位时代的叙事传播现象 ············· 43

第一节　概论:新科技对传播事业与学术思潮的冲击 ······· 43

第二节　网络传播时代之新叙事样貌 ············ 47

第三节　"叙事传播论"之特点与相关元素 ········ 51

第四节　本章结语:数位时代叙事传播之未来研究议题 ···· 66

第四章　新闻纪实叙事之文本结构 ············· 67

第一节　概论:新闻文本叙事结构 ··············· 67

第二节　叙事(文本)结构:理论回顾 ············ 69

第三节　有关传统报纸新闻之写作文本结构 ······ 73

第四节　报纸新闻文本叙事结构之学理解析 ······ 77

附录图表目录

附录图 7.1 "水淹南台湾"之新闻照片 …………………………………… 172

附录表 7.1 "水淹南台湾"之新闻文字分析 …………………………… 173

第一章　绪论:"故事"与"叙事传播"

Sonder:名词,指能领悟任何过客都跟自己一样,有着生动且复杂的生活,时时被自己的雄心、友人、常规、烦恼以及来自遗传的一些狂妄填满。史诗般的故事持续隐藏在自己周遭,像是蚁丘似地深藏地底,透过辛苦打造的通道而与其他成千上万永远不知晓的生命连结,有些仅会偶尔出现,像是在背景里啜饮咖啡(之人),或是高速公路上的模糊过往车辆,或是黄昏时分点亮了灯的窗牖(出自 *The Dictionary of Obscure Sorrows*,http://www. dictionaryofobscuresorrows. com/post/23536922667/sonder)。①

第一节　概述"故事"

一、"故事"的源起

一般来说,"故事"是有关个人、社区(组织)、民族等所作所为(行动)之叙述(Johnstone,1996)。在有关"个人"部分,故事描述着当事人的愿望、行动与

---

① 根据网络资料(https://en. wiktionary. org/wiki/sonder,访问时间:2016 年 7 月 26 日),sonder 一词由 John Koenig 所创并收录于其自创之《自造词典》(*The Dictionary of Obscure Sorrows*),而该词典之用意就在于创造一些字词以表达情绪。我们可在 YouTube 上观赏一段根据改词拍摄的影片"Sonder:The Realization That Everyone Has A Story"(理解每个人都有一个故事;见 https://www. youtube. com/watch? v=AkoML0_FiV4,访问时间:2016 年 7 月 26 日)。显然,sonder 的寓意与本书所引的寓意接近,旨在说明"故事就是人生,人生就是故事"。

行动方式,也与其个性、情感有关。无论基于个性使然、情感的主动追求还是被迫为之,纪实与虚构故事总都叙述着主角与配角的行动情节,并也探查了事情的前因后果与来龙去脉。

于是,"黄帝战蚩尤""孙中山革命""太阳花学运"这些人物与事件透过第一手(如当事人)之"叙述/自述"、第二手(如目击者)之"转述/他述",再经第三手(如听闻者)"再述"后,就常常会成为众人关注的对象进而成为故事内容。如新闻报道就多属新闻记者透过消息来源,转述现场真实情事与相关物件后的纪实叙事(Bird & Dardenne,1988),而《三国演义》则系罗贯中转述、再述多篇前人之作而新创、汇编之虚构历史叙事。①

这些故事或新闻报道若再沉淀一些时日,即常转为"历史"(关于历史学之"叙事观",参见陈永国、张万娟译,2003/White,1973)或"民间轶事"(McCormack,2004),如经历了一段时日仍继续流传,则又可能形成众人耳熟能详的"神话"(myth or mythology;许蔷蔷、许绮玲,1997/Barthes,1972),进而成为广大"社区成员"(如社会大众或乡里百姓)间不断传布、日常聊天的讲述话题,甚至流行音乐、动漫、小说、电影、广告、戏剧、教科书、偶像剧、布袋戏等大众文化创作者之情节取材(见姚媛译,2002/Berger,1996;臧国仁、蔡琰,2013)。

以上这些有关一般事件如何透过"叙述/自述""转述/他述""再述"而构成日常生活故事,并接续发展为一般"虚构素材"或"纪实报道"的经验现象,就是"叙事传播"(narrative communication)有意讨论之范畴,可初步定义为"在某些特定时空情境,透过口述及多媒介/跨媒介载具述说故事的历程"(臧国仁、蔡琰,2014a:110;详细定义见本书结论),其特色持续穿梭于传播历程的几个重要元素如"故事""论述""媒介载具""情境"间,并也透过不同类型之媒材(如符号、语言、影像、声音)从而产生时空意义,兼及记忆、想象与文本如何接续等议题(参见图 1.1)。

严格来说,图 1.1 仅是极为简略的示意图,真实情况多变而难如其所示的那般以线性方式流动,如故事时有传承历史(新闻报道就常"引经据典"评论时事)或据早已耳熟能详的文学典故"借古讽今"暗寓深意,其流动方向就有可能逆向而行。但无论如何,这里仍以图 1.1 之简化方式述说故事的可能源起与流动,以便接下来进一步讨论与其相关之众多概念。

---

① 如维基百科曾引胡适之言,"《三国演义》不是一个人做的,乃是五百年演义家的共同作品"(见 https://zh.wikipedia.org/wiki/%E4%B8%89%E5%9B%BD%E6%BC%94%E4%B9%89)。

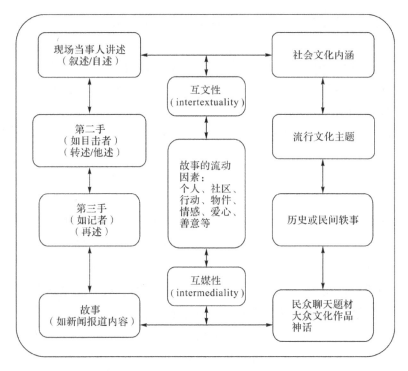

图 1.1　故事的源起与流动

注:"互文性"与"互媒性"之意涵,将于本书第三章第二节再议。

身处 21 世纪初期,有关故事传送、流动的方式早已多元,尤以"互文性"(intertextuality;蔡琰、臧国仁,2012)与"互媒性"(intermediality;石安伶、李政忠,2014)特质日形重要而引人瞩目(仍见图 1.1 中间),乃因新科技载具(如网际网络及智能手机)兴起后,任何文本已不复如以往般仅能采取"线性"方式(如报纸新闻述说事件时仅能依上下文行进)讲述,而可与其他文本连结(如网络新闻可接上同一主题之相关资料)进而产生"多义性"(the polysemy of meaning;Hall,1993;张锦华,1991)与"多模态性"(multimodality;Grishakova & Ryan,2010),足可显示"叙事传播"的风貌正一夕数变,内涵也因载具愈趋多样且讲述形式愈发多元而较前复杂许多(Elleström,2010;Page,2010)。

二、"故事"的流动

故事是古老的科学,是人们长久以来解释自己与世界关系的经验累积。……故事可以反映出人类(的)集体渴望与对世界的想象。……那些流传千年的神话故事、民间传说(至今)仍旧发挥着力量,因为它们所指出的是最根本、最普遍的存在基础,那就是"人性"(邱于芸,2014:27—29;添加语句出自本书)。

　　下节拟先以一个真实故事的流传历程来具体说明图1.1,其内容属真却非"重大新闻事件"(big or breaking news events;Blauner,2001),亦非曾经影响任何国际情势之显著"媒介事件"(media events;Dayan & Katz,1992),虽与生命延续有关,却也无关乎战争、恐怖、伤痛。以此为例,仅因本章有意选取轻松一点的小故事(small stories;Shuman,2005:Chap.4;Georgakopoulou,2007)来解释本书的主题与范畴,继而说明"叙事传播"的起始局面,并非故意忽视最具讨论价值的重大事件(无论是否属于真实事件)。①

　　一般来说,上述"轻松一点的小故事"可谓身处21世纪初期经常可见之故事流动模式,即一段精彩且受人瞩目的事件经由新闻媒体(如报纸、电视新闻频道、杂志)取材并引为纪实报道后,受到众人关心进而持续透过网络流传。一旦在社群网站(如Facebook、Twitter、BBS电子布告栏)经人转贴、转发或转寄,则这些故事受到众所瞩目几可谓无日不有。

　　当然,如今故事流动的方向也常逆转,可能由任何当事人在上述社群媒体张贴第一手讯息(自述故事),而后经由俗称"主流媒体"的传统大众媒介如报纸、电视、广播接手转述,同样可以成为社会关注之纪实报道从而引发再述议论。

　　无论讯息流动之方向为何,上述模式如今早已成为一般人耳熟能详之讯息传递方式,而其所以能吸引关注之因则多在所述内容(故事)能否"打动人心",两者互为表里,使得大众传播领域常见之"信息"(information)与"故事"间的界线日趋模糊。

　　然而在早期定义里(见下章说明),"大众传播"几可谓立基于信息而非故事,且习惯把故事视为虚构而把信息(如新闻报道)视为真实。传播领域奠基之始(20世纪50年代末期),即曾讨论一则讯息如何从"来源"(source)创作经"转译"(制码与译码)后由接收者获取并产生效果,如H. Lasswell于1948年推出之公式及其后由W. Schramm于1954年修正之模式皆然(McQuail & Windahl,1981:Chap.2)。②

　　尤因最早提出"大众传播模式"之Shannon和Weaver(1949)均具电信工程师背景,其S(讯息)→R(接收)模式之作用乃在解释电话讯号之传递过程而

---

　　①　有关"小故事"与"大叙事"之差异,见下章第三节。

　　②　信息(information)、讯息(message)、资料(data)中文意涵接近,本书交换使用。

非人际互动,因而衍生了偏重讯息效果之大众传播(包括新闻)研究传统,且此一以"讯息传递"为核心内涵之传统至今犹未减退,常被简称为大众传播/媒介之"效果论"(见李金铨,1988)。

但自20世纪后期开始,受到叙事学/叙事理论/叙事研究兴起之影响,整个社会科学领域都次第展开"向叙事转"(narrative turn;见 Riessman,1993)之典范论辩,大众传播学亦不例外,由"效果论"独占传播研究鳌头之局面因而得以摇动。如自20世纪80年代末期新闻学领域即已开启了"新闻即说故事"(news as storytelling;Bird & Dardenne,1988)之讨论,双方(大众传播研究与叙事学)之互动与交会已愈形密切(见姚媛译,2002/Berger,1996)。举例来说,文化人类学家 Bird 和 Dardenne(1988:69)即曾认为,新闻纪实报道之作用并非仅在早期认定之"传递(新闻)信息",而更在反映与再现"文化符号系统":"事实、名字、细节(details)几乎每天发生,但它们适用的架构—符号系统—维持更久。"

由此 Bird 和 Dardenne(1988)遂将新闻领域与历史学、人类学相互比拟,乃因此三者皆须面临"真实"(reality)为何以及如何适当地表述这些"真实"。他们认为,新闻之功能除客观地报道真相外,更也在结合分散四处且彼此无所连结之社会事件,进而产生如前述"神话"或"民间轶事"般的仪式作用,甚至具有文化、教育、传播功能而能协助社会大众判断文化价值内涵之好与坏、对与错、美与丑,而这些相关议题即是叙事研究最常关注之对象。

本书源自两位作者自20世纪90年代末期开始,共同提出之一系列"科技部"(以及其前身"国科会")研究结案报告以及其后改写之多篇学术期刊论文(见本书《前言》)。虽曾几经调整与改写,各报告及论文之主题总是围绕着"叙事"打转,进而于2013年整理后正式定名为"叙事传播",其涉及了"生命故事之自述/他述,旨在抒发情感、激发想象、促进倾听以建立社区感,进而体验人生、了解生命意义、创造美好生活"(改写自臧国仁、蔡琰,2013:159)。此一定义之旨显与大众传播研究之传统"信息观",有着极为不同之观察视角(知识论)、研究路径(方法论)与研究目的(主体论),本书作者因而提出以下命题(参见本书第九章《结论》):

"大众传播"非如前人所述仅有"信息传布"功能,过程中也不只涵盖发讯人、阅听众、频道、讯息、噪音、互动等基本元素,而是另也有着交换生命故事的趣味性满足,此两者(传播之信息观 vs.叙事观)显然代表着迥然不同之后设理论取径与世界观争辩(臧国仁、蔡琰,2013)。

总之,正如本章开头所引之"sonder"一词所示,故事是奇妙之物,有"它"

自己的生命并用自己的方式"活着"且长长久久。故事通常不"死",转个身、换件衣服、透过另一条路径,"它"就再次回到我们身边。如英国侦探小说里的"福尔摩斯"(Sherlock Holmes)、东欧(斯拉夫民族)民间传说中的"吸血鬼"(vampire)、日本战国时代的幕府"德川家康"、中国南北朝时代的"花木兰",或是现今一般大众的亲情、友情、爱情、背叛或神奇能力故事,自早年起即持续传诵绵延至今,始终在我们身边盘旋周转并透过不同讲述方式而一再演变,从我们的上一代流传到下一代,未来也可能继续往下传布。而这些让大家持续透过各种方式讲述也不断与别人分享的奇妙东西,就是本书所要描述的传颂生命经验的叙事行为,也是社会生活叙事传播的核心现象。

对我们的写作、阅读行为、书写与讲述,过去业已迭有讨论,如传播学者曾经分从社会学、心理学、人类学或文化学领域探索社会大众之心理需求、社会互动、知识增长、人格养成,其结论多认为人们总需持续与他人互动,借此建构自我(Self)、认同(identity)、述说生命(胡绍嘉,2008)。而在现代社会,新兴科技正也主导着日常生活内涵,每个人都时时刻刻地透过不同载具(如手机)向他人讲述自己的故事、转述听闻自他人的故事、评论所见所闻。显然,以故事为本之传播行动早已成为影响社会大众最为深远的因子。

叙事学(narratology)或"叙事研究"(narrative research)在过去六十年中曾经一再论及"故事"与"论述"间的关系,并也关注说者、听者(无论专注者还是旁听者)的听/说本质和内涵。然而叙事是否等同传播、叙事学者如何看待叙事与传播、讲述故事时之传播行动是否发生且又发生在何处、是什么、牵涉哪些相关议题则多未曾引发注意;而本书之旨就在回应上述疑问,借此说明"叙事传播"的真谛与意义。

本书作者认为,所有传播文本之产生皆可视为"说故事"的历程,而文本产生后或许更精彩的故事才正开始,此即"叙事传播"有趣之处。如本书第一作者专长新闻(纪实报道)研究而第二作者喜爱戏剧(虚构)叙事,"叙事学"恰好连结了纪实报道与虚构故事这两种截然不同的传播形式,并也在此两种形式内融合了两位作者研习的传播本色。

第二节 "叙事传播"的特色与内涵

没有威廉·泰尔(William Tell)的故事,也许就没有现在的瑞士。没有荷马(Homer)所写的"特洛伊城"的故事,也许就没有希腊。沃尔特·迪斯尼

(Walt Disney)公司也是一个好例子。该公司懂得编出数以万计的好故事,并用各种新的方法将这些故事与公司商品紧密结合:读者、游乐园的参观者以及电影等,都是一起(先)创造故事主角,再由此开展出缤纷的想象空间,让世界更有生命力(吴信如译,2005:19/Loebbert,2003)。

一、概论:"叙事传播"之媒介现象

正如上节所述,故事一再流传而难以终止。现实生活中总有些人、有些事、有些爱恨情仇,一旦发生就被传颂、被指责,也被再述;故事,就这么产生了。

以下拟以一个已由众多媒介载具传布过的真实故事为例,简述"叙事传播"的特质与范围。这个故事历经一再转述后广为流传,展示了"叙事传播"如何相关却不同于传统叙事学以及传统传播学对故事和对传播的关注。以这个故事开始或可协助读者逐步进入本书主题,乃因本书旨在介绍在媒介与符号的转换过程中,"叙事传播"何以重新创造人们的生命意义。①

作者除关注不同于传统的传播学或叙事理论范畴外,也有意讨论了存在于作者与读者间的故事似真性、时空意义以及记忆、想象与文本的关系。此外,跨媒介的符号转换和参与者的能动,以及故事的叙述、再述、转译等功能,皆是"叙事传播"关心之内涵。

以下用来介绍"叙事传播"范畴的例子有着人物与情节的简要、单纯,但故事主要用于显示叙事传播现象的"复杂",而取用类似的简单故事为例当可使后续举例与分析讨论趋向直白。此处所指"复杂"现象,实也暗示了"叙事传播"之情境与现象(如真实建构或虚拟情节)兼有可预测与不可预测的联动因子。

以下实例涉及的小动物的生命故事经新闻报道披露后,历时数年仍在流传,传播范围横跨非洲、美洲、亚洲。而报道这个故事的媒介载具包括报纸、电视、动画、童书、纪录片、网络,甚至还被拍成了电影,同一故事使用了文字、音乐、影像、绘画等不同媒材符号系统,代表了任一故事演化为纪实叙事(如新闻报道)后继之即有可能转变为网络上之虚构影音创作。

在"叙事传播"的框架下,接下来数章都要接续这个小动物的生命故事从而讨论与故事现象有关的一些基本议题,如:

---

① 本书仅以此例说明叙事的传播/流动现象,其他各章各有其旨而与此"小故事"无关。

(1)传统叙事学范畴与对经典传播学的批判；

(2)叙事传播之讲述、再述与传颂故事的传播行为；

(3)"人性"与"情感"之叙事传播角色；

(4)"创意"与"想象"在叙事传播中的地位；

(5)跨媒介传播与符号转换。

二、故事①

这个小动物的生命故事发生在 2005 年，原初主角是两只非洲肯尼亚的动物：河马与象龟；其次是有关一位美国小女孩与她出版的河马与象龟故事；至于"故事三"则指本书发现的叙事传播现象。

由于故事永远可以分出更多细节和场面，为了方便解说叙事传播现象，以下暂以"单一方式"来"重述"这个"不是很久以前"的"虚构故事"开场。②

那一天，非洲海岸的河马家庭，爸爸、妈妈带着宝宝，正在河口享受水里飘着的各式水草，早餐多丰富啊！好像是六星级饭店里的"早餐吧"！

阳光正好，温度也怡然，水鸟啾啾地唱歌，鱼儿在水草中穿梭。宝宝看着蓝天白云，听着小鸟和鱼虾的合唱，它把每一口吃进嘴里的新鲜水草都嚼呀嚼，悠闲地慢慢品味。

宝宝一家不知远方的强烈地震引起了大海啸，正快速冲向美丽的非洲海岸。毫无预警地，一道像天一样高的水墙，沿着海岸一下子冲到宝宝一家所在的河边。

哗啦！宝宝嘴里的嫩草变成了苦苦的泥巴！天昏地暗中比打雷还响的怪声吓得宝宝血液凝结，宝宝好害怕，可是还来不及开口叫妈妈，宝宝全身疼痛地昏死过去了。（未完、待续）

以上由本书作者"未完、待续"的虚拟河马宝宝故事，真实地发生在 2004 年 12 月 26 日印度尼西亚苏门答腊岛西北海域两次海底地震③之后，紧邻的两次地震规模分别达到里氏 9.0 级和 7.5 级，使得印度洋沿岸以及七千公里

---

① 此处所引部分曾公开发表过，见臧国仁、蔡琰（2014a）；赖玉钗（2013c）稍早亦曾使用相同案例解析非虚构绘本叙事，本书作者感谢赖玉钗教授之引介。

② 此处所写乃本书作者根据原始情节虚拟而成。

③ 相关信息可参见 http://e-info.org.tw/news/world/special/2004/wosp2004-11.htm，访问时间：2016 年 7 月 27 日。

之外的非洲共十二个国家受到影响;此次"南亚大海啸"造成了多达数十万人丧生,五百万人迁离家园。

　　当严重死伤的消息传来让闻者皆感悲痛时,东非肯尼亚海边出现一只孤独待援的小河马,顿使众人体会到海啸带来的灾难不只影响了人类的生命与建设,连带着动物也是受害者,于是一呼百诺,大家奋力救起了困在海里的河马宝宝。

　　各地报纸纷纷刊载了这个真实故事,台湾新闻媒体也于 2005 年 1 月翻译、转载了这则新闻,描写河马宝宝在海啸后失亲却误将老象龟当亲人的故事。该故事的台湾新闻版本如此写道:

　　一场百年浩劫的南亚大海啸,不但人类展现出人饥己饥的精神,动物间也展现(出)跨越物种的爱。肯尼亚河马宝宝"欧文"被大海啸卷入印度洋,又被冲回陆地成为孤儿,被送进肯尼亚蒙巴萨动物园,竟然认定园内百岁公陆龟"阿达布兰"为"妈妈",亦步亦趋地跟着。老龟也展现亲情呵护小河马,为一场无情灾难谱出一段另类感人的"亲情"插曲。①

　　"欧文"的真实故事登上新闻版面后,随即引起千里之外住在美国纽约的 6 岁小女生 Isabella Hatkoff 的兴趣,她专程前往东非肯尼亚蒙巴萨动物园探望欧文,并与父亲 Craig Hatkoff、在非洲照顾欧文的 Paula Kahumbu 大夫以及英国 BBC 摄影记者 Peter Greste 联袂出版了一本名为 *Owen & Mzee: The True Story of a Remarkable Friendship* 之童书,中文书名《小河马欧文和它的麻吉》(见张东君译,2006/Hatkoff, Hatkoff, Kahumbu & Greste, 2006),而此处之"麻吉"即象龟 Mzee 译名。

　　Isabella Hatkoff 与她的童书在美国大受欢迎成为畅销书后,继之受到美国国家广播公司(NBC)电视新闻采访。② 肯尼亚蒙巴萨动物园也专设网站将这个故事传播到各处,人们可在上面点选阅读小河马欧文、老象龟麻吉和动物园许多其他动物的故事。

　　使用者进入网站后不仅有欧文的照片、音乐、歌曲、文字报道、电视新闻、

---

　　① 引自《联合晚报》2005 年 1 月 7 日第 1 版"要闻"新闻图片("欧洲图片新闻社")说明,标题为《河马乐当龟儿子》。与此故事相关的第二个版本见 2006 年 1 月 30 日《自由时报》,编译者魏国金特地先睹为快,写下《小河马欧文和它的麻吉》(作者 Isabella Hatkoff)。本书换用乌龟、陆龟、象龟等名词。

　　② NBC 的相关新闻报道见 http://www.owenandmzee.com/omweb/flash/mediacenter,访问时间:2014 年 5 月 22 日。

当初在海边援救的纪录片,还有许多其他动物的影音档、欧文的趣味动画以及动物互动影音游戏。使用者可自助式地选择欧文、麻吉与其他动物角色的影音档,复制后剪贴、排列动物出现顺序,然后播放自己编写的动物故事。①

以上所述展示了现代纪实新闻(如《联合晚报》《自由时报》、NBC News 的报道)与虚构故事(如 Isabella Hatkoff 的童书或本书作者所撰故事)讲述现象的反复纠葛,将传统叙事学、传播学领域推向必须再思考的时机。

原属新闻工作者选材并撰写文本的纪实传播内容,如今经过"读者"(如 Isabella Hatkoff 或网站访客)转身加入变为"作者"后(出版童书或由网站访客复制并组织自己的故事),另以不同媒介、不同符号系统再述故事重新创作出纪录片、童书、电影,透过不同媒介载具持续转述并传播着同一故事。

然后,童书与原初故事再"回到"NBC 电视新闻,出现了另一次的纪实影音报道,更因动物庇护所的创意而演变出互动网站、动画甚至虚构在线游戏。这一混合媒介载具、影音符号、故事、讲述、再述的传播现象,远远超越一般对叙事或传播的定义与理解,我们称之为需要解读的"叙事传播"现象。

目前有几个可以开始关注,但还不是全部可去关注的叙事传播议题,例如:可流传的不同故事(无论纪实还是虚构)有何共性? 以不同符号系统论述同一故事有何共相? 流传于社会的连动故事有何叙事传播特性? 故事阅读与再述的关系为何等?

以上所引小河马"欧文"的故事是一种有关天灾、生命力、情感与利他(助人或爱护动物)的传播现象,引起注意或促成不断转述之因多在于其引发了认同(对动物的爱)、涉入(关心人与动物间的情感交流)、移情(同情小河马的遭遇)等心理现象,亦即阅听众对动物生命不但投入了个人诠释与情感,更也反射出人类自身在面临灾难时对生存、希望、友爱的渴望以及对他人的救济。

在理解大海啸的无情并哀叹因意外丧失的宝贵生命、财产之余,透过故事表述亦能发现,只要活着就有希望,也让我们认识到人间有爱。或许,故事使众人不但有勇气面对生命中的苦痛,更有力气继续艰难的生命旅程。

其实,所有类似于此的有关勇气、信心、爱与希望的故事传颂皆出自文化与信仰(见本章第一节图 1.1 右上角所示之"社会文化内涵")。透过各种媒介

---

① 可点阅 http://www.owenandmzee.com/omweb/,该网站由动物庇护所设立,动画由作家的青少年孩子们帮欧文和麻吉配音。除传播议题外,也可注意到 Isabella Hatkoff 听了欧文的故事后,用自己出童书方式给读者转述了欧文的事迹。小河马欧文自此感动了更多的人,除了捐款照顾欧文,他们还各自担任作家或故事讲述者,纷纷用音乐、文字、影像、动画、网络互动的方式,一起来"传播"这个让人心有所感的故事。

载具（如报纸、电视、网络等），故事教导我们勇敢地去追求生命力量，鼓励我们对他人伸出援手，更也提醒我们对"善"的价值予以肯定。如图1.1所示，所有的故事皆可展现爱与诗性，这凸显了叙事传播与信息传播截然不同之所在。

但即便故事好听，总仍有些读者、听者看书听故事时打瞌睡了，以致说者不讲了、不想讲也讲不下去了。这是因为故事内容不好、讲者讲得不好、听者不懂还是听者不爱听？没有听众，故事还可传颂吗？有没有其他"不在故事讲述现场"的人想听？有没有其他后续影响或行为？

"叙事传播"除了关心前面列举的有关讲述、文本、生命、转译等面向外，实则也更重视传播行为如何产生人际互动，乃因叙事传播是传播各方（如听者、讲者、旁听者等）持续往来兼而创造新故事的行为。换言之，叙事传播不能脱离参与传播的双方或多方，听者的特质、互动、中介等议题也都当逐一讨论。

三、穿越媒介与故事的现象

每天，总有一些事情在周遭发生。有些事情相对而言与我们以及社会关系重大（如新闻纪实报道所及之事），有些事情或很特殊也很有趣，我们会"被告知"也会想知道，到头来更想分享给别人知道（如透过 Facebook 或 LINE 的功能）。人间情事总是逐渐跨越时空与人物并以故事形式传颂，有人会讲，有人会听；叙事传播现象从年幼初学人际沟通时即已开始，及长也不会结束，甚至会长期与生命同在。

因而叙事不仅与传播活动紧密相关，从个人生活到人际关系、社会互动都与故事讲述、交流有关。Randall 和 McKim（2004：7）将这种以编织故事讲述经验的行为解释为"我们与日常存有的整合"，颇值得人们深思传播行为中的叙事本质或叙事行为中的传播现象。无论讲还是不讲故事，不同的大小事件总不停地在我们周遭发生，有些被视为不重要、没趣味而遭忽略、遗忘，有些则常觉得需要说出来、写下来分享给别人。

但凡那些我们认为重要、有意义或有趣的事，或一些善意、恶意的提醒、宣传、质问与警告等，都形成了我们所听、所讲的故事内容。即便不想分享周遭诸事或感受，总也有其他人会在某个时机把他或她想要分享的事情透过不同方法讲出来，最终也能唤起我们的同理心，甚至因为相互认同而影响了生活方式与态度，进而可能改变我们的信仰、习俗及文化。如"太阳花学运"即属一例，它显示了年轻一代的网络（社群媒体）使用与传递故事之方式已与以往不同，甚至可以左右政治选举的走向。

在叙事传播定义里，"自述"与"他述"的故事即是如此这般反复搅动着个人生命及其与他人之互动关系,透过人造符号之各类媒材(如语言、影像、声音)而在不同媒介载具出现,让人们一再体验人生、咀嚼情感并寻求智慧。

2012 年,台湾媒体也有"转述"与"再述"的实例,如多年前曾有一位女艺人与其友人涉嫌酒后伤害出租车司机事件。① 事情真相可能只有挨揍的司机知道,第一时间他却在重症监护室无法自述事发经过,故事随后透过女艺人在记者会上道出(他述)时却被人们(新闻记者)发现说谎,而动手袭击致司机重伤的日本人友寄隆辉语言不通,没有出来自述事发经过。另有两位出租车司机的行车记录仪记录到当时现场部分情形,录像带却未及时被侦办此事的警方寻得。

伤害出租车司机的事件显然与女艺人之美色、暴力、谎言有关,甚至闹出友寄隆辉有"日本黑社会"背景,有违"爱心、援助、善"的人情内涵,完全不同于前述小河马欧文的素材或版本,但此二例同样展示了类似故事的传播特质,也同样说明了叙事传播的议题。无论是由当事人说出来的故事(自述),还是律师、警察、记者、目击证人娓娓道来的情节(他述),皆充满"谜""对立与矛盾""困阻与难题""变化与转折",以致事件(故事)发展过程中时时会出现新的"发现"与不同版本的"说法"。

以上所引皆属"说故事"常见之情节演变,因而使得某些纪实故事具有颇为复杂的剧情铺排特质。一件酒后攻击他人事件甚至演变成"罗生门"②,因不同新闻媒体争相报道而出现了复杂版本。纪实新闻传播亦因叙事的复杂化而演变成类似虚构电视连续剧般的不断反复、长篇幅地讲述了足足有八天,牵连的载具也有报纸、电视、广播、杂志等传统大众媒介以及网络论坛。

无论酒后伤人还是欧文被救之例,似都显示各种媒介现象宜用"叙事传播"解释,乃因各例皆持续且长时间地被多家媒体、透过多人、以不同方式述说、评论,而台湾 Facebook 使用者("脸友")或其他地区网友也都加入了观察与回应行列。

从这些传播现象中,我们可以发现社会大众追求真相的好奇心、聆听故事

---

① 详阅 2012 年 2 月上旬各媒体有关 Makiyo 和友寄隆辉的新闻报道或维基百科:http://zh. wikipedia. org/wiki/%E8%8C%89%E6%A8%B9%E4%BB%A3%E7%AD%89%E6%AF%86%E6%89%93%E8%A8%88%E7%A8%8B%E8%BB%8A%E5%8F%B8%E6%A9%9F%E4%BA%8B%E4%BB%B6,访问时间:2014 年 5 月 25 日。

② "罗生门"原指"当事人各执一词,各自按自己的利益和逻辑来表述证明,同时又都无法拿出第三方的公证客观的证据,最终使得事实真相不为人知,陷入无休止的反复争论之中"。它源自日本著名导演黑泽明所拍的同名电影与日本著名作家芥川龙之介的小说《竹林中》,参见 http://www.twwiki.com/wiki/%E7%BE%85%E7%94%9F%E9%96%80。

情节发展时的各种想象以及一股股被激发出来的社会情绪。但此点并非反映所有在媒体出现的事件或人物皆属重要,而可解释为人们对"故事"的需求,尤可看出当事人对故事与媒体的本质与运作方式皆不了解,以致版本愈演愈多而情节愈发混淆。

同理,人们与媒体需求故事之例也可见于华裔美籍职业篮球明星林书豪(Jeremy Lin)带来的风潮。林书豪加入美国职业篮球联盟(NBA)中的纽约尼克斯队(New York Knicks)后持续带领球队获胜,某场得到 38 分 7 助攻之佳绩而击败洛杉矶湖人队的表现更是打破其个人纪录,五天内在美国及世界各地体育新闻媒体风靡并引起所有 NBA 球迷的惊叹,一时俱称其背后现象为"林来疯"(Linsanity;见姜颖、陈子轩,2014)。

这点也可归因于社会大众(无论是否为篮球迷,也无论身居中国台湾还是美国)喜欢追求"故事",也想认识"英雄主角",尤其关心他们的"特色与超凡能力"以及"后来"都怎么了;此即人们会出于对故事情节发展及主角行为的关心与预期,而透过不同媒介载具之文本内容,以追求故事情节发展与英雄角色之行动。

待人们具备了"新情节使故事不断发展"的叙事传播素养后,当能理解类似事情何以在报纸、电视、电影重复播出还有高收视率,即便有时愈看愈生气、愈紧张、愈兴奋(姜颖、陈子轩,2014:173):"铺天盖地的'林书豪'媒体报道涌现,'台湾之光''哈佛小子''豪小子'与'豪神'诸多称谓,凸显出聚集于林书豪身上各种特殊元素的交织与对台湾社会造成的扰动,充斥着狂喜、骄傲、与有荣焉之感,然而这份喜悦与认同的背后却隐藏着一份难以言明,但真实存在的集体焦虑。"显然,故事的源起与流动除了图 1.1 外,恐尚有更大的框架足资讨论。

"叙事传播"的特质实则也正考验着社会互动如何透过传播媒介之"再述"或"转述"本质而得以观察社会,也关注着同一故事如何由不同的人在不同时空用不同方法转述,而各类媒体又如何透过不同人在音乐、电视、书本、纪录片等符号系统转述了什么故事。此外,政治、经济、媒体机构等是否在此传播现象中"伸进其手",扮演了我们所不知道的"角色"?

这些都是传播、叙事,更是叙事传播的问题:当大家都在讲、都在借助不同渠道发言时,本书试图从人文角度讨论传播现象中的"故事怎么了",而这显然有异于传统叙事或传播领域关注之"后来怎么了"。

此即强调,"叙事传播"专注于分析传播事件在一再转述间是否模糊了焦点?时间、空间、人物、事件在一再更换"说故事"的符号间保留了什么?传播这个议题,除了媒介载具(如书籍、电视、电影、网络、手机)或政策法规、科技外,是否还有其他未曾加入的角色?是否还有"尚未讲过的故事"?

今日之社会情境早已不同于过往,新起的各类科技允许媒介载具融合多个文本(如智能手机可将声音、图片、影片、文字所述故事合一展现),传播语境也迥异于前。但传播现象之"众声喧哗"似乎不是答案的全部,我们尚可关注转译、解释、补白等程序,并且注意符号能力、效果和局限。

本书讨论了"叙事传播"的源起与基本内涵,未来犹可继续补充"叙事传播"的全貌。

四、"叙事传播"的生活世界

叙事知识在社会实践(活动)中随处可见也不难想象。(如)经理与其下属相互讲述故事也撰写故事,也对访问者(无论研究人员还是新闻工作者)做同样的事;医生与病人、老师与学生、业务员与顾客、教练与美式足球队员们亦然。自传式故事(无论个人还是组织性质)的普及也在稳定成长,而老式故事(民间故事、神话、英雄事迹)则受惠于新科技与新媒介而取得(具备)了新的形式(Czarniaswska,2004:10;添加语句出自本书)。

故事和我们的生活息息相关,它是生活当中那些令人喜欢且值得讲述与传颂的事情。而我们从小时候起就习惯于听家人说故事,长大后在学校听老师与同学讲述故事,最后甚至成为"说故事的人"(storytellers)。透过故事的听说读写、再现、创作,我们连结起彼此的认同与想象,贯串着共有或共识的感动与生命经验,也与身处远方的陌生人交换记忆、情感与认知;生活中的各式故事讲述了我们自己,而我们也被故事所形塑。

每一本书、每一部电影、每一则新闻,都与一件事情有关。作者先想到了、遇到了、听说或阅读后知道了,接着用某种方法让读者们也知道了,再由某些读者继续透过口述、书写、绘画、演唱、电影等传播方式与载具,让其他更多人也都陆陆续续知道;这是经典的传播行为。

现代传播工具发达,而在电子讯号快速传递及网络互动情境下,故事来源不再单一,转述频道愈趋多元,新符号更加快速流通。传播行为经过时间延展后在空间与文化里发酵,再由很多人主观或客观地以不同符号转述,又经过很多人的情感诠释,形成不同于传统认知的传播,最终成为具有特色的值得关注的"叙事传播"现象。

叙事学在过去六十年一再论及故事和故事的讲述,关注说者、听者、有意和无意的听者/说者以及故事的本质和内涵。叙事等同于传播吗？一些重要的叙事学者怎么看待叙事和传播？叙事时传播行为发生了吗？发生在哪里？是什么？又牵涉哪些相关议题？

综合本章所述，"叙事传播"的内涵可简单如图 1.2 所示。任何故事都是说故事者（叙事者）从真实世界（见图 1.2 上方）里挑选并重组某些片段后之再现（representation）结果，乃其认知思维（如记忆与经验）运作后透过语言符号所建构之"文本"（见图 1.2 中间）。

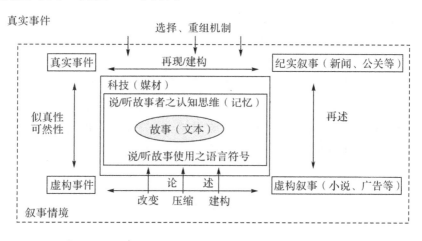

图 1.2　由叙事角度重新思考之传播内涵（改绘自臧国仁、蔡琰，2009a：5）

而"叙事传播"的核心实体则系"故事"（文本），可定义为"时空背景中由行为者所引发或经验的行为动作"（Jacobs，1996：387-388），也即，说故事者在其所述文本中对真实世界之模拟、转述、建构，而非该真实之反映。

此一再现或建构真实之历程，在"纪实"文类（如新闻报道）与虚构作品（如小说、广告、电影、戏剧）中皆可适用（见图 1.2 右侧）。如最早在传播领域提倡叙事典范之研究者 Fisher（1987）早已假设人皆有沟通（说故事）本能，其作用乃在探访并分享"好的叙事表现（即好的故事）"，相互激励并互通有无。

因而，人际沟通是否顺畅乃建立在"意义共享"之基础上，互动双方彼此以好的故事连结意义，共同追求"好的故事表现"，如"讲得像是真的"（似真性；见图 1.2 左侧）与"以多种可能方式述说"（可然性；见图 1.2 左侧）[①]，透过论述方式而将"说故事者"观察到的物件以文字或符号"再现"，继而建构起属于故事文本独有之"叙事情境"（narrative context；见图 1.2 内框左下方）。

---

① "似真性"（facticity）与"可然性"（probability）的译名均出自马海良（2002/Herman，1999）。

　　总之,在"叙事传播"世界里,故事不断地流传也被持续"再述"(见图1.2右侧),透过不同媒介载具(如大众传播媒介)而一再翻转着其核心情节,让听闻者情有所感而乐于与他人分享并常常无以自拔;而这,就是故事的魅力所在。

　　由本章所述来看,传播领域的叙事类型种类繁多,包括传统上视为讲述故事的主要大众媒介载具、渠道、平台,如报纸、电视、广播、广告、电影、纪录片、绘本、动画等皆可属之;这点在姚媛译(2002/Berger,1996)一书中早有列举。

　　但若如最早从语言结构角度提出叙事讨论的Labov(1997)所述,则口述回忆、传统民间故事、前卫小说、医疗访谈、日常对话亦具有叙事内涵,甚至连食谱或房屋建筑蓝图(apartment-house layouts),皆因其有将不同形式的经验描述重新以"叙事"包装,而可称之为"伪叙事"(pseudo narratives)。

　　如此一来,"叙事"的形式种类真可谓包罗万象,"叙事在几乎所有日常对话中都扮演核心角色,其乃言说的特殊形式,……也是言说活动中唯一有开始、中间以及结尾的原型(prototype)"(Labov,1997:395)。

第三节　本书章节介绍

　　本书第一章已如上述,简要地讨论了"故事"与"叙事传播"的可能勾连,并透过"河马"欧文与"象龟"的故事简介了"故事穿越媒介的现象",旨在说明无论纪实文类(如新闻报道)还是虚构作品(如小说、广告、电影、戏剧),都属叙事传播之讨论对象。

　　第二章提出本书之理论基础并尝试连结"叙事典范"与"大众传播研究",除先回顾"典范"与"典范转移"概念之意涵外,第三节正式介绍有关"大众传播研究典范转移"之议题,详细说明"实证论"如何在20世纪中期被引入大众传播领域,而"叙事论"又如何在80年代中期成为新学术思潮而广受关注。

　　第三章续以"数位时代的叙事传播"为重点,讨论"新科技"如何对传播事业与学术思潮形成前所未见之冲击。作者并以"网络传播时代的新叙事样貌"为起点,讨论"叙事传播"在数位时代面临的五个重要变局,包括"叙事之'跨界'移动及流变现象愈形显著""传播学与叙事理论多元及交错应用""'非线性传播'叙事复杂系统成形""叙事传播之内涵兼具'理性'与'情感'""文化垄断及碎片化叙事现象同存互参"。

　　第四章至第五章分别引介"新闻叙事结构"与"新闻访问叙事",借以说明纪实叙事之文本与语言特色。如第四章除重述两位作者 1999 年之专文"新闻叙事结构"并由此检讨相关理论回顾与概述外,还延伸引入了"电视新闻类型"与"网络新闻类型"之叙事结构。

第五章系以"新闻访问"为旨,接续说明此一专业工作如何得以"叙事"角度深究,除回顾"访问"与"新闻访问"相关文献外,第三节尤将介绍新闻访问研究与叙事概念间之可能连结。

在上述两个篇章述明纪实报道与叙事间之可能连结后,第六章至第八章转向探析"创意传播"如何得与叙事产生关联,分以"想象""图文"与"情感"为其子题,均先提出理论背景而后试析各子题为何得与叙事接轨。

举例来说,第六章讨论"想象叙事"时系以下列两个命题为其思考起点:"想象如何是认知思维的认识",而"叙事时,人们对想象力的操作又为何"。结论一节采用叙事心理学者 Sarbin 之"想象即(叙事)行动"观点,认为叙事者(包括纪实叙事者,如新闻工作者)讲述故事时无法脱离想象之作用,因而想象一词在叙事之意涵偏向"动名词"而非名词,乃具主动、探索、操作自如、创作性等特性。

第七章转向一般叙事研究迄今犹少论及之"图像传播",尤其关注文字与图像在叙事过程中扮演的不同角色与功能。先由理论入手讨论图片(照片)之相关定义,接着说明图像与心象间的关联,次则先后以"图像传播"以及"新闻图像"为例说明其与文字间之复杂互动关系,强调两者如何成就静态与动态之"跨媒介叙事"现象。

第八章关注叙事传播如何得与日常情感生活相契合,以"游戏""仪式"与"原型"为讨论核心,旨在回顾人们企求沟通互动并增加人际情感交流的本能,借此说明如何得从人文视角观察叙事领域。

第九章为本书结论,由近期叙事研究领域的"叙事帝国主义"争议切入,讨论"纯文本"与"跨领域取向"间的学术论辩如何影响本书所谈之"叙事传播"。而本书所持之"人文视角",则在强调叙事以及传播具有促进日常生活人际互动进而建立社会关系之重要功能,系以"说故事者"为其主体,透过不同媒介与渠道之故事讲述历程而与他人建立关系,进而展开互动以能展现美好的日常生活。

综上所述,本书作者认为"传播"即"说故事"之行动,其重点不在讲求"效果",亦不仅关注信息是否流通,而在强调传播行为本就带有"生命共享""意义共构""相互参与""彼此连结""共同拥有"或"再现共享信念"之意涵,期盼在"说故事"过程中能交换不同涉入者对故事的认知与情感,沉淀出属于自己的人生意义,进而建构一己及社会的思想与情感。

总之,本书意在将流传于我们之间的传播行动,用"说故事"的方式借助书本形式再述一次,意图结合叙事与传播并从不同面向来讲述"叙事传播":一个穿透时空分享生命故事的情感经验,并相对改变了双方的连续互动话语及媒介行为。

第四节　本章结语:"叙事学"或"叙述学"之论

本章已于前节叙明故事的源起与流动,继而介绍本书观点与叙事传播之特色及内涵,期待透过故事的再述与转述说明传播现象的本质,并且关注故事之讲述情境。

最后,本书在采用"叙事学"而非"叙述学"一词时,曾参考台湾《清华中文学报》稍早提出之建议(见王文进,2011)。在此文中,王氏认为此两名词早已困扰华人研究者有一段时日,因而呼应赵毅衡(2009a)之提议认为宜统一用法。

但王氏延续了另一叙事学者申丹之观点,提及在中文使用习惯里"叙事"大于"叙述"也包含"叙述",但仍无法确认何者更为适合,因而仅能并列为"叙述/叙事"。

在传播领域里则采用"叙事"一词久矣,如第二章提及之政大传播学院初设必修课程"传播叙事"时即已采用该词汇,因此本书舍弃"叙述学"而仅用"叙事学"和"叙事传播",以方便阅读。

第二章 叙事典范与大众传播研究

第一节 概论:典范之作用

我希望这本书将帮助你们理解和阐释多种不同的叙事,并认识到这些叙事可能对我们的生活造成的影响。因此我在这里讨论,并且要求你们考虑自己的梦,孩提时你们接触到的童话故事,你们看的电视节目、电影,你们读的连环画、散文和小说,你们的生活沉浸其中(并对其进行塑造)的通俗文化,你们说的笑话,甚至你们每天做的许多事情(姚媛译,2002:3/Berger,1996;括号内语句出自原书)。

上章简述了"叙事传播"的内涵在于,关注"故事"如何透过不同媒介再述、转载、流传,进而成为日常话题并随之创造了生命的共同意义(无论好坏故事皆然)。这种以"故事"为传播活动核心的观点其来有自,历经近二三十年不同学术思潮论辩后,才由文学批评与小说研究领域引入(见 Fisher,1987;Cragan & Shields,1995)。而在大众(新闻)传播领域,"叙事"理论受到重视的时间更短,约在 20 世纪 90 年代前后始渐被研究者接纳,进而成为举足轻重的学术研究取向(Bird & Dardenne,1988,1990,2009)。

例如,本节开头引录之作者 A. Berger 即属最早强调"大众媒体在现代生活中之叙事作用"(此句出自臧国仁、蔡琰,2013:174)的传播学者,其认为除了传统叙事学包括的"小说""诗歌"等文学作品外,举凡"童话""连环画""电视广告"(电视叙事)"通俗文化小说""电影""广播"等现代大众媒介内容皆属"叙事",乃因它们透过文本所表达的故事均具"连续性",与静态图画、素描、照片不同(姚媛译,2002:3/Berger,1996)。只是 Berger(1996)并未采信"新闻报道"为叙事,稍晚另在 Lacey(2002)专论媒体叙事结构时方才将其纳入讨论。

此一讲法如今回头检视当然令人莞尔,乃因静态作品即便没有"连续性",仍有"故事性"。尤其是,静态照片之故事内涵丰富,如法国结构主义文学批评家 R. Barthes 即曾详细阐释其所再现之含意(赵克非译,2003/Barthes,1980),故其属叙事当无疑义。

而在传播教学领域,开授"叙事"相关课程仍属近年新意,如政治大学传播学院虽迟至 2010 年(1999 学年第一学期)始才设置"传播叙事"(与本书"叙事传播"之名称与关注内涵稍异)课程,仍为首创,属院必修。其内容延续自2000 年起开授之"视听传播"课,内容包括心理、符号、图片、音乐、流动影像、文本与批判等议题。而此课程又源自更早的"视觉传播"课程,授课内容涉及构图、线条、色块等视觉设计原理,平面作品如绘画、摄影解析欣赏等,初意本在强调文字以外之符号传播方式,以与原有"平面媒介"(如报纸、杂志)写作课程区隔,最早引进时间约在 1996 年前后。

随着时代递嬗与科技进展,"视觉传播"或"视听传播"等概念显都不能反映进入 21 世纪后传播领域之多元风貌,而将文字排除于叙事讲授元素之外亦不符实情,理当引入新的概念,跨越不同媒材,以贯穿原有之"说故事"情境。复经多方讨论后,今日之"传播叙事"新课构想与设置始渐成形,改而强调传播学院学生确需兼有并熟谙文字、图像/影像、声音等跨文类之说故事本领。

此一想法与本书标示的"叙事传播"旨意贴近,但本书更关注叙事现象如何得为传播工作者所用,尤其关注如何理解、转换与评估符号,兼及如何运用不同媒介之符号/媒材来表达意念,并统整不同范畴之叙事观念,重点应在如何适应数位汇流时代之来临,并以"数位叙事"概念贯穿未来传播行为(见本章小结)。

一般而言,大学校园因应社会变迁而调整课程内容本属常态,但此举实也显示了更为深层之意涵,亦即随着学术思潮的持续演变,新的想法逐渐取代旧有思维并刺激研究者改采不同"世界观"(worldview)或"视野"(perspective),进而提出与前不同的教学内容。如此,学习者方能获取与原有认知不同之知识地图,甚至放弃过去笃信之学术信仰而乐于另辟蹊径,此即"典范"(paradigm)概念最常在学术领域扮演的积极角色。

第二节 典范与典范转移

"典范"一词的正式名称应是"科学典范"（scientific paradigm），其普遍受到重视实源自 20 世纪 60 年代由 T. Kuhn 所撰之《科学革命的结构》（*The Structure of Scientific Revolutions*，1962；程树德、傅大为、王道还、钱永祥译，1994）。作者 Kuhn 原系科学史研究者，在此书里针对知识的演进提出了下列几个有趣疑问："历史能做什么""常态科学如何产生""常态科学的本质为何""异常现象与科学发现之产生有何关联"（以上皆为该书各章标题），而最重要的提问则是："为何科学能这样一直稳定地迈进"（1994：217）。①

Kuhn（1962/程树德等，1994：235－236）解释道，"典范"之意在于"一个社群的成员所共享的东西，以及，反过来说，一个科学社群由共享一个典范的人组成，……他们都受过同样的教育与养成训练；在这（个）过程中，他们都啃过同样的技术文献，并从这些文献中抽译出相同的教训"。

Kuhn（1962/程树德等，1994）认为，任何主导科学进程的"典范"总是会面临众多新理论与新发现的挑战，相形之下，这些"后起之秀"（anomalies，原意为"异常现象"）常在各地点燃星星之火进而声势浩大，终至直接或间接地让旧理论"褪色"甚至"退位"，导致"典范转移"（paradigm shift）的发生："这些（新）发现所涉及的变迁，不但有破坏性，也有建设性，……科学家（从而）能解释更多的自然现象，或更精确地说明已知现象。"（1994：117，添加语句出自本书）

这种变迁过程正如 Kuhn 书名所示之"科学革命"（1994：165）：

典范一旦改变，这世界也跟着改变了。受一个新典范的指引，科学家采用新的工具，去注意许多新的地方。甚至更重要的是，在革命的过程中，科学家用熟悉的工具来注意一些他们以前所注意过的东西时，他们会看到新而不同的东西。……在革命之后，科学家们所面对的是一个不同的世界。

由此可知，"典范"原指一群持有类似观点的研究者针对如何研究科学/社

---

① 此句之后，Kuhn（1962/程树德等，1994：217）又问，为何艺术、政治理论或哲学不是这样发展。但多年来不仅自然科学领域，甚至人文（如艺术领域）社会科学领域的研究者，也都频繁引用此书观点。本书也持相同看法，认为传播领域的思潮变化可用"典范"概念解释。

会现象所持之共有价值观（Kuhn 称此为"共享范例"，1994：247），他们不但研究工具相近，更重要的是基本信念相近、彼此沟通较易，因而形成了往来密切的"社群"。

有趣的是，"此社群"与"彼社群"间鲜少互动，甚至常常视而不见，新的典范社群更常以"革命者"自居而意在推翻旧有典范，双方相互竞争、论辩进而产生学术思潮间的"不可共量性"（incommensurability；1994：203—207）。也即，成员间因学术用语不同（"……老的词汇、观念与实验彼此间有一种新的关系"，1994：204），面对相同概念时的意义诠释也可能大异其趣（"他们……在一些领域间看到不同的东西，而且他们看到的东西彼此间的关系也不同"，1994：205）；但也唯有透过如此新旧典范间之持续更迭，科学才能演进而知识也才能不断更新。

Kuhn 的"典范转移"论点影响整个知识界已逾半个世纪，如今绝大多数研究者也都同意知识进程非仅依靠累积而来，更也透过新旧典范间之论辩方得不断更新。但相较于 Kuhn 指称的自然科学前后典范之替代性，社会科学多年来却较属意于"多元并存现象"（潘慧玲，2003：4）。如在 20 世纪中期之前独尊实证主义多年，但从 90 年代起即已持续受到如诠释学、现象学、批判理论、文化理论、女性主义、后现代主义、后结构主义等不同学术思潮之冲击与挑战，以致各学科不复以实证主义之"因果法则"或"还原主义"（reductionism，或称"化约论"）等为其核心理论，而是也接受了上述皆能各自言之成理的学说与哲理。

总之，学术研究领域之"众声喧哗"现象本是常态，不同研究小区成员常因长期浸淫于某些特殊定律与理论而发展出不同思想系统，其对世界本质的信念（此常称"本体论"）与观点（此即"知识论"）有着极大差异，而执行研究的方法与设计（"方法论"）当然也就泾渭分明，有时是"此消彼长"，有时却是"相互共存"；而叙事研究的兴起正是典范转变之佳例，值得一谈。

第三节　叙事学/叙事研究/叙事理论/叙事典范[①]

一个理论必须依靠其他周围的理论才能存活，所以（我们）应该耐心等待，

---

① 叙事理论（narrative theory）、叙事学（narratology）、叙事研究（narrative research）三者所示稍有差异，如前者多指称较早期在文学领域盛行之叙事研究，20 世纪 90 年代以后则常以"叙事学"一词替代，本书交换使用。本节改写自臧国仁、蔡琰（2013）。

给目前看起来很荒唐的理论一个存活的机会。……一个新理论创发之初，其周边的理论很难同时或短时间内建立。太早放弃一个未得充分验证的理论或甚至看起来荒唐的理论，很（可）能使有潜力、有前途的理论夭折（林正弘，1995：226；添加语句出自本书）。

"叙事学"来源广泛，其出现一般都归功于保加利亚裔法国文学理论家 T. Todorov 在 1969 年使用之 narratologie 一词（即英文 narratology，引自 Riessman，1993：1，Riessman 又自承该说法出自 Godzich，1989：ix），指透过书写语言所再现之单一事件或一系列事件，可简称为"说故事"之分析，包含"论述"（discourse，或译为"言说"或"叙说"）与"故事"两者（出自 Chatman，1978 之归纳），前者多指故事"如何说"（途径），而后者则为"说什么"（内容）。

不过，现有"说故事"研究传统实则奠基于 20 世纪 20 年代俄国民俗学者 V. Propp（1968/1922）之"故事结构"讨论，其强调凡叙事皆有情节"类型"（如戏剧即可粗分为喜剧、悲剧等，而小说可分为浪漫长篇、科幻中篇、历史短篇等），凡"类型"又有更细致之组成元素，即俗称"公式"（见蔡琰，2000：123），前者指任何一种或一类作品，而公式则是这些相似作品之结构条件或特征。透过相似公式之归纳与组合就可形成类型，但若其组成公式彼此相异，则又可区别而产生另一不同类型。

总之，类型与公式之组合模式不但反映了说故事者的沟通意图与策略，阅听众也是借由这些类型与公式，方得理解故事讲述者意在表达的逻辑与意涵，因而或可谓"……类型概念系依靠结构形式特征（或模式、风格特征），将作者、作品（故事）、观众联系在一起"（蔡琰，2000：118；括号内添加语出自原书）。

上述讲法充分展现了叙事研究发展之初如何受到欧洲结构主义之影响，以致 Brockmeier 和 Carbaught（2001：4）即曾戏称叙事学之"演变实源自身为法国'结构主义'（structuralism）之子以及俄国与捷克'形式主义'（formalism）之孙，从而才能发展为独立领域"。[1]

另一方面，Martin（1986）认为叙事研究业已取代了昔日之"小说理论"（theory of novel），而成为"文学研究"之主要取径，乃因上述叙事研究的结构

---

[1]　Squire、Andrews 和 Tamboukou（2013：3—4）曾经表示，除上述俄国结构主义与法国后结构主义、后现代主义、心理分析与解构主义等思潮外，叙事研究的兴起也与第二次世界大战后西方社会学者与心理学者对实证主义的不满，而改从个人研究、传记、生命史等维度进行学术探索有关。此外，Czarniaswska（2003：2）认为，除了法国结构主义与俄国、捷克形式主义外，美国新批判主义（new criticism）与德国的诠释学（如 H.-G. Gadamer）对叙事学的近代发展亦颇有贡献。

与形式分析特色,提供了远较以往更为广阔的讨论内涵。

叙事研究的另一个早期发展来自语言学。[1] 例如,Labov 和 Waletzky (1997/1966)即曾主张叙事研究必须回到最简单的个人经验口语述说形式如"子句",方能检阅埋在"句子"之下的故事语意与句法。透过访谈所得的十四个叙事样本,并以其所擅长的语言学分析方式,两位作者决定"任何系列子句若能表达至少一个时间接合点(temporal juncture)",即为一个叙事。

举例来说,"我认识名为哈利的男孩""另一个男孩正好将瓶子丢在他头上""因而他(哈利)得要缝上七针"三个子句之后,两者隐含之时间接合点("正好"→"因而"),就可看成是叙事作品(取自 Labov & Waletzky,1997/1966:21)。由此,两位作者接着提出了叙事之"完整形式",包含六个基本结构元素:"摘要""状态""复杂行动""评价""解决方式""结局"(引自王勇智、邓明宇译,2003:40/Riessman,1993)。

这些元素的基本功能有二:一为"指参"作用,意指协助听故事者知道故事参与者有谁、事件在何时何地发生、究竟发生了什么事,亦可称为故事的"情境"作用;另一功能则为"评价",包括透过口语或非口语来表达情绪、重点、视角与洞察力,可谓之说故事的核心内涵。

上述由 Labov 和 Waletzky 提出的语言取径弥补了早期以文学(小说、文艺)作品结构为主的叙事研究,从而开辟了"文本"(text)以外的分析方式。[2]由此,叙事最简明的定义即可称为"讲述一个以上的事件/子句",尤其是将其编织成有时间序列的线性组织[3],而内容则常包含上述几个基本元素。另外,也如前引 Berger(1996/姚媛译,2002:16)所称,可分别从"创作者""观众""作品""社会"以及"媒介"(medium)等相关角度切入进行分析,与传播研究之传统途径极为相似。

---

① 有关叙事学的语言与文学研究渊源及"剥离",可参阅董小英之引言(2001:1—16)。而 Labov (1997)在其回顾 Labov 和 Waletzky(1997/1966)一文之源起时,曾自承当年仅因两人合作探索"社会语言学",而因缘际会地开展了近代由语言学角度所撰之首篇叙事理论研究。但其尔后很少发表相关论文,乃因实证主义当道而一般学术期刊无法接受与叙事理论有关之探索。但 Labov 认为,叙事有趣是因为他注意到,每次演讲只要开始讲述故事就会吸引听众注意,受到故事情节的影响而常静默,甚至演讲结束也不愿离开。

② 鉴于 Labov 和 Waletzky 之文影响重大,*Journal of Narrative & Life History* 期刊曾于二十年后转载该文,并集中讨论了其对叙事研究之贡献(见 Bamberg,2007)。而同一时期则有法国结构叙事学者 R.Barthes 提出"新的"叙事分析途径,意在以语言学(lingustics,或称"第二语言学")来分析故事结构,但此一途径曾被 Herman(2004)谓之无效。

③ Rimmon-Kenan(1983:3)因而如此区分"故事"与"文本":故事乃事件之接续述说,而文本则为口语或书写之论述,旨在完成其述说(转引自 Herman,2004:51)。

尤其重要的是,Labov 和 Waletzky[①] 首开先河地介绍了"个人经验叙事"如何得以透过上述六个基本元素,完成并也鼓励研究者持续探索故事里的人际关系,从而将叙事分析从传统文学里解放出来,进而与会话分析(conversation analysis)以及社会语言学接轨,成为探讨面对面人际谈话的另一种研究途径。[②]

但也诚如 Brockmeier 和 Carbaught(2001:6—8)所称,自 20 世纪 80 年代以来,叙事研究早已脱离上述专注于文本与语言结构的古典分析形式,转而成为多元且内涵丰富之学术范畴(参见 Bal,2004),持续探究其基本元素间如何互动之深层意涵,尤其倾向于从人文观点探索"日常生活传播形式"以及"非虚构作品"的类型方向,关注如何在实际使用情境创建故事意义(可称之"叙事行动"或 narrative in action,见 Gergen & Gergen,2007)、生活叙事的语言如何丰富了每个人的生命(Randall,2001)、故事在不同文化与次文化中又有哪些多样性等议题。

其中,以历史学家 H. White(1973/陈新译,2009)的贡献最为弥足珍贵,其在五十年前即已率先透过叙事论来探究历史之真实性,从而带领研究者跨越"虚构"与"非虚构"之鸿沟,正式开启了对"纪实叙事"的新研究方向。诚如 Waldman(1981:240)所言,White 远较其他任何人更早地引入了历史叙事的概念,进而启发众多学者开始关注叙事之真实与虚构议题。

White 在详加探索 19 世纪历史后发现,不同史学家均会运用"情节编排"方式撰述历史,其所有思想与意识都属"对经验的'比喻'加工,因此在叙述过去之前已经隐藏着某种'先于认知和先于评断的'形象比喻"(马海良译,2002:179—180/Herman,1999),因而"既创造分析对象,也预先决定将用以解释那个对象的概念策略的样式"(马海良译,2002:180/Herman,1999),从而使历史著作之各种深层结构必然有着叙事形式基础。

对 White 而言,情节编排、文学操作皆使"虚构文学"得与"历史杜撰"划上等号,两者差异不大。因而,当传统叙事学从未正视历史真相所含之故事特质时,White 却认为历史论述可分成两个层面,分别是"对已经确立为事实的叙述"与"一系列将事实列表转换为故事的那些诗歌和修辞成分,其中有提供'情

---

① Riesman(2013:257)即称 Labov 之二文是叙事研究的"分水岭",自此研究者正视"自述"为叙事作品,而非如以往仅关注一般来说皆属"他述"之文学作品。

② Labov(1972:370)曾如此定义"叙事":"一种概述过去经验的方法,借由口语子句的序列来与实际事件序列对照(match)。"而在其 1997 年的补充里,则曾重新定义"个人经验之叙事"为:"针对一系列事件之报告,其内容系话者根据原始事件之次序所讲的系列子句传记(biography)。"

节'的故事体裁模式。事实的本身不会引起叙事故事部分的冲突,但是情节编排和修辞赋予(了)故事不同的意义应无疑义"(马海良译,2002:180－183/Herman,1999)。换言之,历史研究固属针对已发生过的"事实"(即历史真实事件)之描述,但如何描述这些"事实"之演变势必诉诸叙事手法与情节铺陈。White进而提出了"历史的诗学"(a poetics of history)概念,认为"史学家写历史如同文学家写小说一样,用写诗的方式处理素材,对于某一个题材可以用不同的风格和形式写作……"(引自周雪舫,2009:185－186)。

但历史当与小说不同,乃因史家必须"发现"故事而小说家则是"发明"故事;历史故事所述乃"真实"且曾经发生的事件,而小说所描述则是"想象式的事件",两者差异极大却非截然不同之"两条并行线"。因而,White引述19、20世纪之交的哲学家克罗齐之言,谓之"没有叙事,就没有历史"(引自周雪舫,2009:186)。①

由此观之,"历史"事实其实总是被"现在"的研究者所再现,而对"现在"来说,"过去"的事实早已成为他者而只能等待后人诠释;过去不再发生,其皆后人叙述而已(林铮译,2004/LeDuc,1999)。因而,历史再现与真实之间必然存在着不可逾越的间隙,"任何符号或再现都不能让我们看到真实或'钩住真实'"(马海良译,2002:183/Herman,1999),历史过程的描述可以说就是历史叙事。

历史社会学家柯志明(2005:155)曾如此阐释历史研究与叙事的关联性:"……陈述过去的事——'讲古'——就是说故事,对于再现过去的论述方式已经做了明确的选择:(就是)叙事。"但他也承认一般社会科学研究者迄今并不如此认为,反而视"历史解释"为"次级的科学"(2005:156)。对柯志明(2005:157;添加语句出自本书)而言,"历史解释不是法则式的,但仍不失为因果;透过(叙事)情节的整编,历史不再是流水账式的记事——一件接着一件,而是有前因后果的单一整体"。

延续同样的思路,一旦视新闻报道为情节叙事,则其即如历史而无法避免符号形式与内涵窠臼之"再现",导致读者难以从叙事符号传递的概念直接进入真实世界,最多仅能说是进入符号指涉的世界——此即新闻报道之"符号真实"(见臧国仁,1999:第二章),其包含各种透过文字、语言、影像所描绘记录的社会事件。

---

① 有关White的治学重心如何转往人文思想,可参阅叶胜裕(2006)的深入讨论。

换言之,新闻纪实报道(如写成"倒金字塔/宝塔"形式)①与虚构故事(如倒叙法)间,在借由文字与影像符号创造的文本里不仅"形式外观"相似,其语义亦皆可被写作者(报道者)操作,致使"言内表现"(语出马海良译,2002/Herman,1999)与虚构创作相差无几。

也就是说,在社会真实事件不断经由情节之再创造(再述)而为新闻报道的过程中,新闻工作者总要对一系列历史性故事或同时间发生之故事进行筛选,继而透过符号语言之论述方式再现这些事件的来龙去脉。此点实与前引历史学家 White 所述接近,即历史学家面对的虽是"真实事件"素材,但因表述这些事件总要透过情节模式,其在写作或通过其他符号之撰述过程中无法脱离一般虚构叙事的表现方式。

诚如陈永国、张万娟译作(2003:1/White,1973)中所述,White 所持之"历史叙事论"对传统极少触及之"非虚构事实"领域起到了极大的启发作用。

("历史叙事论")不仅颠覆了"历史即事实的重复"这一古老而顽固的史学错误,为当代史学的发展和史学观的更新开辟了新路,而且在史学研究与文学批评之间看到了亲和性和相同点,从而把两者结合起来,跨越了两者间被认为是不可逾越的学科界线,构成了一种空前的跨学科研究……(因而)是文史哲三学科综合的一个宏大叙事。

受到以上对"叙事研究"流变的不断省思,尤其是从"经典叙事学"②关注的虚构叙事转移到"后现代叙事学"关注的纪实叙事,众多研究者均曾自承深受 White 启发而渐开启自我心智(Randall,2001:33),在领悟说故事的奇妙作用后将其融入各领域如诗学、政治、教育、专业,使得"叙事论"在 21 世纪初业已成为跨学科的后起之秀,甚至引发学术"世界观"的调整,从而被视为对抗"笛卡尔理性典范"实证论点的重要行动(Brockmeier & Carbaugh,2001:9),习称"向叙事转"(narrative turn;见 Riessman,1993:Introduction;2002)之新思潮,在人文及社会科学中树立了与前不同的"视框",也代表了"科学对人根

---

①　"倒金字塔"即 inverted pyramid,曾被译为"倒宝塔式",故本书以"倒金字塔/宝塔"名之。

②　众多重要学者如 M. Bal(1997)、S. Chatman(1978)、J. Culler(1975)、N. Frye(1957)、G. Genette(1980)、W. Martin(1986)、Onega & Landa(1996)、G. Prince(1996)等,另可参阅蔡琰(2000)。

本隐喻的转变"(王勇智、邓明宇译，2003：2/Riessman，1993)。①

赵毅衡(2009b：74)曾经细究"向叙事转"(该文称"叙述转向")的始末，认为虽然众多研究者曾谓 J.-F. Lyotard 最早提出这个概念②，但实际上在其之前的 J. P. Satre 已经强调了叙事的意义："人永远是讲故事者，人的生活包围在他自己的故事和别人的故事中，他通过故事看待周围发生的一切，他自己过日子像是在讲故事。"赵氏认为，真正的叙事转向仍要归功于上引 White 的"新历史主义"，其他历史学者随后加入进而"形成了一个声势浩大（的）运动"(赵毅衡，2009b：74)。

但如 Bamberg(2007)所言，上述由 White 引发的叙事研究可谓之"社会或情节导向"(social or plot orientation)，关注如何述说"故事"而能成为众所皆知，且乐于一代又一代地传递下去之"大叙事或主宰叙事"(grand/master narrative)，甚至习以为常地在日常生活中引用。如罗贯中所撰之《三国演义》里的关公忠义故事就深入人心，而被世界各地华人社会广为崇拜即属此类。

另一方面，近些年来亦有众多叙事研究者反对上述"社会导向"，转而认可"小故事"(small stories)的重要性(Georgakopoulou，2007)，Bamberg(2007)称此"个人"或"主观导向"(person or subjectivity-centered)的研究途径，已成为另一引发"向叙事转"之重要来源。心理学者如 Bruner(1986)之贡献尤为卓著(此说出自赵毅衡，2009b：74)，其影响所及对教育、文化、认同等概念与叙事的结合带来了全新思考。③

另如认知心理学者 Sarbin(1986)亦曾多次述及其为何改从人文取向之叙事学角度探索心理学，初期常以"故事如隐喻"为旨讨论一般人如何以故事自述生命，其后又创"叙事心理学"(narrative psychology)一词，借以凸显叙事与心理领域间之紧密关联，多年来早已成为心理学重要子领域(见本书第六章结语)。

延续此一脉络，众多研究者开始格外专注于"说故事者"如何在叙事文本

---

①　赵毅衡(2009b：76)曾经说明"向叙事转"的三个意涵：其一，将人的叙述作为研究对象；其二，用叙事分析来研究对象；其三，用叙述来呈现并解释研究发现。但他也指出，不同领域对这个词汇的认知多有不同。

②　法国哲学家 J.-F. Lyotard(1984)在其专著 *The Postmodern Condition: A Report on Knowledge* 中讨论了 grand narrative 之意涵，此概念之中文译名繁多，如"宏大叙事""辉煌叙事""整体叙事""大叙述"等不一而足，其意在于 Lyotard 认为后现代社会里所有知识皆已"叙事化"，历史亦可用某些叙事贯穿而失去了探测其背后脉理的意义，或应改用"小叙事"(petit narrative)来对抗。

③　有关"小故事"之来源有几种，最受人关注者当属此处提及之 Georgakopoulou(2007，2006)。另有 Shuman(2005：Chap. 4)亦曾讨论"小世界故事"(small world stories)，关注与人生巧遇有关的日常故事。Ochs 和 Capps(1996)则曾指出凡个人的、有关过去经验的、与事件相关的日常述说(ordinary conversations)皆有其特殊叙事意义，值得深入探究。

中揭露"自我"(Brockmeier & Carbaugh,2001)、如何述说个人之生命经验、如何建构生活、如何与故事言说情境产生互动(Quasthoff & Becker,2005)、如何储存取自个人之生活经验并将其转换为故事(McAdams & Janis,2004)或如何在述说文本时与他人建立人际关系(Riessman,2002:696),并且与心理学、老人学、质化研究、生命故事访谈、咨商心理等领域相互结合。

Cohler 和 Cole(1996)认为,这类以"小故事"为主要导向的叙事研究特别重视几个领域的合并,如"生命故事""生命史""自传式研究"(autobiographic research)等,重点犹在对"过去在现在位置"的重视,即如何由说者与听者共同表述生命位置,或可谓其为故事讲述过程之"参与者如何共同建构述说"(1996:67)。

诚如 Herman(1999/马海良译,2002)所称,源于解构主义的兴起,早期专注于叙事结构的研究传统虽曾被某些学者(如 Rimmon-Kenan,1983)预告终结(如 Sartwell,2000),但历经多方借鉴后其不但未曾消沉反而更为茁壮,"一门'叙事学'(narratology)实际上已经裂变为多家'叙事学'(narratologies),结构主义对故事进行的理论化工作已经演化出众多的叙事分析模式"(2002:1)。

小结本节:延续前述有关"科学典范"之讨论,"叙事研究/叙事典范"在过去六十年间渐从传统文学领域针对"文本"作品之结构论述转而纳入了众多新元素,如故事"叙述者"、讲述故事之"媒材"、故事"接收者"等重要概念的引入,早已让叙事学脱胎换骨。

而 20 世纪 80 年代以来,更多认知心理学思维的融入亦已促使叙事研究者不再拘泥于文本或语言之形式分析,反而更关注讲故事者的"自我意识"和"记忆"如何与文本结合、讲述内容如何感动聆听者,而讲述者又如何在讲述过程中与聆听者建立人际关系,甚至径而认为"叙事想象—故事—是(人类)思想的基本工具,其乃认知不可或缺的文学能力。……人们几无可能不在观察世界时不……视其为可资报告的故事"(Tanner,1996:4—5,145;添加语句出自本书)。

尤其重要的则是,此类"新叙事学"业已延续了 White 对历史纪实作品的探究,使得"虚构"与"非虚构"间的类型界线不复如以往清晰。因而,Bruner(1986:13)随后方能延续这个脉络,指称人类思维实有"论辩"与"范例"(argumentative vs. paradigmatic)二类,前者偏向如历史、新闻、法庭证言等述说方式,旨在提出可供验证的事实,而后者则在"述说人类或像是人类的意图与行动,以及纪录其路径之变化与结果",具有十足的虚构与美学内涵,以"叙事"为其代表。

如此一来,传统叙事学早期仅专注于虚构文学研究的桎梏顿时获得解放①,从而成为大众传播领域与其他学术领域可以共同享用之重要学术思潮,不但随即引发了领域内的重大典范转移,并也提供了较前更多的研究新意火苗。

第四节　大众传播研究的典范转移:从实证论到叙事典范②

那些(擅长)提供答案的人(注:指实证主义研究者)很少问问题,而那些常问问题的人(注:尤指批判主义者)却很少提供答案(Rosengren,1985:240;注解内容出自本书)。

……任何典范一旦形成,不可避免会受到挑战。既然学术界至今没有人能系统地提出反对(叙事典范之)意见和替代典范,那么叙事转向及其后果,则首先应当得到充分的总结,而对叙事学界来说,建设一门广义叙事学,已经是迫在眉睫的任务(赵毅衡,2009b:91;赵氏使用"叙述"与"范式",本书改采"叙事"与"典范";添加语句出自本书)。

大众传播研究的滥觞一般都归功于美国传播学者 W. Schramm(1907—1987)的"集大成"(语出李金铨,1988:13),其从 20 世纪 40 年代末期起分别在美国中西部著名大学如伊利诺伊大学、艾奥瓦大学以及西部斯坦福大学、夏威夷大学等校设置"传播研究中心"或成立"传播学院",自此促成了传播研究的"机构化"(institutionalization;见 Chaffee & Rogers,1997:155—180),从而让传播学科得在美国高等教育学府安身立命,落户成"家",故 Schramm 是普及传播教育并融合传播研究与传播理论于一炉的第一功臣(Rogers,1994:446)。诚如李金铨(1988:13;单引号出自原文,注解出自本书)所说:"没有宣伟伯(即 W. Schramm),传播学没有今天;没有他,传播学不可能'无'中生'有'。"

以发展"创新传播理论"而负盛名之传播学者 E. Rogers(1994:447)曾经追忆,W. Schramm 是在美国高等学府创立"传播"系院之第一人,亦是写就第

---

① 有关"虚构性"与"事实性"之讨论,尚可参见赵毅衡(2009b:81—83)。
② 本章混合使用"传播研究"与"大众传播研究",前者传统上与"人际传播"(interpersonal communication)之意贴近,而后者则包含"新闻""广播""广告"与"公共关系"等与"媒体表现"较为相关之子项;源于数位汇流,两者渐有合并趋势。本节内容部分改写自臧国仁、蔡琰,(2013:168—172)。

一本传播教科书的作者,也曾授予第一批传播博士学位,更是全世界第一个拥有"传播学教授"头衔者(1947 年在美国伊利诺伊大学香槟城校区获受),因而谓其传播研究的"创始者"(founder)当属名正言顺且实至名归。①

但依 Schramm(1963)自述,传播研究在美国落地生根实曾受到几位"先驱者"(forefathers,中文译名出自李金铨,1988:10)之影响,包括 H. Lasswell(以宣传研究著称的社会学者)、P. F. Lazarsfeld(专注于选举与民意研究之社会学者)、K. Lewin(格氏心理学者)以及 C. Hovland(实验心理学者),前三者都是第二次世界大战前夕因逃避德国纳粹政权而移居美国的犹太裔学者。

他们在逃避时乱的同时,却也带来了欧洲较新的社会科学研究基础,如宣传技术、调查法、内容分析法,继之分别从社会学、政治学、心理学领域提供了传播研究发展生机的沃土新芽,经 Schramm 整理并汇集后而于 20 世纪 50 年代渐次开花结果。

而据 Schramm(Chaffee & Rogers,1997:7)生前最后著作,上述四位先驱者又曾受到一些成名更早的学者启发,包括芝加哥大学社会学家 R. E. Park、密歇根州立大学经济与社会学者 C. H. Cooley、哥伦比亚大学人类学家 E. Sapir 等。这些发迹更早的学者或多或少地影响了上述四位先驱者在 20 世纪之初关注人类传播议题,Schramm 因而称 Park 等人为"前驱者"(forefathers of forefathers)。

由以上简述约略可以理出传播学在美国的发展脉络。首先,一些来自不同领域的学术"前驱者"在 20 世纪前期激起了早期社会科学研究者对"人类传播"的好奇,其后源于第二次世界大战期间对宣传与信息技术的需求,随即引发一些"先驱者"分别从各自专精领域开展与传播相关的研究议题,如传播说服与态度改变。

战后 50 年代,复经 Schramm 之整理并次第在美国中西部几所大学成立了传播研究中心与院系,"传播学"因而得以脱离"新闻学"研究的范畴并独自生根,苗壮成为新的学术研究领域(fields),渐能与其他社会科学学科分庭抗礼而广受重视,且成为 20 世纪近百年间在美国大学里少见之完整发展学科

---

① Chaffee 和 Rogers(1997:127)曾如此区辨"创始者"与"先驱者":"何谓创始者? 一个新领域之创始者可能是第一本定义(该)领域的作者、第一个在新领域创建大学系所之人、这个领域培养之新学者(他们随之在其他大学建立新系所)的教师。Schramm 因为符合上述三者,而是传播领域的创始者。……先驱者展开先期(的)、重要的研究而建立了新领域的早期(学术)内涵,……但他们不尽然确立新领域的机构身份,……也未必远离其原始领域而开创新领域。"(添加语句出自本书)有趣的是,Rogers 和 Balle(1985)曾称 Schramm 为第五位"创始者",且 Schramm 早期称四位先驱为"创始者"(founding fathers),但在最新著作里却改称他们为"先驱者"。

(Rogers,1994：445)。

但 Schramm 当年采用的传播理论基础却实与"人类传播"无关,而是依附于当时由 Shannon 和 Weaver 所创之"通信之数学理论"(mathematical theory of communication,1949),视传播为一段由"讯息传送者"(senders)经"讯息转接器"而传抵接收者(receivers)的线性过程,旨在保证讯息不但流通无误且能大量流通;若有"噪声"(noises)就必须排除,而讯息愈能传递完成就可谓"传送效果"愈大(以上取自 McQuail & Windahl,1981：12)。

Shannon 和 Weaver 原是美国贝尔实验室工程师(前者为数学家),其发展的理论模式与早期"电话"输送流程相关,简单易懂又契合二战后对科技的需求,因而经 Schramm 大力鼓吹后,传播研究的"信息典范"迅速成为主流理论。而 Schramm(1954)又在这个模式上引进著名的"模控学"(cybernetics,见Wiener,1948)和"回馈"(feedback)等概念,从而鼓吹传播过程的双向互动特性(但此"互动"多指讯息互动,而非人与人之间的互动)。

这个对"传播"的简单定义(讯息制作、传递与接收并含有回馈的过程)就此成为该学科最重要的核心理念,而寻求"传播效果"的研究取向也在此基础上,主导整个学科几乎达半个世纪之久。

其中的原因不难理解。传播理论模式发展初期正是"行为主义"(behaviorism)在美国社会科学中昂首阔步之刻,崇尚研究"可观察"之人类行为以期找出可供验证之规律或定理,进而预测并控制这些行为,相形之下就较无视于其他长期、非可预测性之社会结构力量,如政治经济势力(张锦华,1990)。

尤其是,上述"先驱者"都曾以扎实的实证研究方法著称,如 Lazarsfeld 与其同僚即采纳大规模调查法,取得众多美国民众在两次总统大选期间的民意变化,并将研究结果写入脍炙人口的《民众的选择》(*People's Choice*)一书(见Lazarsfeld、Berelson & Gaudet,1944),而后的《投票》(*Voting*,见 Berelson、Lazarsfeld & McPhee,1954)更是经典之作,奠定了"调查法"这个研究方法在传播研究中的重要地位。

而专研实验法的 Hovland 的背景更与实证研究息息相关,自其在耶鲁大学任教开始就积极探究传播行为如何影响了"态度改变",包括让受测者观看战争影片以了解其是否受到影响而产生"传播效果";举例来说,任何讯息讲述者之可信任度就是促成观看者态度变化的重要因素。

Hovland 的研究成果后来被集结成《传播与说服》(*Communication and Persuasion*;见 Hovland、Janis & Kelley,1953)以及《性格与可说服性》

(*Personality* & *Persuasibility*；见 Hovland & Janis,1962)二书,至今仍属传播实验法之经典著作。

20 世纪 80 年代中期开始,以实证研究为主的传播"主流典范"(dominant paradigm;Rosengren,1985：240)开始受到诸多挑战①,最为严厉之批评来自前述由 Schramm 首创之斯坦福大学传播系的博士生 John D. Peters。②

Peters(1986)曾在一篇掷地有声的学术期刊论文中倡言,整个传播学科发展四十年后已经陷入"智识贫瘠"(intellectual poverty)窘状,大学里的传播学系、学院悉依各自认定的"传播"概念来发展课程,使得这个名词纷繁复杂而无定论(1986：544)。

Peters 颇费周章地说明美国著名教育学家 John Dewey 的理念,认为社会科学之任务首先在创建"智识工具化"(intellectual instrumentalities),透过传播各类标志、符号、概念,以能推展新的想法与生活(1986：532)并济世安民,而"传播学"之地位应等同于社会学与心理学并皆属社会科学一员,理应致力于促进小区(民主)之发展,而非仅注重科技发展,以致造成"机械式的社会"。

Peters 随即追溯了前述"先驱者"以及 Schramm 之研究背景,谓其多与第二次世界大战或冷战早期的"政策研究"或"情报需求"过从甚密,如 Schramm 即曾服务于美国政府"战争情报局"(Office of War Information)多年,以致其初期探究"大众传播"之旨多在解决实务问题(如宣传效果之有无或强弱),而非如其他学科那样钻研知识(如政治学领域旨在增进民主制度内涵),并与日常生活(如促进小区成员间之互动)无关。领域内之追随者像是"僧侣般地聚合"(Peters,1986：546)成一家,擅于计量研究方法并精于"操作",却对成为"大理论家"不感兴趣,长久下来整个领域已渐失学术活力。

特别是,Peters 认为 Schramm 把"信息观"作为传播基础理论是传播学科"智识贫瘠"的主因,"由信息论引发的有趣想法……很少带来对学科深邃或连贯的智识影响"(1986：538),而研究者多年来在惯用上述"发送者""接收者""噪音""回馈""噪声"等行话(jargons)后未能由此发展出新的理念,反而成为建构领域疆界的工具,"传播这个概念无法来创造理论,反而阻碍了理论之建构"(1986：540)。

整体而言,Peters 将 Schramm 视为传播学科走错方向的始作俑者,甚至

---

①　在此之前的挑战并不鲜见,最有名者当属 Berelson(1959：441)与 Schramm 间之论战。Berelson 在此文中提出了其著名的预言:"本文之旨在于,关于(对于)传播研究而言,其实情是正(在)凋零中。"

②　Peters 自斯坦福大学毕业后就任教于艾奥瓦大学传播系至今,曾延续其对传播理论之卓见并以 1999 年出版 *Speaking into the Air* 一书而博得美誉。

引述他人所言来批判 Schramm 先前提出之"前驱者"或"先驱者"等封号,认为这都显示了其对传播仅有一些象征性之"专业符号"而未能持有"学术理想"。

如此批评难谓其不严厉,但 Peters 身为 Schramm 首创斯坦福大学传播系博士生,当能理解传播学科起始之初犹须面对美国大学新闻专业之严格训练,因而 Schramm 追求传播学科之"社会科学"内涵并讲求实证取向有其时代背景,传播领域之"学"与"术"早期甚至被称作"卡方检定"(chi square,指研究者常使用之统计工具)与"绿色眼罩"(green eyeshades,指新闻室编辑常戴之防光头罩)间之对抗(Rogers,1994:460—465)。Peters 无视诸多学术先贤筚路蓝缕之难,却直言不讳地谓其"走向有误",或也有"以今非古"之悖谬。

但 Peters 所言却又点出了传播领域发展的重大问题,即其从一开始就诉诸于"信息观",显然有"所托非人"之憾,因为这个典范传统上过于关注科学验证,关心对象仅在于如何达成信息设计者所设目标,而无视"传播行动"之参与者皆有涉入且皆投入情感,以传统实证主义强调之客观中立原则,来探析与人们息息相关之行为及过程实有不足之处,以致多年来传播内涵究竟为何常处妾身不明之尴尬局面,而独尊传播效果之后果即在于传播研究主题愈趋"坚硬"(或可称其为 hard science,即偏向自然科学的传统),人文素养不足,令人遗憾。①

就在 Peters 出版其论著的次年,人际传播学者 W. R. Fisher 在陆续推出一系列期刊论文后写就《视人类沟通如叙事:推论、价值与行动的哲学》专著(Fisher,1987;中文书名从林静伶,2000:96),因缘巧合地弥补了前述传播研究偏向"信息观"的缺失。② 此书出版后随即引发众多研究者重新思考"传播"与"叙事"的关联性,渐次建构了传播研究的"叙事典范"(narrative paradigm)。

首先,Fisher 之学术背景系在"修辞学"(rhetoric,亦译"语艺"),因而其假设人类不但理性且具修辞天性。但自希腊先哲苏格拉底以降之"理性典范",习以为常地强调如科学或哲学等特定论述类型较近真实、拥有崇高地位,也较具沟通价值;相较于此,日常论述(如诗作)则因缺乏专家观点而长期被视为无甚大用,导致一般研究与生活世界脱离。同理,修辞论辩(argumentation)传

---

① 本节所述以"美国传播学"之发展为主,有关欧洲传播史之早期发展可参阅 Rogers 和 Balle(1985)以及 A. Schorr、W. Campbell 和 Schenk(2003)。

② 根据 Czarniaswska(2004:10),Fisher 是在接触哲学家 A. MacIntyre 的作品时立刻领悟他自己在传播领域所想乃出自视人类如"叙事动物",从而试图整合"叙事"与"范式知识"并称其为传播之叙事典范。简单地说,MacIntyre 的理论中心在于"社会生活即叙事"(social life is a narrative),或"叙事乃是社会生活的主要形式,也是社会行动"。

统上因自有一些前提(premises)与行事规则而被认为较具理性,故事则不然。

Fisher 在引述众多文献后挑战这些论点,认为其无助于解释日常论述如何产生。虽然各方均曾努力改善此类"偏见",但"传播无政府状态"(communicative anarchy)仍旧凸显了理性典范过于笃信"语言不证自明"却忽略其复杂性,值得深究。

Fisher 特别强调"叙事典范亦属理性、价值与行动之哲学"(2000:47),且叙事理性有其逻辑并透过"叙事可能性"(narrative probability)与"叙事忠实性"(narrative fidelity)达成(译名出自林静伶,2000:97)①,前者指"将故事内部之结构、素材、人物完整串联的程度",如人物动机"决定了(故事)是否可信,而可信则是(阅读者)信任的基础所在"(2000:47;增添语句出自本书)。

至于"叙事忠实性",则与"好的说服理由(和)逻辑"有关,指故事与真实经验的相符程度,尤指故事讲述对象认同其所传达的价值观念或与日常生活相符的程度。Fisher 认为,任何故事必须同时反映逻辑理性与价值理性,不合逻辑理性的故事犹可因其符合价值理性而被接受,但若两者都不相符则必遭摒弃。

在该书第二部分,Fisher 呼吁重新反省"理性诉求"(logos;译名出自林静伶,2000:23)一词之古典意涵,转而将"叙事"视为人类沟通情境之所在和知识传递的主要渠道:"我们在故事里诠释生活与文学,而这些故事又包含于其他历史、文化、人物故事里,从而产生(人类的)争斗与对抗"(1987:193;增添语句出自本书)。Fisher 认为,叙事无所不在,乃因人们天生即具叙事理性(narrative rationality),但也受制于叙事(故事)所揭露之情感与观念。

Fisher 接着提出其核心观点:人除了是理性动物外,也是"叙事动物"(homo narrans),决策与沟通不完全基于理性之对错论辩,而是为了找到"好的(说服)理由"(good reasons),借此诠释具有正面价值的生活意义。

举例来说,如要邀请旁人参加"保护动物协会"游行活动,通常可以"动物也是生物,有其动物权"等理由劝服,但也因为这种讲法过于理性而常常难以被人接受。此时若找到可爱动物的故事(如老年人或身心障碍者常倚赖动物/宠物协助日常生活),沟通效果可能远比理性论辩来得更好(此例出自Littlejohn,1999:169)。

在结论一章——题名《回顾》(*In Retrospect*),Fisher 指出其书首先旨在

---

① 此两者与上章由马海良译(2002/Herman,1999)提出之"似真性"与"可然性"概念意涵接近,见本书第 15 页脚注①。

唤起对前述"理性诉求"意涵之重视,借此提出崭新方向以理解何谓"人类传播"。其次,其书亦在指出人们总是透过故事理解日常生活,且这些故事也镶嵌于其他较大故事类型,如历史、文化故事中(仍见本书第一章第一节图1.1右侧)。

因而,叙事在人类言说世界中实无所不在,但其不仅是"虚构小说",也不提供类似论辩形式的直接说理,反以间接、隐晦且让听者不自觉的方式讲述。Fisher强调人类生活的确存有"叙事理性",每时每刻都在沟通互动中促进人际理解。

此外,Fisher亦曾提及其"叙事典范"曾受修辞学者 E. G. Bormann 与 K. Burke 启发甚深(2000:63):"……如 Burke 所称,生活乃故事,此些故事并也成为其他已活过、正在生活、即将生活者的故事之部分。"显然,Fisher 深受现象学者 Schutz 和 Luckmann(1973)之"生活世界"观点影响而与实证主义强调之"客观世界"有异,从而认为任何意会与诠释均须透过不断地协商方能产生意义。

但 Fisher 的专著犹未详述叙事典范与其他相关理论之关系,此点成为 Cragan 和 Shields(1995)讨论之重点所在。该书首版成书于1981年,旨在将 Bormann 之传播理论纳入应用研究。后来因 Bormann 将其理论命名为"符号聚合理论"(symbolic convergence theory),且 Burke 的"戏剧理论"(darmatism theory)与 Fisher 前述叙事理论次第成形,Cragan 和 Shields 从而合并三者以期建构"应用传播研究之(后设)符号理论"(symbolic theories in applied communication research;简称 ACR Metatheory),借此彰显"应用传播研究"之理论价值并强调其不仅具有技术内涵。

两位作者在该书第四章曾经整理 Fisher 多篇论文并详述 Fisher 理论为"叙事典范理论"(narrative paradigm theory),可归纳为下述五个预设(2000:95):

(1)人是说故事者(主体论),因为 Fisher 认为"所有论述皆叙事"。

(2)所有形式的人类传播皆为故事,即"无论发生时间为何,世事皆可以符号诠释并形塑为历史、文化、人物角色"(价值论),且一旦使用叙事典范,则无论《圣经》还是经济学讲义,皆可视为具有故事形式,此乃"价值论"之抉择。

(3)人类以"好故事"为其信仰或行动准则(本体论)。两位作者指出,Fisher 认为"理性推理"(rational reasoning)无法解释人类如何接受真理、知识、真实而应加入"良好理性",此乃叙事典范之本体内涵。

(4)人皆天生拥有叙事理性得以评估人类沟通(本体论),因为 Fisher 相信判断故事真假之能力出自天赋,属"实用智慧"。

(5)在持续创造过程中,人们选择不同生命片段以完成不同故事,从而缔造了文本真实(认识论)。不同形式之叙述彼此竞争,故事间也相互嵌入情节,环环相扣之余任何故事总能追溯到其背后"大故事"(grand story)之价值观。

Cragan 和 Shields 发现,1973—1992 年的二十年间共可搜寻到 31 篇相关传播与叙事论著(包括引用该理论或自称"说故事者"研究),分属政治传播、组织传播、论辩、人际/小团体传播、大众传播等子领域,显示了叙事与传播领域间的重迭,并也凸显两者间有相互结合的可能。

当然,这些文献也曾批评 Fisher 理论之缺陷(1995:261—265),如"并未提出新的知识""尚非全面性理论"(general theory)、"叙事理性非具普遍性""轻视理性之重要性"等,足可反映叙事传播间之理论建构有待持续演进。

根据 Cragan 和 Shields(1995:263),Fisher 回应时曾进一步概列叙事意义为:"叙事[1]",指一般人之故事述说;"叙事[2]",指特定论述范畴(如就职演说);"叙事[3]",指理解人类所有论述的概念架构。

由此较新说明可知,Fisher 的叙事观点非仅适用于一般故事(指"叙事[1]"层次)或某些特定论述内容(指"叙事[2]"),更也具有理念架构(指"叙事[3]")可用以解释不同情境(如大众传播内容)。

因而,以上所引二书实有其一脉相传之核心主旨,即视修辞为叙事理论/叙事研究/叙事典范之源起,故而存在共同缺陷。举例来说,Fisher(1987)关注之处多在传播哲学与理论层面,"并未具体规划任何分析架构与方法"(林静伶,2000:100);此点或可归咎于其撰书之旨本在另辟蹊径,必须就叙事沟通之后设理论层次详加检讨,而难以兼顾实际架构及方法层次。

至于 Cragan 和 Shields(1995)则因延续 Fisher(以及 Bormann 与 Burke)而能纳入众多后续批评(见该书第 8 章),但在研究步骤上是否/如何妥善处理其"应用性"则仍未见讨论,尤其是,叙事与"外在情境"之关联如何对传播文本产生影响成了其主要缺陷(林静伶,2000:103)。

但此两本专著显然对传播研究之典范转移有潜移默化之效,如 Vasquez(1993)即曾试图在公共关系研究中引进"叙事典范",强调组织与公众间之讯息交换亦可立足于"故事"分享,因为一般人常透过符号互动来理解世界,而其结果又转换成为其世界观之所在。

McComas 和 Shanahan(1999)同样采用上述叙事典范观点,探析美国两家报纸如何讲述"全球变暖"议题,并发现新闻报道里的故事情节变化反映了媒体组织对此议题的关注程度。如 20 世纪 80 年代之新闻报道情节重点多在讲述"气候变迁之影响",90 年代初期则转而强调"科学家间之不同步调",其后新闻故事专注于描述"全球变暖"对"经济的冲击"。简而言之,随着"全球变暖"事件之演变,常常导致新闻报道调整故事情节主轴,由此形成不同媒体关注循环(cyclical media attention),进而可能影响阅听大众对环境议题的熟悉程度。

小结本节:大众传播研究源自 Schramm 与其他一些来自不同社会科学领域的"先驱者"在第二次世界大战结束前后的努力,而于 20 世纪 50 年代初期奠定了学术基础。但因其时正逢"行为主义"盛行,这些传播领域的早期领航者们引进了与人类传播并无关联之"信息"概念,以强调传播乃由制作端至接收端的一段讯息流通过程,以致研究者纷纷以寻求提高效率与效果为目的,这种以"信息观"为宏旨之传播研究受到相关学者独尊达半个世纪之久。

20 世纪 80 年代中期起,正当不同学术思潮先后被引入社会科学之刻,传播研究也开始了反思浪潮,包括借由"叙事典范"重新定义传播,而其重点已如上节所述旨在回归人之本性并视"故事"为人类沟通之核心所在,强调人生而能讲故事也能聆听故事,人与人之间可透过故事讲述而达成相互沟通,且在故事交换过程中犹能共享情感,并借此促进理解与体谅。

第五节　本章结语:传播典范之转移与"数位叙事"之兴起①

故事有其逻辑,含括(包括)一些转译故事世界之"环境""参与者""状态""行动"及"事件"的策略;易言之,就是转译者阅读或聆听叙事时所立即创建的总体心智再现……具体而言,此故事逻辑包含了叙事传播的过程,也就是一般人如何述说并了解在特殊传播情境下的故事,亦即叙事在特殊情境(下)实施的方法(Herman,2004:50)。

数位说故事(digital storytelling)并非任何像是"口语叙事"或"戏剧剧场"等的特别叙事方法或类型,而是广泛地包含了使用各种不同媒介与设备的说故事实验。这些实验旨在显示数字化对叙事手法的冲击,尚未建立新且独特的特有方式以制作意义,反之,随着数字媒体融合了以往的媒体类型及其叙述故事的能力,我们也被迫重新思考说故事的模式与理论。传统上,西方对说故事的讲法倾向认为故事乃受时间定义(如在小说或戏剧表演中),但透过数字

---

① "数位叙事"之译名来源不一,维基百科曾经说明 digitalnarrative 为"较新词汇,用来说明一般人如何使用数位工具述说故事的行动"(http://en.wikipedia.org/wiki/ Digital _ storytelling),另有cybernarrative 一词则指透过"循路"(ergodics or working path)来让众多参与者共同创作以说故事的设计,多用在游戏叙事中,可参见 Aarseth(1997);但"数位说故事"意涵等同于"数位叙事"。

叙事讲述的故事则也倾向(于)强调叙事的空间层面(Wong,2015；括号中文字出自原文)。

由前文可知,任何领域之学术发展都会随不同思潮演进并随时代变迁而累积观点相异之研究成果。大众传播领域亦不例外,它系由一批来自其他社会科学领域之先贤,根据当时社会现象率先提出"传播即(讯息)交换"(communication as transaction；见 Barnlund,2008,增添语句出自本书)概念,透过实证研究试图理解人们如何接收讯息、大众媒体如何影响阅听众、新闻如何流通、宣传如何有效等,在 20 世纪中期蔚然成风,成为广受瞩目之新兴学术领域,培养学子难以计数。

但当时间进入 21 世纪且数位汇流浪潮正来势汹汹之刻,以往由媒体工作者创造内容让阅听众长时间"黏着"(stickiness；Gladwell,2000),以便计算如"报纸阅读率""电视收视率""广告曝光次数"的传播模式,显已不尽符合所需。因为消费者如今可在网络上透过如 YouTube 等新兴媒体观看电视现场直播节目,又可在同一时间浏览脸谱网、收听网络音乐并阅读新闻。显然,无论报纸、电视、广播、广告还是公关等传统媒体,都正遭逢前所未见之挑战,其因多出自不同媒介间之界线已渐模糊,导致阅听众可随时在网络上跨越不同媒介,既接收讯息也欣赏故事。

换言之,媒介用户早就脱离了古典传播理论假设的"被动性",不复痴痴地"等候"讯息。Web 2.0 时代的阅听众每天都能透过多元方式与媒介互动径而产生"跨媒介再述行为",透过不同媒材如口语、文字、音乐、绘图等述说相同故事,而不同文本(如 Google 或漫画)也可促成同一媒材(如绘图)在不同媒介里讲述不同故事,进而产生如前章所称之"多媒性""跨媒性"现象(见 Page,2010；Hutchins & Nomura,2011),这显然与以往信息流通之单纯形式不可同日而语。

因而,美国媒体研究学者 Jenkins、Ford 和 Green(2013：2)即曾如此描绘 21 世纪始才出现的"媒介地景"(media landscape)："……(传播流程)不再视公众为接收讯息的消费者,而是塑造、分享、重新框架并也再次搅拌媒介内容者,这种现象前所未见且……在广大小区与社群里,将讯息传送超越它们各自的地理近邻。这是一种'参与式的文化'……"(添加语句出自本书)

三位作者认为,网络兴起后之传播重点乃在"传散",即文本内容不断地在不同媒介间流传,阅听众也得以建立其虚拟的"社会网络",而与他人像处于真实世界般地互动来往、分享心情、协力传递讯息并且相互讨论,更因对某些内容同样感到热情而集结成为特定社群,由上往下并也由下往上地发展出多元参与形式。

这种形式让刘蕙苓(2014:43)在观察汇流时代对电视新闻制作常规的影响后认为,

……传统(的)只接受信息的观众或读者成了消费者与生产者,他们透过手机、网络及其他科技设备生产讯息,再借由网络平台传递与分享(讯息)。这种使用者自创内容(user-generated content)也改变了主流媒体的新闻产制,所谓汇流新闻学或汇流新闻室(convergence newsroom)成为这几年传播界关注的重心。

因此,传统大众传播之"信息流通"理论受到了严峻挑战,几乎无法解释在数字汇流时代讯息如何由制作端向接收端"扩散"(spreadable,见 Jenkins et al. 书名)而非传统所称之"传送",乃因此时的信息起源与接收已渐难切割,任何人收到讯息后皆可如上引文献所言随即"转贴""转发""分享"甚至"加工",更多时候犹可集体创作并协力合作而共同完成讯息的采集与流动。如此一来,无论"新闻"还是"传播"之传统定义,均明显有改写必要,采用与过去不同之大众传播模式与典范以能解释汇流时代的传播内涵也势在必行。

这点正是本书建议采用"叙事典范"的主要原因所在。古典传播理论延续前述 Schramm 的信息观或许可以适用于第二次世界大战结束后的信息匮乏时代,但如今媒介地景一片欣欣向荣,众多内容不断以"跨媒介形式"快速流转,显然已经无法再套用传统的单一讯息发展模式来说明这种新的媒介、新的讯息流通方式与新的媒介内容。

正如 Page 和 Thomas(2011)所言,自 20 世纪 80 年代以来的众多崭新科技发展早已引发了"叙事革命"(narrative revolution),以致"新叙事"正透过不同形式的"新媒介"而产生"数字叙事学"(digital narratology)等新研究领域。

M.-L. Ryan(2004：1)是最常以叙事理论解释数位汇流的研究者,其尤为关心不同媒介特性如何塑造叙事形式且如何影响叙事的表述经验,亦即"跨媒介叙事学"(transmedial narratology)究竟产生了哪些特殊语意内涵与技术样式。在其眼中,"媒介"并非仅是传递讯息的"管道",不同媒介之特性既促成也限制了叙事的表现风貌,实可谓叙事表现的"能供性"(affordance)①,即叙事如何适应不同媒介环境特性而表述行动(2004:2)。

Ryan(2004)曾经广泛介绍了不同学者的"媒介"理论观点,包括习称"科技决定论者"的 McLuhan 早年著名之"媒介即讯息"(medium is the message)比喻,进而提出其"媒介形式形塑了我们的认知样式"说法,强调(McLuhan,1996:151;引自 Ryan,2004:28;引号出自原书):

> 任何媒介之"内容"均来自另个(种)媒介,写作内容来自口语(speech),就像书写文字来自印刷,而印刷乃电报之内容。而若问及"口语之内容为何",则需回答,"它是思想的实际过程,而其内容乃非语言的"(non-verbal)……又如,电影之内容,乃小说或戏剧或歌剧。

Ryan(2004:28—29)接着也曾引用 McLuhan 学生 W. Ong 的理论,借以比较口语与书写叙事之异同,如在口语时代叙事是传递知识的唯一途径,却"无法产生科学性质的抽象思维,只能透过与人类行动(human action)有关的故事来储存、组织并稳固其所知"。

Ryan 称 Ong 的理论可另以"媒介决定论"(media determinism)为名,其强调在此电子通信盛行时代出现了"第二口述时期"(secondary orality),而 21世纪之媒介生态已让旧媒体处于与前不同之情境,或可谓之"再媒介化"(remediation)时代,即"新媒介如何重塑(refashion)前期媒介形式的逻辑",亦即任何媒介的发展都旨在"再媒介"另种媒介的不足,而每个媒介化行动都有赖于其他诸多媒介化行动共同为之,因而促成了"媒介化的媒介化"(mediation of mediation;Ryan,2004:31)现象。其后,Ryan 引进"媒介生态学派"观点,认为不同媒介间不但相互倚赖,也共成犄角方能成就整个"媒介系统"的运作,而叙事之作用就是促成前述"再媒介"行动的展开。

在这一点上,另一位研究者 Herman(2004)也同意 Ryan 之说法,认为任何故事均可依不同媒介形式而改变其内容,却也"独立于任何媒介",此即一般所称叙事包含"如何说"与"说什么"之含意所在(蔡琰、臧国仁,1999)。

上述说法共同反映了 21 世纪初自因特网成为社会大众日常生活后之面

---

① 锺蔚文、陈百龄、陈顺孝(2006)将 affordance 译为"机缘",此处之"能供性"中译出自 http://zh.wikipedia.org/wiki/%E6%89%BF%E6%93%94%E7%89%B9%E8%B3%AA(亦可参见本书第 201 页脚注①)。

貌,报纸、电视、广播等传统"媒介"都经汇流后成为因特网的一员,而新的科技也发展出了更多"新媒介"且其内容产生形式也可能多有改变。如报纸新闻常以"倒金字塔/宝塔"结构为其报道特征,而以"先果后因"之态势将事件发生结果先行写出,以节省读者阅读时间(见本书第四章讨论)。但网络新闻在智能型手机(新媒介)出现时究竟如何建构新的叙事模式或架构,至今仍在探索与实验阶段,这势必无法再以传统报纸新闻报道之"倒金字塔/宝塔"形态继续发展(陈雅惠,2014,2011;参见本书第四章讨论)。

诚如锺蔚文、陈百龄、陈顺孝(2006:251;增添语句均出自本书)所言:

……身处多媒材、多媒体(多媒介)的数字时代,用户更要成为设计者,因为每一次创作,媒材、媒体、文类如何选择,它们如何组合,创作者均须(认真)考虑和安排。从媒材、媒体(媒介)到文类,每一层级都充满各种选择,也可能指向不同机缘(即前引之"能供性"),对应不同情境,用户须有意识地选择和组合工具……

亦如 Page 和 Thomas(2011:6)之睿见,"新叙事学"这个子领域正以跨学科之姿态而与人工智能及计算器领域结合,从而促进了"叙事"与"传播"研究的欣欣向荣。而另一方面,传统维持中立立场的说故事行动(因为说故事本系个人论述而与他人不尽然有关)却也引发了"批判叙事学"(critical narratology;见 Goodson & Gill,2014)的兴起,学者们竞相讨论"伦理"议题因而引发对叙事"政治化"(politicization)的重视,如谁是说故事的"守门人"、谁拥有援用故事之权、谁能转述他人已经说过的情节、说故事人如何"自我再现"(self-representation)于故事内容(如新闻受访者所述是否为真)等(参见本书第九章第三节之"反思")。

由此观之,叙事新形态之流传速度与广度远非过去所能想象,而以不同风貌不断跨媒介"转述"的说故事现象也属前所未有。Web 2.0 时代之"新叙事学"涉及之"再媒介化"行动,更是挑战了传统透过主流大众媒介的说故事形态,凡此均值得关注并深加探究,以更深入地了解"传播"与"叙事"间的复杂关系。

第三章　数位时代的叙事传播现象

第一节　概论：新科技对传播事业与学术思潮的冲击

我们特别有兴趣访问《芝加哥太阳时报》，（因为）这家报纸在2013年5月曾经恶名昭彰地开除了所有（静态）摄影记者。该报管理阶层那时候发出了以下这份声明，暗示未来将投资于影像新闻（video journalism）。"《芝加哥太阳时报》正面临（社会环境的）快速改变，而我们的阅听众也持续在新闻里寻求更多影像内容"，该报在新闻稿里如是称。"为了应付这项需求，我们已经完成（取得）了重大进展，增强影像及其他多媒体元素的报道能力。《芝加哥太阳时报》将持续与那些精于数字化的顾客齐头并进，以致我们必须重新架构全集团的多媒体管理方式，包括新闻摄影在内。"（Tu，2015：3；添加语句出自本书）

Benjamin在《说故事的人》（*The Storyteller*）一文中，（曾经）分析口述传统、小说、新闻报道等叙事文体的差异。他悲观地认为，现代社会中，人们对于"说故事"的口述传统不再感兴趣，新兴中产阶级热衷的是从文本形式的小说中获得能满足内在需求的文学内容，或是从新闻报道与讯息中获得对于接近真实的立即满足。然而，他认为讯息的真实形象只在片刻中出现，而不具有真相。相较之下，说故事的人在叙事的过程中，以自身的生活经验为听者阐述故事背后的某种道理，他们将故事的忠告化为生命经验的参考，让听者得以透过故事反思自身的问题与处境，并从中获得启发（许馨文："iGuava主题专号：音乐与社会实践系列（二）：《在音乐厅里说故事：论"讲座音乐会"的社会文化意涵》"，2015年7月20日；http://guavanthropology. tw/article/6448；访问日期:2015 年 7 月 26 日;添加语句出自本书)。

　　上章业已尝试连结"叙事典范"与"大众传播研究",借以说明"叙事传播"之理论背景,除曾回顾"典范"与"典范转移"概念之意涵外,第四节亦曾介绍了"大众传播研究的典范转移"之议题,说明传播领域如何在 20 世纪中期渐次引入"叙事论",而两者碰撞后又如何产生了广受关注的新研究取向。

　　上章结语小节则以"数位叙事"为旨,简述了传播领域面对 21 世纪的数位汇流浪潮究竟出现了与前如何不同之"媒介地景",而若要继续以"信息流通"为其理论核心,则势将左支右绌,因而采用与过去不同之理论模式如叙事典范当有必要。上章所谈之"媒介地景",实则显较原先所述更为令人感到时不我待。如本章撰写之时正逢本章开头所引之 Tu 新作寄达,该书虽属实作指导性质之教科书,读后仍对其所述数位时代之新科技变化深感"怵目惊心"。

　　正如上引所言,某些报纸如《芝加哥太阳时报》为了回应新科技带来的快速变化,以能迎头赶上而不被时代巨轮抛弃,正在重新定义新闻产制模式,"开除所有(静态)摄影记者"恰也反映了这些改变可能产生的具体效应,影响不可谓之不大。

　　而该书作者 Tu 也曾另引美国著名新闻专业训练机构"波因特传媒研究院"(Poynter Institute)的调查数字,显示 21 世纪以来的十二年间(2000—2012 年),全美已有超过 18000 名新闻工作者遭到解僱(Tu,2015:7),以致 Tu 倡言在其专著出版之刻,"(新闻)事业可能遇到更多来来回回之挑战与改变"(添加语句出自本书)。

　　由上引美国《芝加哥太阳时报》的自我改造宣言来看,以"静态新闻摄影"为说故事报道形态之专业人员(俗称"摄影记者"或 photojournalist)显因正逢"(动态)影像新闻报道"(video journalism)盛行,而渐失可供发挥的舞台,整个行业似已走上不归之路,一百五十年来的盛衰兴废尽在眼底。[①]

　　这种人员更迭的情况,在台湾亦属不言自明。根据许丽珍(2010)稍早的硕士论文,台湾报业进入网络时代后持续受到各类"新媒体"之压缩而几可用

---

　　① "摄影新闻"专业的兴起约在 19 世纪中期,与其时"报纸"成为"大众社会"(mass society)之主要讯息传递渠道有着密切关联,因为报纸读者除接收文字外,也乐于透过影像(images)获知事实真相(参见本书第七章第三节讨论)。因而,摄影图像备受欢迎,透过影像述说新闻故事的专业人员(即"摄影记者")也就成为热门工作,尤以 20 世纪 30～50 年代为黄金兴盛期,其时曾经出现多家以新闻图像为主的摄影杂志,如《生活》(Life)、《展望》(Look)等。20 世纪 70 年代以后,这个专业渐走下坡,众多杂志次第休业,如今其入门门槛远较当年宽松,因而摄影记者前景并不被看好(参阅维基百科 photojournalism 相关词条)。

"哀鸿遍野"形容，裁员、兼并、电子报、免费报、网络影音新闻等种种努力与尝试，都是旧形式的报业媒体试图摸索未来新产业经营形式的表征。但这些努力与尝试恐又多未竟其功，单是 2006 年前后就有《中时晚报》《民生报》《台湾日报》《星报》《大成报》等六家报纸熄灯打烊，数以千计的记者因此失业。

若从许丽珍所述观察，则新科技（如媒体汇流）的蓊勃扬氛不仅造成了前述静态新闻摄影工作之凋零萎谢，远较图像叙事更为普及的文字说故事报道方式同样前景堪虑①，以致许丽珍（2010：2；添加语句出自本书）书写其硕士论文初稿时曾有"彷彿在写'记者（行业）墓志铭'的盲点"之慨叹。② 由此观之，传播（新闻）实务工作在此 21 世纪之初的确已因受到时代巨轮的压境而面临严峻挑战。

而在学术研究领域，亦如本书前章有关"学术典范转移"所述，新科技的出现与变化早已启迪多元思潮相互激荡，过去习惯于尊奉如实证主义等单一理论的时代不再复返。亦如夏春祥（2002）、锺蔚文（2002）等人在《中华传播学刊》创刊号所言，传播研究早在 20 世纪 90 年代即已受到诸多社会科学思潮之影响，而有了"众声喧哗、单音独鸣"③的多元现象。

有趣的是，即连叙事理论亦自 20 世纪 90 年代开始经历了重大变迁。即如本章前引许馨文引述德国犹太裔哲学家 W. Benjamin 论及"说故事"时所言，传统口述说故事方式已渐失去其吸引人的条件，而以"自身生活经验"为主的叙事形式则正在萌芽，期能借由这种自述方式引发听者"化为生命经验的参考……（并）反思自身的问题与处境……从中获得启发"（取自本章前引许馨文，2015；添加语句出自本书）。

换言之，延续希腊先哲亚里士多德思想并以结构主义为基础之"古典叙事

---

① 据吴戈卿《中国时报》专栏（标题为《媒体评论——全机器人报诞生》，2015 年 8 月 3 日），"透过同部计算机的自动编排工具，一部计算机，一个小时，就（能）采编完成一份报纸"，且"透过计算机软件成熟学习'长大'的混种人，撰写新闻的速度与正确性，远超过人类的智慧"。

② 许丽珍（2010：i）曾在论文《谢志》中自称，其曾在十多年的新闻专业生涯中观察到众多记者因组织或工作消逝，而只能成为"流浪记者"甚至失去生活意义，以致其撰写之初稿语调偏向"负面"，后经口试委员指正方能调整并"找到一个可以足以支撑自己往下走的新立足点"。

③ 此八字出自夏春祥（2002：12）。然而这本创刊号所纳几篇专题及回应论文，虽然言及了台湾传播研究的"众声喧哗"现象，却未细谈"众声"或"喧哗"的内涵，仅有林丽云（2002）一文曾经细数台湾传播研究的三个阶段，如第一期的"军事主义下的政治控制典范"（约自 20 世纪 50 年代初期至 60 年代）、第二期的"发展典范"（20 世纪 60～90 年代）、第三期的自由化下的"多元典范"（20 世纪 90 年代迄该专刊出版的 2002 年），而该"多元"之下除典型的"行政"研究外，犹有主流典范、批判典范、建构论等不同思想汇集。

研究"(李志雄,2009)显已渐失生机①,而由叙事者述说/叙说各自"生命故事"(lifestories;见臧国仁、蔡琰,2010b)之个人研究取径则正崛起②,不但逐渐成为叙事理论之后起之秀,亦属"新的科学典范,⋯⋯开启了人类生命经验的丰富性"(林美珠,2000:28)。

此种"生命述说/叙说"研究传统早期曾受心理学家如 S. Freud 启发,20世纪80年代末期则渐与口述历史、生命史、民俗志学、引导式自传等新起取径结合,皆指透过当事人之"自述"(无论生命高低潮、转折点、片段还是一生)或"他述"来搜集故事,借以了解特定时空之生活意义(臧国仁、蔡琰,2012)。

此类源于自我讲述或听取他人述说/叙说个人生命经验而获取的智慧,常称"叙事知识"(narrative knowing;林美珠,2000),其内容充满了讲述者的自身意图与情感,也与其所处的社会文化脉络息息相关,却与一般强调因果关系以及可重复验证之"科学知识"(scientific knowing)殊异(Bruner,1986)。

以传播领域为例,臧国仁、蔡琰(2010b)即曾提议讨论新闻工作者如何讲述生命故事,并与读者或阅听大众交换、共享生命经验,借此理解不同时空变换引发的人物与事件迁移,尤其关注述说/叙说如何萃取彼此生活之精彩片段(参见蔡敏玲、余晓雯译,2003/Clandinin & Connelly,2000),包括:

> "生命故事"在⋯⋯叙事中如何建构、说明与改写,而不同叙事者如记者(如新闻报道之叙事者)、节目制作人(如电视旅游节目之叙事者)与部落客(博客,如数位媒体之叙事者),如何经由文字与符号再现而与他者相遇、如何再现自我认识与成长、如何从个人书写到不同媒介组织写作形式(报纸文字、电视影音、数位影音)间彼此交流生命故事?(引自臧国仁、蔡琰,2010b:68)。

由此观之,面临新科技时代的诸种挑战,此时此刻不但实务工作者需要调整工作步伐,学术研究者更应改变惯有理论思路,而尝试从不同面向定义传播原有概念,如此方能引领学子"擅变"(蔡依玲译,2000/Boast & Martin,1997)。而了解学术典范在不同时代里如何转移以及为何转移,当有助于实务工作者重新面对习以为常之工作路径,且可带领学术研究者省思原有笃信之理论内涵,从而乐于另辟蹊径开拓新意。

---

① 希腊先哲亚里士多德时期的叙事一般被称为"古典叙事学",述及叙事人物、情节、修辞等元素,而Propp(1922/1968)等人则称,从文学结构主义开始的叙事学为"经典叙事学"。

② "述说"与"叙说"均译自英文 narrative,前者参见廖冠智、薛永浩(2013),"叙说"出自蔡敏玲、余晓雯译(2003/Clandinin & Connelly,2000),其意与本书采用之"叙事"相同,此处且以述说/叙说代替。

因而,本章旨在延续上章有关传播研究典范变迁之讨论,关注面对数位科技时代之来临,传统叙事模式如何与新的传播形式结合,而此结合又已产生了哪些不同的新叙事样貌(见第二节),借此叙明数位时代之"叙事传播"特色与相关元素(见第三节)。

第二节　网络传播时代之新叙事样貌

如本书前章所述,大众传播研究的滥觞可追溯自第二次世界大战结束前后美国学术界(如 Wiener,1948;Shannon & Weaver,1949)对"信息论"(information theory)之热衷,继而来自社会学、政治学、心理学领域的不同研究者,分别提供了传播研究发展生机的沃土新芽,经 W. Schramm"集大成"后于 20 世纪 50 年代渐次开花结果,成为近百年间美国大学里少见之完整发展学科,也成为其他国家传播研究竞相追随之主流理论模式。

但如此独尊"信息观"的学科发展,在 21 世纪初开始有了"捉襟见肘"之窘状,传统持"传输"观点的此类传播理论(transmission view of communication,见 Carey,1992)已难适应数位汇流后诸多单一媒介界限渐次模糊的事实。

因而,当互联网媒介成为传播主要形式后,"多媒材"与"跨媒介"似已取代早期以单一媒介(如报纸、电视、广播)为载具的传述方式,以致任何故事或讯息之"创作者"(讲述者)与"接收者"(聆听者)间,均非早期传播理论假设之单纯的"产制→接收"(sender vs. receiver)关系,却可能透过网络传播之多向文本,而"交换""改造""增添""拼装""反拼装""挪用""再挪用""改变""重新配置"甚至"盗猎"("拼装"后之文字出自闵宇经,2010:95)其原本内涵,远较主流理论所述之信息传播模式复杂许多。[1]

正如廖冠智、薛永浩(2013:44)所言:"网络媒体让传统故事的呈现形态有(了)不同风貌与变革,结合多元媒材形成丰富多元的叙事空间,突破传统线性的阅听形态,让作者、读者与文本之间产生微妙的变化。"

由此可知,以往由单一新闻媒介或载具之"作者"(叙事者或报道者)各自阐述真实事件的来龙去脉,并反映其独特观点的传播模式,已由网络媒介甚至

---

[1]　闵宇经(2010:95)在其文章脚注 21 中指称,"拼装"(bricolage)之字面意义是"将就使用"(making-do),或用手边拿得到的任何东西来拼凑自己的文化,而其脚注 22 中则说明"文本盗猎"(textual poaching)系指"直接改造既有影像或文本的活动,用德塞图(Michael deCerteau)的术语来说,就是将原来的影像作品重组改编,甚至制作出各种衍生故事情节等"。

社群媒体"接手"，而在叙事者(或报道者)所述文本产出并刊出的那一刻起，就逐步加入了来自各方读者(或网友)的意见，透过"分享"机制而持续在不同媒介与社群媒体转载、改造、增添、拼装、反拼装、挪用、再挪用、重新配置，甚至盗猎。

如此一来，新闻纪实文本之作者、读者与其生产制作之报道间恐非仅如上所述系"产生微妙的变化"(廖冠智、薛永浩，2013:44)，而是掀起了"天翻地覆"的更迭，其意足以凸显网络时代的"叙事传播"风貌已与古典/经典叙事理论所谈大异其趣。如陈顺孝(2013:3)所述，"质言之，网络让叙事者能够挣脱'载具决定文体'的束缚，转向'内容决定文体'的新路，为每一个故事、每一则新闻，量身打造最适合的报道文体"，诚哉斯言。

尤为有趣的是，上述"天翻地覆的变化"也促使传统上泾渭分明的"虚构"与"纪实"叙事类型之界限不复清晰可见，任何读者皆能同时接触来自如报纸、电视、广播、通信社等不同传统大众媒介的"真实"信息，并取其认为"可信度"较高的部分，接着比较来自不同社群网友各自添加之正反意见，甚而也加入这些网友行列径行提出自己的观点。

如此将原始"真实"报道与各抒己见的回应"混搭"(mashup；陈顺孝，2013:5)的现象，已使素为新闻学核心之"据实报道"概念转为"如何说一个与阅听人有关，诚实、可信又能激励人心的'好'故事"(江静之，2009a:348)，其主要差异在于所谓的"纪实报道"不仅由"报道者"一人创制，也由众多接收者"共同产制"，如 Bruns(2007)即称此由集体使用者主导的讯息发展现象为"生产性使用"(produsage)。①

更何况，传统对"新闻真实"之期盼多建构在要求新闻工作者"据实报道"的假设上，而实际上其大多需要透过采访新闻消息来源(如当事者、目击者、决策者)，方能"据实"写出或播出新闻，而此"实"却系这些消息来源从其认知、记忆所得而讲述，是否"事实"从采访者一方根本难以考证确认(参见 Spence，1982)。如此一来，不同新闻讯息常常只能依附媒体组织之"可信度"而难以鉴别其内容真伪，以致任何新闻恐也只是"故事"与"好故事"之别。②

因而，如林东泰(2008:1)稍早所言，"至少'新闻就是说故事'此一说法，其能指与所指之间的意指作用，到底产生什么意义，显然个人即与国内一般学者

---

①　出自 http://comm. nccu. edu. tw/material/files/20121107_6_b5f9353a3793a3fc70a70ea4c8d11bf2. pdf，访问时间：2015 年 8 月 8 日。

②　Gergen(1999:69)曾举出好故事的几个条件，如"有价值的结尾""与这结尾相关的事件""有序的事件经过""因果关系"等，当然这只是众多说法之一而难以定论。

有极大岐(歧)异"似已弭平,乃因"新闻报道是否反映真实"正如"历史是否事实"的命题,两者皆属对已发生"事实"(即真实事件)之描述,但如何描述这些"事实"之演变,则势必诉诸叙事手法与情节铺陈(参见鲁显贵,2015)。

另有 Bogost、Ferrari 和 Schweizer(2010)曾进一步讨论新闻报道如何"游戏化"(参见本书第八章第三节相关讨论),乃因作者们注意到如美国 *Weird* 杂志之出版宗旨已不仅在于提供信息,而也在协助读者透过"游戏"了解并接近世事,借此方能"拥抱网络媒体以挣扎生存"(出自该书封底页)。三位作者认为,"新闻游戏"(newsgames)具说服力、有告知性并能使人"开心"(titillate),其所提供的信息不但互动性强且能重构历史事件,更能教导读者了解新闻事件发生的过程,甚至建构社群。①

该书即以上述 *Weird* 杂志为例,说明在 2009 年 6 月非洲索马里海盗事件甚嚣尘上而广为新闻媒体报道之际,该杂志却认为短短数年内赎金数额已较前高达百倍。此中值得注意的焦点当不仅是地缘政治或海盗们采取的"恐惧威胁策略",而更应分析其如何透过劫船、谈判以及取得赎金流程进而建立经济体系。

该杂志随后即以八页全彩篇幅阐述海盗们如何透过劫船次第提升其经济能力,每一页都以文字说明搭配视觉信息图表以及相关图示,共同描述了海盗经济体系下的船只、人员与地图,巨细靡遗地展示了海盗攻击红海及亚丁湾油轮之不同阶段,并以"试算表"(spreadsheet)解释其每一步骤的经济投资价值,以便读者了解海盗们如何计算劫船与赎金之潜在回报。

当然,如 *Weird* 杂志等平面媒体犹无法如网络或电子游戏般地建立互动文本以让读者参与,该杂志专设之"竞争模式"网页②因而就肩负了这项任务,让玩家扮演"海盗指挥官",拥有当地部落领袖以及其他投资客押注的五万美元,任务则是指导船员袭击并劫持附近船只,以能协商并取得赎金。

在此,传统媒介如 *Weird* 杂志系透过一般文字、视觉信息图表、其他图示等跨媒材元素,建立起近似早期家中"电视游戏"之游乐模式,借此传递类似"电动游戏的美感"(video games aesthetics),从而让严肃的国际新闻事件有了与前不同的表现方式,其意义值得所有传播研究者注意。

三位作者因而如此感叹:

---

① 台湾《苹果日报》早就开发了以 2016 年台湾地区领导人选举为议题的"动新闻"为底的新闻游戏,但这些"动新闻"仅能观看而不能"玩"。

② 参见 http://archive.wired.com/special_multimedia/2009/cutthroatCapitalismTheGame,访问时间:2016 年 8 月 21 日。

(电子)游戏陈列了文字、图像、声音与影像,但它们也包含了更多东西:游戏透过模式的建立而尽其所能地让人们可(以)与其互动,并模拟了事情如何完成,……这是一种……"程序言辞"(procedural rhetoric)的能力。对任何其他稍早的(大众)媒介而言,是一种完全不同的形态(Bogost et al.,2010:6;添加语句出自本书)。

上述所引甚是,乃因在此 21 世纪初期,传统以单一媒介(无论报纸、杂志、广播还是电视)说故事之传播形态早已褪色,取而代之的则是类似上引"游戏式传播"带来之不同媒介间的"互媒性",即"某一文本被另一组文本引述、重构而增加新文本意义"(见赖玉钗,2015b:1),"互文性",即"一个特定的文本运作空间中,有些话语(utterance)是从别的文本中借用过来的,而这些话语将会另外再滋生其他的文本"(见石安伶、李政忠,2014:9),"多媒性",即如何透过多种媒材如语言、文字、图像/影像、声音来述说同一个故事(见江静之,2014),"跨媒性"(transmediality;见唐士哲,2014:28—31)等现象(这些概念均可参见 Grishakova & Ryan,2010 之讨论)。

综上,这些新概念之作用皆在反映传播过程之"讲述者"(如故事创作者)、"文本"(指创作成品,如一般虚构叙事或报纸新闻、静态或动态影像)、"讲述对象"(如一般阅听大众,如阅读报纸新闻的读者)、"媒材"(指传递讯息之符号资源,如文字、声音等)、"媒介"(指传递讯息之渠道,如报纸、广播等)、"时空情境"(指故事文本之时间与空间的内在结构)等元素之重要性皆正面临重构,且讲述故事之过程也正如游戏传播所常引发之"情感""想象""联想""回忆"之互动与交流,此皆过去鲜少受到重视但正是未来理应重视之概念(参见臧国仁、蔡琰,2014a)。

小结本节所述,大众传播模式已较其发展之初来得复杂、多元、深化,并非早年单一媒介由讯息创作者传递讯息至接收者式的单纯、静态。今日的数位汇流形式已让不同媒介间的界限渐趋消失,而可透过网络传播呈现多元风貌,因而古典传播理论所示之信息传输方式恐已不尽符合实务所需。

此时引入"叙事论"当有其时代意义,也有助于理解故事如何/为何得在不同媒介流转、谁促使这些流转发生、流转又将带来哪些生命意义,此即"叙事典范"之于大众传播理论的意义所在。

第三节　"叙事传播论"之特点与相关元素①

承前所述,"典范转移"促使人们有机会重新检视理论意涵。而在大众传播领域,纳入"叙事论"亦有助于脱离"信息论"而改从人文视角将叙事学相关概念引入传播领域。本节将尝试统整前章所写,将"传播"概念与"人生""社群"等进行更有意义的勾连,借此完整介绍"叙事传播"之特点。

如前章所述,"典范"本是思想系统的关键,改变任何"知识论"前皆需重新面对研究典范,乃因其本是推理的基础,亦是思想系统的根源(施植明译,1993:x/Morin,1990)。施植明(1993/Morin,1990)在其译作之《序》中曾言,人们面对的是复杂世界,过去"实证论"当道时期(约在 20 世纪 80 年代以前),仅曾允许经过量化形式之事物纳入科学知识,而这些经过科学化约的世界与真实世界实不尽相符。施植明(1993:xiii/Morin,1990)继而指出,"知识并不是世界的倒影,而是我们与宇宙之间的对话。我们的真实世界是我们心灵的真实世界,(它)将永远无法摒除混乱。……理论并非知识的终结,而是可能的出发点"。

而据 Morin(1990/施植明译,1993)观点,现代科学思维排除了含糊、不确定与混乱后,实则仅仅揭露了现象所遵循的简单秩序。但人们犹需整合所有简化的思考方式,摒除支解、约简、单一与盲目的结果,进而追求多元向度的知识。在体认所有知识都是未完成与不完备的情况下,Morin 认为要尽力将研究客体放在适当脉络里,将过去的事实与可能的变化整合起来,以期重新思考真理与知识。

本节借着以上 Morin 与施植明的提示,分别从跨界、多元、交错应用、同存互参非线性等几个概念凸显本书特色(见下说明)。而如 Sommer(2012)所言,"叙事学"自从纳入了纪实故事、新视听媒介、数位元素后,业已进入了"后经典时期"(postclassical narratologies,另见马海良译,2002/Herman,1999),使得想要依循传统叙事学理来进行"媒介研究"的尝试愈发不易。

换言之,在依传统叙事学检视传播学理时不难发现,这个夹在古老神话与现代科学间的交叉学科有着来自不同领域的影响,未来犹需注意互动图文与影音符号正以数位形式而在现实与虚拟之时空进行各种超文本连结,其即时

---

① 本节部分内容改写自蔡琰、臧国仁(2017)。

又互动的本质早已修饰了传统的由"故事"与"论述"建构的叙事结构理论面貌。

由此观之,本书讨论之"叙事传播"理论之首要任务,就在于检讨如何透过图文影音符号或口语言说方法进行叙述、再述、转译的过程,依此方能提出值得关注的传播现象与叙事传播的原理原则。因而,数位时代的"传播"不再仅是人文、科技或法规共同创造的文明。就人文视角观之,传播主体(无论说者还是听者)的发声渠道已较之前多元而实时,内容从私密的心情贴图到大量流行于社会的复杂故事,互动的两端(或多端)正共同缔造着频繁而绵密的传播网络。

而在此知识与文化快速流动转型的数位传播时代,生根于文学或结构主义的"古典/经典叙事学"却显得颇为静态,如故事的后现代拼贴变形手段以及重述与流俗的论述等,迄今犹未被纳入传播学理;同理,传播学理仍多倚赖20世纪发展之单一、线性讯息传递模式,而难以解释诸如上节所示之"多媒""跨媒""互媒"等现象。

因而,本书认为数位时代的"叙事传播论"至少可用下述五个重要发现来归结,借以更好地认识其原理及特色。

一、叙事之"跨界"移动及流变现象愈形显著

"跨界"指从原有范围(无论抽象意识还是实体)涉足另一领域,如将原有叙事内容以不同媒材、组织方式或媒介(平台)再述或转述,因而跨界移动与内容形式的变化是"叙事传播"首先应该关注的特质。

在传播媒介愈形发达的此刻,小说、电影、电视剧、漫画甚至新闻报道等,都显示出了大量快速流动的跨界现象,亦即任何故事经过移接、转嫁后,新的故事具有了多个创新或可追寻的来源,显示各种"改编"替换了部分或全部媒材及符号的形式与组织。如第一章所述之"河马宝宝海啸后失亲却误将老象龟当亲人"故事经过移接、转嫁后,新的故事具有了多个创新或可追寻的来源,显示各种"改编"替换了部分或全部媒材的形式与组织。

与此同时,新的媒介也将讯息与电视、电影、小说、动画、游戏整合在一起,使原始故事或最初文本意义被一再颠覆、改写或重新演绎、诠释;这种现象使得传统的以结构主义为基础的"经典叙事学"的意涵,在传播能力与传播速度的推动下必须重新定位,显示叙事的"改编"能力虽然拥有长期的发展传统(见下说明),其态势却愈形变化多端。

如《史记》所写故事经过两千年沉潜而少有变动,直到最近二十年源于新

兴媒介的崛起,而在华人社会却已不知翻拍了多少种与"秦始皇"有关的游戏、动漫、动画等"非线性叙事"传播文本流传人间,而以稍早众所熟悉的小说、电影和电视剧等旧有媒介传述之《木兰辞》《西游记》《三国演义》相关故事更不计其数。

　　除了以上随着时间跨度,由古到今在同个(如华人)文化脉络直线发展的故事及符号方法外,横向跨界也曾出现于不同文化与媒材的替换中,如英国莎士比亚 1605 年写就《仲夏夜之梦》、德国歌德 1808 年完成《浮士德》、法国雨果 1862 年创作《悲惨世界》、俄国托尔斯泰 1869 出版《战争与和平》等,皆属人类文明史上的文学巨擘作品,近百年间持续地在不同媒介平台流动。

　　这些文学故事不但跨越了时间与空间,实则还跨越了文字而运用不同媒材变化转为不同艺术形式,如德国门德尔松 1825 年创作了《仲夏夜之梦》乐曲、法国柏辽兹(Berlioz)1846 年写出《浮士德》歌剧、美国百老汇 1987 年演出《悲惨世界》歌舞剧、英国 BBC 在 1973 年则制播了《战争与和平》电视连续剧。

　　这些著作的改编至今仍不断上演着,如 2011 年俄国导演推出威尼斯影展获奖电影《浮士德》[①],韩国剧团在远东演出现代版韩文《仲夏夜之梦》,并曾在 2012 年回流英国上演。[②] 及至 2013 年,台湾科技大学学生经过时空背景的改编后演出台湾版《悲惨世界》[③],英国 BBC 电视在 2015 年再一次重新制作播演全新电视连续剧《战争与和平》。[④]

　　以上例子似皆显示,好的故事容许身处不同地区、不同文化,却能透过传统媒材(如文字、音乐或舞台)改以其他艺术形式"再述"(参见 McCormack,2004；Ollerenshaw & Creswell,2002；Randall & Kenyon,2001)。而在科技高度发达的今日,甚至可以透过互联网随时阅读原著小说与剧本,也可同时在不同频道欣赏同一部作品跨界后的音乐、歌剧、戏剧或电影版本演出。

　　显然,任何广受欢迎的故事在不同时间、地域,皆可让一位或多位传播参与者听了又写、写了又看、看了又讲、讲了又演,演了以后再以不同符号、姿态返身重新诠释和再创作。这种穿越时空之限而一再重新跨界叙说与再述的现

---

①　由执导《创世纪》之苏古诺夫出任导演,参见 http://www. ettoday. netnews20130103/144188. htm.

②　戏剧院网页指出,2014 年 10 月 24 日晚,"国际戏剧季《仲夏夜之梦》(韩国旅行者剧团演出)在中国国家话剧院(北京)上演。此版《仲夏夜之梦》将韩国民间艺术融入其中,打破语言与文化的隔阂而将莎士比亚之韵带入本土之现实生活。这部戏 2012 年在英国上演时,被媒体赞为'无比怪诞、聪敏和神奇'",参见 http://www.ntcc. com. cn/hjy/jyxw/201410/26f8d97875ea47928aadbb64e0f059e8. shtml.

③　http://www. secretariat. ntust. edu. tw/files/15-1020-33368,c61-1. php.

④　http://en. wikipedia. org/wiki/War_and_Peace_%282015_TV_series%29.

象，存在于传统媒介与现代媒介、现实媒介与虚拟媒介中，正是"叙事传播"的首要特色。

德国诠释学派哲学家 H.-G. Gadamer(1990—2002)即曾表示，音乐、戏剧的演出不仅是表现也是解释，理所当然地由艺术进行"再创造"与"再解释"（洪汉鼎、夏镇平译，1995:336-337/Gadamer,1993），因而叙事作品经跨界再述或转译后，总会返身以崭新面貌出现或变化为另一种叙事样式。

目前可见之影视作品、动画、漫画或游戏作品，无论出自历史、童话、博客还是小说、新闻报道等原始素材，各种文本集跨时空、跨文化、跨媒介媒材（Jenkins,2006）于一身，甚而"并存"(co-text)并"互参"(inter-text；见蔡琰，2000；简妙如等译，1999/Taylor & Willis,1999)。"听者"跨界成为"说者"，更使得古典叙事理论之传统"角色"概念渐趋模糊，"叙述"(diegesis)与"模仿"(mimesis)的形式相互对照且相互影响，故事与语言的使用（论述）在快速的跨国家民族、跨表现媒介、跨文本类型下，远远超越了传统的叙事学、传播学或结构语言学典范，从而进入了"后传播文化时代"。而且，随着社会愈形"液态化"（华婉伶、臧国仁，2011；Bauman,2000,2005），传播形态也跟着成为流动、讲求速度、无远弗届，并以阅听众为主体等历久而弥新。

二、传播与叙事论之交错应用愈形密切

由上节所述观之，叙事大量跨界之因实得力于数位汇流后的传播方式愈形便利普及，也得自叙事学与传播学分别经历了文学的结构主义、文化理论、解构主义、后现代主义之影响，而各自重新寻找出路（唐伟胜，2013）。而如前述，叙事研究与传播领域各自承继着多个不同学科的影响，如今在数位汇流下又各自整合了其与新科技辐辏后的新理论与新应用研究，展现了前所未有的全新局面。然而迄今为止，学界仍在期待"后叙事学"的确切定义。

如 Sommer(2012)曾经指出，"后经典叙事学"(post-classical narratology)正尝试提出"搞浑沌：叙事学大统一场论"("GUFTON,or Grand Unified Field Theory of Narrative")的新方向，不仅讨论传统的故事结构、论述句法或语意，也纳入前引数位叙事研究者 M.-L. Ryan 之意见，补充人们参与故事讲述的"语用"情境，并关注"说"故事与"叙事表现"的方式。

Sommer(2012)认为，"后经典叙事学"必须跨界到文化理论与心理学领域，并将叙事视为"动态过程"(process turn)，而非"经典叙事学"所惯称之"静态叙事文本"（参见马海良译，2002/Herman,1999:Chap. 5；唐伟胜，2013；Ryan,2006），亦即继描述故事"如何"结构后还须解释许多"为何"如是的问题。

在 Sommer(2012)的理念中,叙事学约可续分两个脉络:"正统叙事学"(formal narratologies)与"情境叙事学"(contextualist narratologies),正统路线仍走传统叙事研究的历时或共时取径,并视符号语言学与结构主义为研究重点。讲求上下文脉络与语言符号前后关系意义的"情境叙事学"则是目前较新的研究方向,其又包括了两个子领域,即"静态/语料库"叙事研究(corpus-based approaches)与重视"过程"的"历程取向"研究(process‑oriented approaches),前者关注文本故事与政治经济社会文化关系,尤喜讨论跨媒介与跨类型叙事研究[media‑specific,(trans)medial&(trans)generic narratologies],另也兼及女性、族群、跨文化与后殖民等叙事内涵,与人文社会所面向的传播学密切相关。

Sommer(2012)指出,叙事学的多元来源及应用正与传播学近二十年的发展趋势契合,两者都深受心理学(如认知心理学之"信息传播理论""格式塔完形心理学")、社会学("互动说")、新批评与文化研究(如"新马克思主义""女性主义"与仪式)的影响。

不过,后现代哲学思维下的传播研究自从经历了"向语言学转"(linguistic turn;锺蔚文,2004)、"向叙事学转"(narrative turn;臧国仁、蔡琰,2014b),甚至"向图像转"(pictorial turn;赖玉钗,2013a)后,更增添了文本、意识形态与认同、言说分析、故事典范以及新阅听者研究等不同元素,从而造就了不同于信息典范的传播视野,并与"后经典叙事学"关注的研究领域重叠,随着信息科技软硬件之快速更新发展(如 Internet、World Wide Web,与 Wi-Fi),而更迫切需要重新思考其新样貌与特色。

简单来说,叙事学与传播学都曾受到"语言学""符号学"之影响[1],而文学的"结构主义"与"解构主义"等思潮,更曾促使众多传播学者关注传播的意义与本质。超过半个世纪的学术发展,使得现今文学领域不再局限于传统的批评研究,而传播研究亦不受限于效果调查,不仅双方都关心叙事如何透过传播而达成政治经济社会文化之影响,也都有故事文本、论述过程、语艺形式、神话原型、接收心理及传播符号等的内涵(见高乐田,2004;刘大基、傅志强、周发祥等译,1991/Langer,1953),而与数位科技相关的传播与叙事研究则更涉及了吴筱玫(2003)提及之"超链接"(hyperlink)、"数位文本"以及网络及行动装置

---

①　如 Czarniaswska(2004:viii)所言,叙事分析(NA)与论述分析(DA,见本书第四章)以及对话分析(CA,见本书第五章)同享"语言学转向",但 NA 对质化研究者提供了更为宽广的吸引力,因为其多采"开放式访谈"而让研究者可阅读,并可参考其访谈所得(可参阅本书第五章末节有关"新闻叙事访谈"之讨论)。

的"数位书写"研究(Aarseth,1997);这些应是未来将会持续关注的发展方向。

总之,研究者们近二十年来对"叙事传播"与"数位叙事"的关注,说明了数位科技产品对人类传播行为的重大影响。虚拟空间里许多真真假假的"拟真"(similitude)故事对未来人类文明的影响,可能如同千年以前文字符号初来人间产生的冲击,正将人们推向未知的新文明。

三、"非线性传播"之叙事复杂系统兴起

如前节所述,近代传播概念是一个多元、多方且多重往返的过程,在人物、视角、时空、情境、互动对象等多面向共同相互影响、撞击的情况下,同样的事件可以产生无限可能的叙事形式与反馈。更因快速移动且共享、共构的特征,叙事行为显示出如上节提及之"边界模糊"特性,其理论背景也与前殊有不同。

举例来说,传播(媒介)过去一向是权力的象征,甚至与历史上的帝国兴衰密切相关(曹定人译,1993/Innis,1972),惯由少数具有特定身份地位者如祭司、国家(族群)领袖、文豪等掌握社会政治经济文化话语的发声机会。近年则某些受过特殊训练的专业人士(如教师、律师、记者)也因其易于接近话语权而有较高"知名度"与"曝光率",常反映在报刊的作者(吕洁华,1990;赵登美,1990;黄柏尧、吴怡萱、林奂名、刘倚帆,2005)或电视台的交谈节目来宾名单上(盛治仁,2005)。

然而,随着新科技的兴起以及 Web 2.0 的普及,以往多属单向传达意见与声音的权力已由全民拥有,自此传播不再是从上到下、从一到多的线性讯息传布,也不再是由说者到听者的单面告知,知识更不再全然来自书籍、报纸、广电媒体等大众媒介;这种现象在"318 学运(太阳花学运)"中尤其清晰可见(政治大学传播学院研究暨发展中心,2015)。

如今,除了知识、资源不对等仅存之知识代沟及数位落差现象外,几乎所有人都能透过无所不在的互联网新兴社群媒介(如脸谱网、微信、博客),平等地拥有各种发声传播并回应叙事的权力与能力,由此颠覆了传统叙事的线性或定向传播的行动。

一般而言,"线性"代表"时间性""方向""可预期"的科学推理方式与结果,"非线性"则常用来形容规律与秩序等标准模式外之不可预期的"随机、误差"。伴随着上节述及之叙事"边界模糊"成分,这种被忽略的微小"随机"与"误差"的累积,实际上对传播后果产生了巨大影响;即便多数传播设计都备有反馈机制,不可预期与混乱仍然存在于真实的有序生活中(林和译,2002/Gleick,1987)。

另一方面,人们源源不断的创意、劳动、更新与改革,则使生命充满了与"秩序"及"规则"不同之非线性与差异,文化与社会也才得以进步。这也是故事最擅长之处:描述规律与平静生活之非预期落差、显示人际与文明之困阻冲突与模糊矛盾(McKee,1997),借之显现生命与力量。

例如,电视剧、新闻、游戏、小说等独立类型的叙事,虽可各自讲述如前述之"黄帝战蚩尤"的古老神话且分别具有特殊的说故事法则,但当简单的基本叙事元素与"秩序"及"法则"碰撞在一起时,不论基于新创故事还是来自阅听大众的各种反馈,则"复杂"(complexities)必不可免,因为叙事之复杂"存在于组织之中,存在于系统的元素间无数种可能的互动方式之中"(齐若兰译,1994:113/Waldrop,1993)。当"黄帝战蚩尤"的故事透过不同媒介讲述后,随时可由任何匿名者(可能是专家亦可能是一般人)从不定出处,透过不同媒介或数位通信方式"反馈"其特殊视角、不同符号、再造之故事经过与发展;新的故事元素或说故事法则可如上节所述,另以复制、改造、转发、复刻(re-make)或经过不同媒介再次转发。

而透过反馈提供的"补述",更可能出于较原叙事者更为严谨的关注,且其所述也更深入,但也可能是任一己之意而为之的"涂鸦"。叙事的非线性行为因而引发了复杂后果,且不论因系统自身或反馈导致的正负向误差、随机、边界模糊,"修正故事""补充故事""先前或后续故事"及"另一个故事"也都可能产生。

这些新的补述此时具有类似特质,即叙事元素间的相互撞击会依复杂理论而"不断地自我组织或重组成巨大的结构"(齐若兰译,1994:116/Waldrop,1993),新的叙事类型与符号组织方式也因此得以继续产生(参见蔡琰、臧国仁,2008b)。

由此一来,在"非线性传播"难以预期后果的特性下,任何故事常常会摆荡在"消声匿迹"和"大肆张扬"两极之间,叙事传播也因"非线性"特色而有了复杂现象,使得初始故事产生质变、量变、形变。大量说者透过不同媒介,随时、随地又随机地与既有叙事成品透过反馈机制而互动来往,不仅日常生活之接收与故事诉说机会与形式愈趋多元、多样,整个社会都在参与非线性的叙事互动,进而直接冲击了传统媒体组织的再结构与再造议题。

如图3.1所示,故事因非线性互动而可能模糊了类型,叙事元素的流动、迁移、借用、变形则引发了混血与新类型,不断形成与前不同的理论背景。

首先,任何故事或原型(如前述"黄帝战蚩尤"),无论经过哪一种媒介(见图3.1中间),其可能延续发展之方向实难预期,因为前述跨符号、跨类型、跨

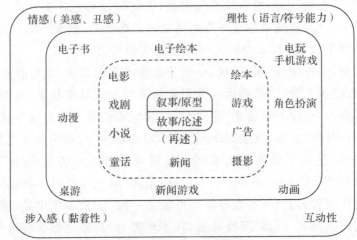

图 3.1　非线性叙事传播的外在相关元素

媒介的传播行为随时可能发生。因而,故事与原型常常游走于不同的内容或媒介类型边界(图 3.1 中间以虚线区隔),而随时可能产生新的元素组合与新的叙事,如从绘本到电子游戏不断更新不同情节与角色。

又如图 3.1 所示,这些类型包括了迄今较为人熟悉且在 20 世纪发展成熟的传统媒介,如电影、戏剧、小说、童话、广告、摄影、新闻以及绘本等(见图 3.1 中间),也可能延伸至较新的数位媒介,如电子书、电子绘本、电子游戏、动漫、桌游、动画,甚至新闻游戏或角色扮演(cosplaying)。

然而,无论哪一类型之内容皆具故事情节,以致于不同使用者皆可透过这些媒介进而感受叙事所能带来的"理性""情感"(如美感、快感)、"涉入感"(如黏着性)、"互动性"等(见图 3.1 外层),只是程度差异不同而已。某些媒介故事传递之"理性"较多(如新闻纪实报道),而另一些媒介之故事情节较易引发叙事者与接收者间的互动与情感交流(如电影、戏剧),而更新的媒介(如电子游戏)则可能让使用者有较多的"涉入感",易于长期"黏着"于故事情节并积极地与他人进行互动(参见本章图 3.3)。详细分析图 3.1 还可推知:

第一,内圈是明显可见的传播行动,也是参与叙事传播者直接可被看见的传播行为,如观看电影、制作绘本、阅读新闻、撰写文章、拍摄纪录片、玩数位行动 Ingress(中文暂译"虚拟入口")游戏等,系以主动/被动方式或以批评/参与形式加入,参与者或带有宏观的传播行动目的(如透过新闻报道之发声来呼吁社会改革），或仅是微观的个人休闲性质（如观看动漫），但也可能透过故事传达集体情感互动（如集体玩桌游），甚至仅在完成仪式性活动（如参加角色扮演）。

第二，更外层是叙事传播之"情境元素"及其之间的"关系"。此处所列如情感、理性、涉入感、互动性仅是部分现象的观察而未穷尽，而"关系"则指时空现象互动元素的结构方式与元素平面化的位置，各元素间并无强弱大小方向等指涉。

第三，图3.1之叙事传播元素可以举例解读为：叙事行动的参与者（不同族群，如儿童）在不同时空（"彼时此地""此时彼地"，见臧国仁、蔡琰，2005）以情感涉入某一媒介传递的故事（如数位绘本），继而透过互文而在另一媒介（如动画）中再述相同的故事情节。或者，不同叙事行动参与者从数位媒体阅读了新闻，接着"再述/转述"其为虚构的电影或绘本之文本；前举小河马欧文即为一例。

由此观之，图3.1所含各元素皆可互换位置而产生传播意义，不同叙事传播元素间的结构关系有如地图上之河川与村落，各自标示着疆界用以说明概念中的世界。重点在于，叙事传播这个复杂系统所含之各类互动关系难以厘清，也不宜整理出简单结论，却有"自发而生"（autopoietic）的秩序，更可能出现"永恒的新奇"（齐若兰译，1994/Waldrop，1993：viii，199）或"变形"（morphogenesis；蔡琰、臧国仁，2008b）。

总之，传播目的、意义、符号与类型的连续变化，验证了叙事传播的机动性及随时更迭的能力。这种一再整合也使"叙事传播"不同于传统的传播行为或叙事行动，而可被视为具备生机与活力的动力系统，具有"自我参照"（self-referential）与"自我再制"（self-reproducing）特质（蔡琰、臧国仁，2008b），使得传播现象不尽然适用于经化约后即可被预测的近似真实世界之科学模型。

实际上，生命有序有乱，心智的"乱中求序"能力曾被物理学家 E. Schrodinger 称为"惊人的天赋"（引自林和译，2002：381-382/Gleick，1987）。认知科学家以及人工智能研究者早已认识到人脑不是静态结构，记忆与符号的联系有赖于各自独立却又相互重叠的区域。这种互相联系、吸引却又各行其是的大脑运作方式，既稳定又混杂一些不稳定，可比喻为"碎形结构"（fractal structure），其特征是"容许无穷无尽的自我运作方式"，适合用来解释人脑"如泉涌出的主意、决定、情绪，以及形形色色意识的面向"（林和译，2002：381/Gleick，1987）。因此，从个人到群体的关系得以透过各种叙事传播现象而呈现出人们对生活的观感，具有累积改变现有生活的能量，尤可灵活而有变化地联合汇整成新的传播组织。

时至今日,拥有"自媒体"(i/we media)能力的人们,随时可能无预警地提出不同或相对立的纷杂意见。不论出处、大小、严肃正式还是娱乐休闲,每一则官方/非官方叙事,都有可能实时得到关于这则故事的反馈意见。这种传播现象与"众声喧哗"不同,它具有对信息或故事具备从"微观"(micro)聚集想法而推往"巨观"(macro)影响的特征。

因而,"非线性传播"(李顺兴,2001;陈雅惠,2008;林东泰,2015)不仅来自互动的人们,数位科技及智能型移动装置已使叙事变化更加迅速、随机、浅平、短暂。这些特色不断推动旧有媒体组织转型、分裂、重新组合,使得具有创意且能再组织叙事元素者可产出文化而垄断故事,而无法找到转变叙事元素的契机与方法者,则只能在稳定情境中趋向结束原有固定组织并使故事传播无疾而终。

四、叙事传播之内涵兼具"理性"与"情感"

无论何种类型,从新闻报道到广告叙事,传播内涵总在有意无意间传达着生命经验与情感,因而具有生活实用知识价值,从简单的选择到重要的决策故事皆能提示,也引导着人们的行动(汪济生,1987;洪兰,2001/LeDoux,1996)。

借用列夫·托尔斯泰(Leo Tolstoy)之语,叙事总是"传达着具感染力的情感"(引自 Banach,n.d.)。这种情感不仅是听、说、读、写的符号运用与解读的苗圃,更是人们选择从事叙事的理由。根据 Langer(1953/刘大基、傅志强、周发祥译,1991),叙事应是情感的外显符号形式;传播内容亦不例外。

事实上,从个人到文化、从神经生物学到社会学,情感的构成因素基于遗传也基于学习。重点是,情绪与理智对叙事的重要性不可忽略,有感而发的叙事比比皆是(董健、马俊山,2008:82-83),而理性与情感均应是叙事传播的基础:"……实验不仅大幅修正了将决策限制于理性范围的主流理论,更根据情绪在决策与看似理性的选择中不可或缺的事实,建立了新的理论:情绪与理性并非两个互不兼容的脑部功能,相反地,两者间存在着相互依存的关系。"(林肇贤、刘子菱译,2014:39/Frazzetto,2013)

自 C. A. Darwin(1872)率先研究情绪以来,理性与感性曾是两个不同世界,人们多认为左右大脑分别司职理性与感性,各自擅长逻辑语言推理分析或创意与想象。但根据 Frazzetto(2013/林肇贤、刘子菱译,2014:33),最新的神经科学研究已经挑战了左右脑相互竞争的理论,认为大脑理性与感性的分界其实并不相斥。不仅如此,Frazzetto(2013/林肇贤、刘子菱译,2014)也曾指出，除了喜、怒、哀、乐、爱、欲、憎等基本情绪外（参见易之新译，2004/Ekman，2003），尚有许多其他情感，如蔑视（contempt）、羞愧、罪恶感、窘迫（embarrassment）、畏怯（awe）、趣味、兴奋、成就感（pride in achievement）、慰藉（relief）、满足、快感、享受、焦虑等，它们都是人们喜爱讲述/聆听故事的理由，也是人们认同故事并继续与他人互动的原因，反映了凡动人之叙事皆必有传达情感功能。

陈秉璋、陈信木（1993：247－248）曾经引述康德之言，"社会乃是矛盾、对立与冲突的和平共存体"，进而认为人类社会生活互动的结果产出"人文情感"，以致长期累积社会生活后常转化其为"共识性的社会情感"，并形成社区（社群）。两位作者指出："任何以这种特殊共识性社会情感为依归，再配合独特的历史事件与社会情境，最后，以智性想象的形式或形象，予以表达、表现者，就成为我们所谓的人文或社会文艺——譬如，中国古代的《诗经》，希腊或罗马时代的史诗，以及古代流传的游吟诗人的作品等。"（陈秉璋、陈信木，1993：253）换言之，如《诗经》、史诗、游吟诗人作品等叙事行为，皆能满足社会人对精神生活和情感的需求，也是具体的"社会生活的再现"。同理观之，纪实叙事如不同类型之新闻报道当也如是，其不但提供信息，也丰富了阅听众之情感需求。

两位作者（陈秉璋、陈信木，1993）还指出，无论出于功利还是实用目的，叙事有消减疲惫和劳累的社会功能。早期始于宗教仪式与巫术而满足社会人情需求之叙事行为，一旦发展出个别特征即脱离原有宗教或社会活动，而独立发展成特殊文学、音乐、美术、戏剧等形式。成熟的文艺活动不仅不再受限于宗教、社会，甚至反馈到社会各个面向并直接间接地影响整个社会。

然而，究竟是社会生活的变化引起叙事与艺术的变化，还是叙事活动的创意与自我超越突破社会生活的框架？无论从个人还是阅听众及社会群体而言，其均有层层叠叠相互作用与彼此纠葛的复杂关系。重点是，叙事既是个人创意也是社会行动，考察叙事类型及其对群体的作用与影响，便能理性且有效地运用符号来展现内在情绪感受，从而愈能引起大众共鸣，甚至引发后续连锁之再述行为。换言之，唯有理性与感性并重，才有可能将日常生活的感性提升到智性或灵性想象层次，也才能使之转换为文化或经济产业的理性层次。

延续图 3.1 所述，图 3.2 说明了日常生活叙事行动如何从一己（自我）的情感（美感/丑感）与理性思维（语言/符号能力），将自我感受的生命意义传播到阅听众（他者），显示任何传播活动若没有个人情感的基础，仅靠"理性"实无法处理传播关于"生命意义"等方面的问题（见图 3.2 中间左右两侧）。

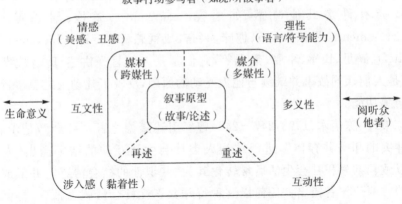

图 3.2　以"理性"与"情感"为叙事传播共同基础之示意

因而,图 3.2 显示了不同参与者,在不同传播情境(时空、对象、场合),论述故事的叙事行动。不论其本质是对"故事"(人、事、时、地、物等)的发生与结果进行组织后置换符号"重述"还是反复依样"再述",皆可视为透过特定跨媒材符号而以不同媒介形式,来表述生命经验与意义的行为。

左右着人们的叙事行动则是图 3.2 上方所示之"理性"与"情感"的共同作用。如前所述,"情感"包括喜悦、愤怒、窘迫、焦虑、爱等,与"理性"之智识的媒材运用、媒介选择以及对语言符号的操作与控制能力,都在传播情境发生。因而,叙事行动不仅受到认同、涉入感(或"黏着性")的不同程度的影响,更与他人(阅听众)或社群互动的目的、过程、结果相关。

因而,理性与情感(或感性)并重的叙事传播行动,系由各种生活真实情境与其他众多叙事引发,每每具有某种生命意义而需要讲述并值得讲述,且与其他叙事高度"互文"(见图 3.2 中间左侧)。再则,每件叙事行动,不论诉诸娱乐还是教育之功能,以及其目的或传达的是知识抑或情感,叙事对阅听他者的"多义性"(Lull,1995)总是需要得到关注与承认。

这点在不同类型之叙事传播活动中皆然。如新闻报道固然要传递真实或反映真相,但无论其创作生产还是接收阅读也都涉及了"美感"成分(见臧国仁、蔡琰,2001;蔡琰、臧国仁,2003),因为任何新闻均具叙事内涵(林东泰,2015),其撰述者在写得像是"真的"之余,也都想要写得"美",以能打动人心、滋养情绪,此皆叙事之情感(感性)作用。若连纪实叙事也都脱离不了兼具理性与感性内涵,则其他虚构叙事更当如此,而将所述故事讲得既真且美皆常态也。

但在"真"与"好"的偏好之间,新闻叙事的报道者(如记者、编辑)犹应注意伦理议题,此点早在 Craig(2006)的近作中即已论及(尤其第一章)。如其所言,"叙事新闻……给新闻记者留下了诸多挑战,如要讲多少有关消息来源的描述与引述,或在如实的新闻内容里写得像是小说一样吸引人"(2006:2)。Craig 认为,"若记者与编辑能尽可能在新闻中纳入各样声音,将有助于更细致地诉说真相,同时展现他们/她们对边缘团体的怜悯"(引自江静之,2009c:349)。换言之,报道"真相"与具有"怜悯之心"两者并非互斥而应"相辅相成",诚哉斯言。

五、文化垄断及碎片化叙事现象同存互参

从前节所述之"非线性传播关系"与叙事传播的"理性"和"感性"基础来看,因替换符号而产生之"跨媒材"文本与透过"多媒介"互文,或因"黏着度"高且"涉入感"强以致互动频繁之"多义性"高等情况,都反映了现今之叙事传播内涵明显较过去信息论之传播理论盛行时期复杂甚多。

而从叙事行动观之,传播的内在行为与外在文化(产业)间仍受图 3.2 最内圈之"叙事原型"影响[1],这是叙事行动埋藏在根源部分的深层结构,由此则可分析理解第二层之叙事情感及理性内涵。换言之,叙事原型不但设置并定义了传播之来由与目的,也指向故事如何在特定社会时空情境形塑主流文化。

在前节讨论了有关叙事传播的外在、内在层级概念后,接下来可进一步将传播现象描述为如图 3.3 所示之随时间流动不规则的八面晶体。简单地说,此"八面晶体"乃延续了上节有关"网络传播时代之新叙事样貌"之分析,但进一步反映了此刻网络盛行时代之叙事传播特征,包括互动、多向、共创等。

另一方面,上节论及之多媒材、跨媒材以及多媒性、互文性、互媒性甚至纪实与虚构界面,不再清晰可分而渐趋"混搭",促使传播研究者必得重新思考其所面对之叙事文本内容早已不复以往单纯、单调、单面而是不断摆动,且几乎在产出之刻就容许创作者与接收者互动来往而有可能产生新叙事。如此一来,叙事传播之复杂程度必须通过类似图 3.3 的特定时空情境下之八面晶体运作方得厘清。

如图 3.3 所示,晶体顶端是类似游戏及日常仪式性的交互式传播行动,如在社群媒体撰写短讯抒发心情、跨国公司制作拍摄剧情长片、数人同玩桌游等皆属之。此处强调的是传播行动的"日常生活"叙事本质,如新闻报道与沟通

---

[1]　有关"原型"之意,将在本书第八章详述。

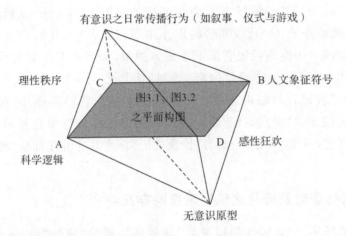

图 3.3　叙事传播的八面晶体结构

对话均属有意识之叙事传播表现,亦具社会仪式意涵,符合 Carey(1992)早年的"传播即文化"(communication as culture)定义,视传播为"分享""参与""连结""共同拥有"或"共享信念之再现"等彼此相互隶属的叙事概念。

晶体底端为隐蔽的底层"无意识"及叙事"原型",此如前述乃传播行动的原始推动力量。个人、社会、文化之不同意识、无意识及集体潜意识(原型)将会推动晶体中层,即由图 3.1 与图 3.2 所述之平面传播情境传达不同叙事内容、媒介管道以及不同传播行动。

此图之叙事晶体尤其代表了叙事传播的"动态"世界。具体地说,叙事来自生存/工作需要与类似游戏及日常生活仪式中,由"逻辑与科学技术"决定的媒介类型(A)、"人文象征符号"产生的叙事组织结构(B)、个人或集体意识之理性对"秩序与结构"的要求(C),加上感性对"狂欢与非理性破坏的欲望"(D)综合而成。

这四股力量("A 科学逻辑""B 人文象征符号""C 理性秩序""D 感性狂欢")彼此拉扯,不仅协助传播者决定传播情境所需之论述与言说条件,也关系着符号与故事内容的选择。由此,"叙事"的内涵、符号形式、结构与类型特色,乃由晶体上下两端及图 3.1、图 3.2(平面图示所示)各种不同力量之相互竞争,以致:

(1)叙事之内容究竟是要追求"科学逻辑与分析之结果"(A)还是呈现"人文艺术之关怀"(B);以及

(2)叙事或倾向"理性秩序"(C)或"感性狂欢"(D)的本质均不一定,而需要视彼此力量的拉扯方能决定。

换言之,图 3.3 上下两端的元素牵动了中间层级(如图 3.1 与图 3.2)设定的平面范围(指具有多元、互动、多面向之叙事内容),先天地影响着整个(个人或集体的)叙事行动。

但这个晶体所示之传播情境(如晶体的不完全规则形状)常常会随晶体的上、中、下三层元素共同影响而改变,晶体的各个传播元素也随着时间、空间而移动,并受不同社会文化(如东西方文化)影响而转变,这些特质使得"晶体"具备了一些"液态"(流动)的性质(见 Bauman,2000,2005)。

在此同时,图 3.3 所示之晶体上下端点显露了个人及社群叙事时,如何得有相近叙事及传播行动,其幕后的叙事力量可以解释为何传播行动有时会形成巨大的文化力量而席卷多数人参与(如"318 学运"的号召),有时则垄断视听觉符号,而大量产制与消费特定叙事内容与类型的现象(如前述"小河马欧文"的感人故事);此皆因这些广受欢迎的叙事具有公理原则或好玩有趣、紧贴生活仪式或深植意识原型,而使人难以挑战且易沉溺其中。

另一方面,在轻薄短小、极端个人化与速成的氛围下,小群、小众间的叙事传播行动(如脸谱网上的个人转载)则要等待叙事条件成熟后,才有机会脱离"碎片化"或被主流排挤的命运。但是基于前述非线性的复杂因素,这种看似轻微的声音或叙事行动,仍可能具有翻转及替换主流叙事的潜力,从而使得垄断文化的主流叙事与碎片化的短小分散型叙事,常常是共时同存的传播现象,彼此参考对照并引用转述。

此处我们借鉴了荣格的学说[①],即现代日常生活之游戏及仪式心情与行为,也营造了传播的真实情境。因而可以推断,故事原型、游戏、仪式皆是整个叙事传播行为的背景推动力量,且在这些力量之内,叙事传播理论才正要开始推理分析前述图 3.1 与图 3.2 所具之传播内容与意涵。

因而,除如前所述叙事传播行动是情境下归属整体而有机的互动外,我们也应将"开放""不规则""摆荡""循环""重复"等概念用于理解传播叙事的全面行动,借以显示网络盛行时代之传播行为,已明显与前述信息论发展初期之"规律""规则""单一""效果"大异其趣。

总之,知识来源愈多,似乎愈将迫使我们提出更多需要深入讨论之问题。未来描述传播现象的范围与框架,实应以新的视野关注叙事的周边元素与脉络关系,进而以其为传播行动的核心。

---

① 荣格的学说,亦请参见本书第八章。

第四节　本章结语:数位时代叙事传播之未来研究议题

　　本章在检视今日网络时代之数位叙事传播现象后发现,有关"传播链""文化产业链"的研究尚未穷竟,如何进一步建构叙事传播之文化意义并补充其基本概念,应当是未来值得继续钻研与讨论的方向。

　　而社群媒体以及自媒体之兴起,显然已弱化了不同类型叙事专业(如新闻事业)之社会角色。作为意识及潜意识影响下的写作或表现类型,叙事研究仍需了解更多原型、游戏及日常生活仪式,才能强化其内涵(参见本书第八章讨论)。

　　另外,如叙事的即兴成分、如何断裂于理性或跳跃于故事理性与非理性间,以及许多不具备完整故事条件的传播(如缺乏动机、逻辑、时空隐晦、因果关系薄弱的互动等),本章都尚未来得及处理,未来犹可继续探索。

　　作者认为,在今日的传播行动中,叙事明显具有跨界与超越特色,此点完全颠覆了以静态文本结构为对象之叙事研究传统,而多个参与者可在不同媒介反复述说同一事件,确实也模糊了原始而真实的故事,以致不易厘清听众和传播者的边界何在。

　　因而,叙事传播不仅是科学的研究领域,更是社会的、心理的与人文的研究领域。生命历程中一向存有许多神话及迷思,而叙事不但具有普遍人性,也有富含民族/个人特色之各种各样故事。其是否透过解释叙事主题而有助于了解人们自身生活,并借此改变知识与思维?其是否有助于释放来自于历史与人性的包袱?其是否使人们得以从故事中体验生命、看见隐藏的真理,又是否使人们感受到故事的真谛,从而调整视野、改变人生路径并纳入世界观?这些均为叙事传播的未来研究方向。

　　叙事在现象的递进、消亡、循环、生长法则下,以具体行动参与了社会人的传播互动,透过如游戏与仪式等而共同参与制作了故事,并且分享了日常生活意义。在传播过程中,人们不断诠释彼此话语的意义,也持续地由现在反身过去又过渡到未来。在这样的程序结束前本章似也无法结束,只能暂时停留在对叙事传播的想象上。

　　本章对叙事传播的讨论多出自生活观察,一些论述纯系基于笃信互动的精神与所处传播情境皆属"自生组织开放系统"(蔡琰、臧国仁,2010c)而有生生不息、转换更新的可能;来自想象与推理说法的未尽之处是不难想到的,期待日后有所增益。

第四章　新闻纪实叙事之文本结构

第一节　概论:新闻文本叙事结构

近来……学者们开始相信新闻报道也是说故事的一类。而在(新闻)专业,(美国)前国家电视网新闻部(NBC)总裁 R. Frank 当年对员工所下的经典指令,早已成为新闻学术(界)最常引用的一段话:"每段新闻故事都应显示其虚构与戏剧的属性。"无论学术界只是随着实务工作还是预知趋势——即(新闻)业已愈形成为集团经营者的商业产物,新闻业都正渐关心娱乐性,即(如何)说个好故事(Liebes,1994:1;添加语句出自本书)。

如前章所述,"故事"乃是具备情节性质的大众作品,其以广告、诗歌、散文、小说、戏剧或电影等不同传播形式,呈现人们乐于知道的一系列事件(姚媛,2002/Berger,1996;Lacey,2002)。Cohan 和 Shires(1988/张方译,1997:1)曾谓,任何事件只有透过某种叙事内容之表述方能为人所知。

而新闻内容与一般故事结构实相类似,多在讲述从事件爆发到追溯其源之时间序列,这是因为新闻本来就具有叙事形式,论者常称此"新闻即说故事"(news as storytelling;Bird & Dardenne,1988,2009)。

其他研究者(如 Campbell,1991;Gurevitch & Kavoori,1994;Liebes,1994;Vincent、Crow & Davis,1989)亦曾多方连结"新闻"与"故事",除阐释上述"新闻即说故事"观点外,还探讨以下相关主题:新闻文本存在哪些故事本质、新闻话语的结构特性与原型为何、新闻故事与真实事件有何关联、新闻说故事者如何描述社会事件之情节、阅听众接收新闻故事与观赏其他叙事作品(如戏剧、电影)时有何异同等(曾庆香,2005;何纯,2006)。

然而,直到 20 世纪 80 年代中期以后,新闻与叙事间的连结方能广为人知(Bird & Dardenne,1988;Roeh,1989;Vincent et al.,1989),并在 90 年代末期渐受重视(Beasley,1998;Jacobs,1996)。自此,研究者不但持续探究新闻与叙事间如何契合,更曾深入分析不同新闻媒介载具(如报纸、电视或网络)之叙事文本结构各自有何特色(郭岱轩,2011;陈雅惠,2014,2013,2011;林东泰,2011;蔡琰、臧国仁,1999),其讨论业已初具规模(见下节说明)。

传统上,新闻报道一向周旋于如何以公正、客观手法"反映"(mirror)社会真实事件,也只有忠实地反映事件真相才被视为可以接受,其"知识观"接近早期社会科学盛行时期所称之"镜子比喻"(mirror metaphor)观点(李金铨,1988)。同理,新闻相关研究过去也多执着于探问媒介讯息(如新闻报道)之效果或消息来源如何影响阅听众接收信息等主题(臧国仁,1999),却素与一般文学或戏剧领域重要概念如"故事""情感""美感""修辞"等保持距离(见本书第九章),尤其忌讳在讨论新闻实务时涉及任何"说故事"色彩(林东泰,2008)。

但如 Lewis(1994)所称,新闻不能等同于小说或戏剧故事,因为其(指"电视新闻")属"反叙事"(antinarrative)表现(引自 Liebes,1994:2-3 之引介,括号内出自原文):

> 当肥皂剧提供了神秘性并创建了紧张感并以此吸引观众,电视新闻采取了报纸新闻习用的倒金字塔(原在让读者快速瞥过),其特色在于组合片段与不同观点。新闻无法在有连贯性的整体上添加任何内容,也无法让观者知道任何新事,迫使他们只好从原有意识形态资源中寻求结论,因而常显浅薄。

然而,新闻写作是文学体裁应无疑义,也可说是文学的特殊类型或文本(王梦鸥等译,1992/Wellek,1948)。排除虚构部分,新闻报道仍以其特有的文学体裁记录着社会情事、诠释着事件意义、讲述着人生经验,也传递着文化共识(臧国仁、蔡琰,2013)。

透过这些记载着每天发生的故事的新闻,不同媒介组织与实务工作者共同开启了一扇扇"世界之窗",协助社会大众认识人生真谛,展现并也解释了生命存在的价值;而借着各种情节的铺陈,这些新闻故事除持续定义着社会现实世界外,实也影响着观众的情性活动(臧国仁、蔡琰,2009b)。

换言之,新闻不但报道社会事件的真相,也如一般说故事形式而在文本中安排事件之人物角色、情节时序、轻重缓急等,甚至仿用村上春树的小说写作语言,而常将纯净新闻"写得像言情小说一样的'美'"(臧国仁、蔡琰,2001:30)。

但整体而言,原属戏剧性或人性的情感元素虽属新闻工作者取舍素材的重点(习称"人情趣味"),却因有违"客观公正"原则而鲜少被引为传播研究题材,以致惯于探究情性因素之叙事理论迟迟未受到传播学者重视(例外如林东泰,2015)。未来实应重新检视新闻本质并延续文化研究者 Carey(1992)之建言,改由叙事角度讨论新闻文本如何诠释人类传播行为,借此提升生活美学质量。

第二节　叙事(文本)结构:理论回顾

一、简述"叙事(文本)结构"之理论渊源与脉络

诚如林东泰(2008)所言,新闻传统上属"纪实"或"非虚构"叙事(另见彭家发,1989),旨在忠实地反映事件真相与事实,因而与"虚构叙事"如电视剧、小说、文学一向泾渭分明且鲜少来往。但叙事情节或来自对事实的再现(如纪实叙事)或来自想象(如虚构叙事),此两者都得经过口语或象征符号的"编码/译码"程序方能为人所知并广为传布,因而编码/译码其实是再现故事人物与事件的话语形式。而传统上,为了促使阅听众了解并被故事吸引,讲述者多依据某种逻辑提出伦理(ethos)、情感(pathos)与/或理性证据(logos;蔡琰,2000:16)[①],这些逻辑证据又多沿袭自生活经验并在文化中逐渐形成沟通惯例,可视为说故事的"方法"或"秩序"。

随着 20 世纪初期语言学的发展,社会学家、人类学家习惯认为语言之各个部分存有"关系",且关系间亦有某些"规律",普遍见于文化产品,透过故事的讲述得以展现人类精神层次的"共性"(蔡琰,2000:90—93)。有些研究者"特别关心探讨结构赖以作用的普遍法则"(吴新发译,1993:121/Eagleton,1983),相信人们的共同体验可以集结成无意识的社会共识,经过符号编码而转换成为文化产品及故事,这一人文思潮常称"结构主义"(高宣扬,1994)。

简单地说,结构主义的目标在于透过人类文化产品以了解象征,也借着

---

① 　Logos 此处译名从蔡琰(2000),亦可从林静伶(2000)而译为"理性诉求"。

"编码/译码"还原人类精神世界的"深层结构"(蔡琰,2000:91;孙隆基,1990;Chatman,1978)。20世纪60年代前后,叙事学基本论述多来自几位语言结构学及文学理论学者。瑞士认知心理学家J. Piaget最早提出"结构主义"思维,认为数学、逻辑、物理、生物与社会科学长期以来,都持续关切着各自领域之结构概念内涵(引自Culler,1975:3)。

同一时期,法国人类学家、结构主义者C. Lévi-Strauss(1955)结合俄裔美籍布拉格学派语言学家R. Jakobson之理念,而于1955年发表《神话结构》一文,就此竖立了人文学领域结构主义研究之重要里程碑。该文指出,不同神话有着基本主题且隐藏着不变的二元对立结构(如美与丑、英雄与坏人),是人们赖以思考的手段。由此,人文学者们发现20世纪初发展自F. de Saussure之"结构语言学"可与C. S. Peirce的"符号学"结合,系统性地分析无意识的创作文化内容,并据此建立其他人文学科发展的科学研究模型。

大约与此同时,加拿大文学理论家Frye(1957)也讨论了叙事作品的规律,继而提出类型、神话、原型这些文学作品的组织形式,并将文学细分为喜剧、传奇、悲剧、讽刺等四类,以期符合"春夏秋冬"四季之人类生命循环模式(参见本书第八章第六节)。而依Frye,文学是"独立自主的语言结构,……将生命和现实包容在一个语言关系之内"(引自吴新发译,1993:119/Eagleton,1983)。

影响叙事结构研究最巨者,则仍首推法国文学批评家R. Barthes,他同样认为文化是种语言,"无论细究还是泛论,文化总是由符号组成,其结构和组织形式与语言本身的结构和组织形式是一样的"(董学文、王葵译,1992:3/Barthes,1968)。从其著作中可知(李维译,1998/Barthes,1967),Barthes之观点总结了结构主义的语言学成果,建议对生活文化、神话、流行、反传统短文小说等研究采取叙事作品的结构分析方法。

我们建议把叙事作品分为三个描述层:(1)"功能层"(功能一词用普罗普和布雷蒙著作中所指的含义);(2)"行动层"(行动一词用格雷玛斯把人物作为行动者来论述时所指的含义);(3)"叙述层"(大体相当于托多罗夫所说的"话语层")。我们一定要记住,这三层是按逐步结合的方式相互连接起来的……(引自董学文、王葵译,1992:115/Barthes,1968;另参见吴新发译,1993/Eagleton,1983)。

有趣的是,上述Barthes力主之结构主义符号学分析方法以及他在文中提及的布雷蒙(C. Bremond)与格雷玛斯(A. J. Greimas)等结构主义者,都在研究叙事结构时引用了前引俄国民俗学者普罗普（Propp,1968/1922）所撰关于故事形式结构的专著。因而,回顾叙事学的发展可知,Propp早期有关故事形式结构的看法对20世纪60年代叙事学及叙事结构研究实有重要启蒙作用。

Propp将俄国一百个民间故事归类为七个角色功能（恶徒、英雄、公主、给予者、助手、使者、假英雄）以及由这些角色功能所完成的三十一个情节,认为角色功能既是故事的固定元素,也是构成所有故事的基础,对任何在故事中完成的事件有着固定的先后发生秩序（蔡琰,2000:104－105;Propp,1968/1922:19－22;参见邱于芸,2014:183－185;黄新生译,1996/Berger,1982）。

后续讨论故事结构的研究者,另有C. Vogler（1998/蔡娟如译,2013）,J. Campbell（1968/朱侃如译,1997）,R. McKee（1997/戴洛棻、黄政渊、萧少嵫译,2014）等人,他们多从故事结构来分析角色、情节之多种原型,自此成为研究故事结构之最好教材。

如Vogler（1998/蔡娟如译,2013）曾经结合Campbell（1968/朱侃如译,1997）神话原型英雄之旅,指出主角（英雄）在故事中有十二个历程,从"1. 平凡世界"经历而"2. 召唤",接着在"3. 拒绝"中遇见"4. 师父",自此"5. 跨越门槛"而进入"6. 试炼"。这些英雄经验的人物与情节结构,符合由法国E. Scribe于19世纪发展的"佳构剧"①第一幕"开场"部分,即从主角的初始状态到打破原有故事平衡,自此进入第二幕的"错综"。

接下来的"7. ～12."之六个英雄历程,则不脱前述Propp所拟三十一个情节历程,也合乎McKee（1997/戴洛棻等译,2014）所述故事最精彩部分,即经历一系列"转折""危机""冲突"后,将"人物""情感"与"抗争奋斗"情节推向高潮（此即"7. 洞穴最深处"与"8. 苦难折磨"）。此时故事胜败已定,结束"佳构剧"第二幕而走向故事第三幕的"结局"情节。随后英雄获得"9. 奖赏""10. 回归原有平衡"或"11. 复苏进入另一境界",并"12. 带着仙丹归返"。

当然,此处所引研究者的故事结构未曾脱离希腊哲学家亚里士多德之经典"开始、中间、结尾"结构,但已将虚构叙事之结构精致化,更多写作细节可见于McKee（1997/戴洛棻等译,2014）之故事分析（参见蔡琰,2000;曾西霸译,2008/Field,1982）。

就传统叙事而言,若论经典结构则无外乎"人物""情节""视角"三者

---

① 依维基百科（https://zh.wikipedia.org/wiki/%E4%BD%B3%E6%A7%8B%E5%8A%87,访问时间:2016年7月29日）,"佳构剧"（well-madeplay或法文lapiècebienfaite）是源起于19世纪的一种写实主义戏剧文类,也是目前现代商业编剧经常采用的结构模式。

(Scholes & Kellogg,1966)。待叙事学经历前引 Lévi-Strauss 与 Jakobson 之努力后，研究领域开始触及文学、音乐、视觉艺术、电影等新兴媒材主题，从而促成了结构研究扩及人物、情节、视角、情境、声音、独白、意识流、隐含作者、隐含读者等多项元素(Booth,1961；Onega & Landa,1996)。

二、S. Chatman 对叙事结构之整理与贡献

如前所述，叙事研究原即擅长讨论"文本结构"且相关论述极多，但直至 Chatman(1978)整理后方始定案，系以"故事"与"论述"两者为叙事结构之基本元素。Chatman 从文学角度绘制的叙事结构出发，说明了"作者"(无论真正作者还是隐藏作者)如何透过论述(叙事表现)传递故事内容给阅听众。

在其著作中，Chatman 认为"论述"指显示内容的具体符号系统，包括标题、导言、语言形式等。此外，平面文本(如报纸)较为关注修辞，影像文本(如电视新闻或电影画面)则重视画面构成。而"故事"系指序列关系中合乎逻辑之事件，是由行为者在时空背景下引发或经历的行为动作。序列性事件若具备发现、反转与情境转变等要件则属戏剧性事件，亦可成为新闻报道的叙事内容。Chatman 认为，情节系由核心事件及卫星事件组成，其具体方式包括有目的的行为动作以及无预谋的偶发事件；在故事状态部分则由角色、时空背景(称为情节显著程度)、质量及写作称谓(称为面向)组成。

不同于多数结构主义学者对故事人物与情节或对深层(原型)结构之兴趣，Chatman(1978：267)认为"故事"与"论述"乃叙事的两个互动单位，透过讲述故事一方面媒介了叙事表现，另一方面则彰显了故事的静态固有内涵与情节事件的经历过程。尤为重要之处则是，Chatman(1978：267)整合了文学与电影叙事，继而提出了适用于文字(小说、历史)、视觉(绘画、漫画)、视听媒介(电影等)的叙事表现形式结构，可供传播领域参考。其形式结构虽不像其他文献指出之故事本质，却包含了讲者与听者间的讯息传送，也包括了在隐含作者、隐含读者间以及在真实作者、真实阅听众间的叙事主要关系结构。

三、小结

其他对叙事结构颇具贡献者，还包括了前引提出"结构矩阵"(Greimas square)的立陶宛裔法籍学者 Greimas、首先提出"叙事学"一词(narratology 或法文 narratologie)的保加利亚裔法籍学者 T. Todorov，以及证明叙事结构可以适用于复杂文本而非通俗民间故事的法籍学者 G. Genette 等人(引自 Culler,1975；参见 Martin,1986；吴新发译,1993/Eagleton,1983)。总之，叙事

结构的理论应用不只在虚构故事的讲述,许多跨领域学者都关注到书写与口述的神话、故事、童谣有着相似故事内涵。尽管这些文学家、神话学者、民俗学者、历史学者、心理分析学者的研究目的与研究素材迥然不同,他们却同时发现口述历史、神话、通俗小说、电视剧、电影里的故事"怎么这么像",使得叙事研究转而询问:"这些重复的集体神话有什么功能"(Martin,1986:23—24),自此随时随处可见的"故事"顿时成了有待诠释的文化符号编码。

因而,结构主义者既破解了故事的神话,也还原了精神的普遍形式。他们相信一般作品与符号语言产出之形式相同,既是"话语"(即论述)也是"建构"(吴新发译,1993:135—136/Eagleton,1983),而这种建构来自集体意识(参见本书第八章第六节有关"集体意识"与"原型"之讨论)。

相对地,结构主义忽略了每则故事的个别表面意义而侧重于探索作品的"深层结构",自此方有"后结构主义"的产生,且其认为结构并非固定不变。不过,大众传播文本不像富含美学意味的艺术而常少独特风格、体裁,以致其常被批评忽略了个人主体性或哲学意涵,而使作品多落入类型化与公式性之窠臼。

如今结构主义风潮虽被评为"大势已去"(吴新发译,1993:153/Eagleton,1983),结构主义者发掘的各类结构却仍普遍存在于叙事中,有助于人们了解叙事在这个时代的成规与运作。

第三节　有关传统报纸新闻之写作文本结构

西方新闻学最惊人的现象(包括应用与理论)就是顽固,并死硬地坚信语言透明这件事。或(者)换种说法,这种错误要归罪于新闻工作者与新闻系学生拒绝将这个专业放在适当位置,即人类表达活动的情境;也就是说,他们拒绝接受新闻写作的重要性乃在于说故事(Roeh,1989:162;括号内文字出自原文)。

事实是新闻的本源。"叙事"是报道新闻传播信息的主要方法(何纯,2006:2;引号出自原文)。

今天的新闻就是明天的历史。随着时间推移,真实事件受到新闻组织重视而将其报道出来,并由新闻专业工作者写成(或说成)新闻故事,年代久远后甚至转变而成"奇闻轶事"(Craig,2006)或"神话"(Koch,1990;参见第一章之图1.1)。

但新闻究竟写些什么? 记者在报道中与阅听众沟通了什么? 既然新闻所"闻"之事不一定都是"新"的故事,阅听众又期望获得什么? 新闻内容又如何描述社会事件?

一、倒金字塔/宝塔模式

传统上,一般教科书言及"新闻(文本)结构"时,多未带入任何严谨学理或原则而系以经验述说为主,此乃因新闻学科之早期研究者与教学者常已拥有丰富的工作经验,致其所授内容(如新闻写作或采访报道)多系其自身"实务(工作)之翻版"(臧国仁,1999:20;添加语句出自本书)。

举例来说,素有华人新闻学领域"葵花宝典"之誉的王洪钧专著(1955/1986:38)即曾如此说明报纸新闻写作特色:"新闻写作必须把一些事情的精华,放在最前面,次要的放在后面,再次要的放在最后面,依次类推,到最不重要的,放在末段。这种形式恰像一座倒置宝塔,故称为倒宝塔式。"而王氏在其另一本重要著作(2000:133—134;添加语句出自本书)中则谓:

> 纯净新闻最基本的写作方式,便是(倒)宝塔式(inverted pyramid)结构。⋯⋯纯净新闻写作,也就是倒宝塔式结构则与文学作品恰恰相反。
>
> 所谓倒宝塔式必须开门见山,把故事的高潮放在最前面,⋯⋯把一件事情中最重要的部分放在最前面,次要的放后面;依次类推,最不重要的则放在最后面;其象征的意义,恰好像一座倒立的宝塔。
>
> ⋯⋯主要目的是为了满足受众的需要。因为读者阅读新闻最迫切的动机,就是想对过去 24 小时或 12 小时内世界上所发生的重要事件,皆能一目了然。①

由王氏亲撰之不同专著内容观之,其所述"新闻写作方式"当属报纸盛行时期之书写文本结构。至于其究竟出自哪些理论或具有何种知识内涵则少论及,亦缺乏与其他学术研究领域接轨之说明,可谓仅具"解决(新闻场域)问题的经验式答案"(臧国仁,1999:20;添加语句出自本书),属于 Ettema 和 Glaser (1990:3—5)所称之"新闻语言"(journalese),旨在将外在真实世界之庞大信息整理为有秩序的、层次分明的故事结构,以便阅读者能快速接受并了解,而

---

① 引文中之"纯净新闻"(straightnews)一词,指以"事实性报导"为主的新闻写作方式,也就是此节所称的"倒金字塔/宝塔式"写作方式。如彭家发(1989:1;括号内出自原书)所言,"一般纯新闻报导(报道),⋯⋯重点在提供事实,而不涉及再处理(reprocess)的程序"。

其学理成分犹待补充。

另如程之行(1981:131)在评论此种写作结构时亦曾如此追溯:"……美国报纸接受'倒金字塔'形式,中间也有一个漫长的历程。说来这和战地新闻采访有关。来自战地的消息,务求快捷,此其一;其次,后到的消息每每推翻原来的消息,如果还是墨守'金字塔'形式不变,将难以达成任务。"

类似说法在英文新闻教科书中亦不乏常见,如美国新闻教育使用最广的密苏里大学新闻学院专著(李利国、黄淑敏译,1995:65/Brooks、Kennedy、Moen&Ranly,1988)即曾强调:"倒金字塔结构是用来帮助记者按符合逻辑的原则排列材料出场次序,使记者必须对材料的重要性程度加以比较。"该引言所称之"逻辑"即前引各书提及的"重要性",系依事件之"新闻价值"排列在新闻报道里,与一般故事总是先说先发生的事而后讲高潮之"时间序列"(chronological order)殊有不同;此即前述新闻具有"反叙事"特色之因。

又依王洪钧(2000:134)所言,"……倒宝塔式结构之特色,即在新闻第一段,或第二、三段中展示出一件事情的最重要部分,称为导言。其后各段则依重要性递减之次序,补充或解释导言中所呈现之各种情节,称为躯干"。王氏(2000:143-144;底线出自本书)稍后又强调此种新闻结构的铺陈方式乃因"人类接受新闻传播之习惯,自古及今,皆为开门见山,一目了然,<u>与耐心听故事之习惯</u>,<u>恰属相反</u>。尤以现代社会信息众多,不同新闻媒体竞争激烈,必须借倒宝塔式之写作方式使受播大众以最小之阅读劳力获得最大之阅读报酬"。

此一说法在21世纪之今日是否仍然有效值得继续观察,至少如李利国、黄淑敏译(1995:45/Brooks、Kennedy、Moen& Ranly,1988)所称,"在今后若干年,倒金字塔写法对报纸的重要性可能日益降低"。而如今连报纸都已渐成了明日黄花,不同媒体之新闻报道是否仍如本节所述以"先果后因"方式书写实颇堪虑。

二、正金字塔模式

但也诚如程之行(1981)所示,一般新闻写法固以上述"倒金字塔/宝塔"方式为主,而若论及吸引读者关注,除了传统以事实重要性为铺陈要旨的纯净新闻外,犹有各类"正写"形式如专栏或特写,其特点在于写作重点除记述、说明、议论外,还要增加抒情与描写。此即彭家发(1989:8;单引号出自原文)所言之报纸新闻写作叙事特质:"作者是以叙事方法为'跳板',令自己所写的东西,充满动感的活力";此亦程之行(1981:128;英文出自原书)所称之"正金字塔"式:"……其特点是,不马上揭示高潮,而要把读者的注意力带引着进入高潮,一若小说与戏剧的结构,具有'悬宕'(suspending)的效果。"此句"一若小说与戏剧的结构,具有'悬宕'(suspending)的效果"实也明示了除广为流传的"倒金字塔/宝塔模式"外,报纸新闻写作犹有与一般叙事相仿之述说结构,即高潮或重点在后,以"特写"之名而与前述纯净新闻写法区隔。

仍依程之行(1981:161)观点,正写形式之兴起约与二次大战后新的"新闻书写"方式大量涌现有关,"读者们知识水平不断提高,对发生于世界每个角落光怪陆离的事件,亟欲获一深入的了解,因此,报纸只求快速的零星报道,绝难使他们感到餍足,这些都是促使特写数量日增的客观条件"。

另有美国著名新闻写作教授 W. Zinsser(1994/寸辛辛,1999:10)指出,任何新闻特写的最大挑战就在于"找到好的角度",也就是"切入点"或"特别的方式来述说这故事",其因多在于撰稿者(新闻记者)"比他们笔下的人要有趣多了",能从特殊有趣角度观察事情并有新颖看法,甚至将"自己置入报道中"。

由此观之,此节所言之"特写"内容不但与一般强调客观、中立之传统纯净新闻写作立场有异,写作结构更属"变体"(variations;程之行,1981:52)而偏向叙事(小说)述说方式,在情节铺陈、时空情境设定以及角色构连等面向均与一般说故事方式无异,但与前述纯净新闻写作习惯采取"开门见山"笔法不同。

三、小结:传统报纸新闻写作文本之特色

"真相",赤裸且寒冷,被拒于村庄每一户人家之外,她的赤裸让人们惊恐。"预言"发现她瑟缩在角落,饥饿且颤抖着,"预言"将她带回家。在那里,他让"真相"以故事为衣,温暖她并再度送她出门。穿戴着故事的"真相"再次造访村庄,立刻被迎进人们的家中,他们邀请她同桌进餐,在他们的炉火旁取暖(犹太教教诲故事,引自陈文志译,2004:47/Simmons,2001)。

新闻报道内容与人类行为有关应无疑义,因为新闻所述就是人类社会的互动与情境,也是阅听众所感兴趣而过去未闻之消息。次者,新闻与故事同样具有"类型结构"(或称"体裁",程之行,1981:49),如一般纯净新闻多有"导言"(lead)与"躯干"(body),由此奠定了前述"倒宝塔/金字塔模式"之新闻写作基本结构。但新闻也常采用不同角度讲述故事,如纯净新闻固常采"第三者"全观角度,而特写或专栏则容许撰稿者以第一人称之"我"的角度贯穿全文,且所述重点或高潮常仿效一般叙事置于最后,因而形成"正金字塔模式"之变体(杨素芬,1996)。

无论如何,新闻报道与小说或戏剧等叙事类型不同之因,多在于其无法虚构而须"纪'实'报道",即使这种"纪实"仍有程度差异,如"正金字塔模式"多采侧写角度提供读者"栩栩如生"的画面,而"倒宝塔/金字塔模式"则常以直述报道方式广为引述消息来源,以此"证言"所写不虚且非捏造。

第四节　报纸新闻文本叙事结构之学理解析

新闻叙事学是新闻学的分支学科,是一门基础学科、应用学科。……新闻叙事学是研究新闻叙事原理和方法的学问。与叙述(叙事)学把以虚构为主、追求艺术的文学叙述作品作为研究对象不同,新闻叙事学把以事实为本的新闻叙事作品与方法作为研究对象。……新闻叙事学的研究就(必)须以事实为基点,从叙事方式和叙事原理入手,归纳总结出新闻叙事的理论体系(何纯,2006:5;添加语句出自本书)。

一、van Dijk 的"新闻论述"(news as discourse)观①

如上节所述,有关新闻写作架构的早期讨论多来自经验传述,一些深具实务经验的中外资深新闻记者转往大学任教后,惯将其在报纸或通信社习以为常之写作方式,浓缩为"倒金字塔/宝塔"与"正金字塔"模式,借此厘清新闻组织再现社会事件之化繁为简作用。

20 世纪 80 年代开始,逐渐有研究者改依学理讨论新闻写作之特殊文本结构,尤以荷兰阿姆斯特丹大学传播(论述)学者 van Dijk(1989,1988)为此中翘楚,其曾经透过一系列著作鼓吹应视新闻(尤以报纸新闻为主之文字作品)为"论述文本"(text of discourse),建构了与前大异其趣的研究途径,并成为独树一帜之新闻文本研究策略与分析架构(倪炎元,2013)。

van Dijk 虽非首创"论述分析"(discourse analysis),却是以此分析新闻报道之最重要贡献者。如倪炎元(2013:43)所称:

van Dijk 的著作或许是被台湾传播学界援引或参考频率最高的一位。……许多研究者引述 van Dijk 的论述分析架构时,都会引述他为新闻结构(news

---

①　此节部分内容改写自蔡琰、臧国仁(1999)。

structure)所提示的分析策略,特别是他透过总体结构与局部结构的切入方式,正好对应着新闻稿文类中标题、导言、转接等实务新闻写作的格式;这种分析模式为传播文本的研究带来(了)很大的助益。①

而检讨其因,应可归功于 van Dijk 所创之新闻文本(以报纸为主)分析模式,恰好填补了 20 世纪 80 年代末期以降不同研究典范兴起后之空档,使得无意使用传统"内容分析法"(content analysis,见王石番,1989)的研究者顿时有了新的质性研究工具,随后影响众多研究生也趋之若鹜地竞相采用"论述分析"展开研究之路。

在其著作中,van Dijk(1989,1988)曾经追溯"论述分析"之兴起与 20 世纪 70 年代起陆续出现之"社会语言学""民族志学""会话分析""文本语言学"(text linguistics)②等不同理论脉络有关,不同研究者同时并也分别注意到日常生活之语言行动与社会结构间实有关联,因此将其研究焦点转而关注语言使用之结构与功能形式,而不复如传统语言学者仅多探问个别文字、词组、句子的论述作用。

具体言之,这些研究者认为语言具有符号论述功能,其表意或再现真实世界之结果受到所属社会文化意识形态(指"一组信仰系统的类型",见倪炎元,2013:50)影响甚深;反之,这些意识形态也需透过论述途径方得传递与扩散。因而,透过分析当代不同盛行文本(如报纸新闻、广告、电影等)之论述结构,即可探得语言与社会实践的组成形式与意涵(参见锺蔚文、臧国仁、陈忆宁、柏松龄、王昭敏,1996)。

如 van Dijk 在 1988 年(vii)专著前言里即曾指出:"……新闻理应以一种公共论述形式来研究,……本书强调了新闻报道的明确结构分析之重要性。……新闻结构也明显地与社会实践以及新闻制作之意识形态连结,并间接地与新闻媒体的机构性及微观社会学的情境接合。"其后,van Dijk 简述了论述分析之要旨:

首先,任何文本(如报纸新闻)结构均有"主题形式"(theme),且由不同层

---

① 倪氏(2013:44)在此论著中批评台湾传播研究者多"只限定在 1988 年所出版的这两本著作,却忽略(了)他在前期著作中有关语言学与认知心理学的爬梳,以及后期著作所做的调整与修正,(这)未尝不是(在)推动相关研究与时俱进上的缺憾"。本节因聚焦于"报纸新闻文本之叙事架构",仍然无法论及 van Dijk 有关新闻论述结构以外之其他重点。

② 根据曾庆香(2005:3),"文本语言学"一词乃德国学者惯用,而英美学者惯用"话语"(discourse,即论述),但此"两者实际上指的是同一个内容"。

次之"命题"（propositions）组成，如字词语句即为"微命题"（micro-propositions），而微命题间又可因相关主题接近而相互组合形成较高层次的"巨命题"（macro-propositions）。透过这种由低层次微命题而逐步形成高层次巨命题之组合过程，文本结构中的"语意基模"因而形成，可作为语句分析基础借此相互沟通以促进了解。

同理，新闻写作之文本结构亦可如命题间的组合过程而形成"微观"与"巨观"层次，前者由平面媒体里的字词语句或广电新闻报道之声音、图像、符号等组合而成"局部层次"（local level）的语言行为、句型或语意，而其意涵又继而形成"整体层次"（global level）的社会论述，此即"巨观"层次。

举例来说，在报纸新闻报道文本中，高层次的语言意义常以标题、导言或直接引句特定形式出现，而低层次就是阅读时由各段落中之字词语句串联起来的意义。而若要了解一则新闻（尤指报纸新闻）的内涵，即可透过分析各新闻语句的基本命题及其所组合而成的低与高层次意义实现。

van Dijk（1989:13）曾以"美国攻击利比亚"为例，说明主题形式意义并非仅在单独句子，而更是由众多系列句子组合而成之巨观意涵，因而要了解任何论述之意义，必须从局部与整体层面对照观之。换言之，论述文本固由字词语句等局部层面组合而成，但其实际意义却得要透过论述结构分析方能知晓。

但何谓"论述"（或译"话语""言说"）？曾庆香（2005:5）曾经广泛采用不同研究者之定义说明其意，包括：

（1）其是"陈述主体表达的结果"，也就是个人或团体"依照某些社会成规将意义（或意图）传达于社会，以此确认其所在的社会位置"；

（2）其"具体陈述包括句子、命题和必要的表达手段"，各有其特定的社会环境与历史时间意涵；

（3）以特定方式表达并在运转过程中组成关系网络，其含意与功能皆不断移动或改变，也被不断地确认。

对 van Dijk（1997:1－2）而言，"论述"这个词汇之真正意涵实属"模糊"（essentially fuzzy），与传播、语言、社会、互动或文化领域相关却又各自独立，虽常使用语言形式与方法，但讨论范畴却也涉及了"谁"使用语言、"如何""为何"以及"何时"使用语言再现情境等整体问题。

一般来说，语言的使用总附属于复杂的社会架构而旨在沟通意见、传播信仰或表达情感，因而"论述"也总是发生于事件的沟通过程中，而参与沟通者在此事件中一直都在"互动"。因此，van Dijk（1997:2）曾归纳并认为论述与"语言使用""知性沟通"以及"社会情境之互动"三者有关。换言之，论述属于语言学、心理学、社会学的共同研究范畴,重点在于探讨语言之使用如何影响认知(beliefs)以及人际互动;反过来说,论述研究关心人际互动如何影响说话或认知如何控制语言与互动。依 van Dijk(1997:3),论述研究的范畴包括交谈口语、报告或报纸文字等传播行为,目的在于探索传播事件中之交谈与文本前后的连锁关系(talk & text in context)。

van Dijk 指出,论述内容本来就包含了自幼从社会习得的"基模"(schema),如在日常相见时的问候、谈话、道别或以文件与报告写作的格式等。但有些写作基模形式较为复杂而需要特别训练,如新闻写作特点即在连贯原始事件本不相属之细节,逐项且次第展现主题与类目(摘要、错综、结局),最相关的最先(此即前节所述之"倒金字塔/宝塔"写作模式)而次相关的其次,最后才写细节等;这个特点与传统叙事按照时间情节铺陈的方式相异,因而常常需要透过不断练习方能成为认知中的写作基模(梁玉芳,1990)。

在讨论新闻结构时,van Dijk 除了观察结构组织及修辞外,还将新闻放在"行为动作的论述"与"行为动作的结构"主题之下,借此说明每则新闻故事都可视为具备行为动作形式。但这并非意味着所有的行为动作均可成为新闻故事,而是说明新闻故事总是需要"有趣的错综"(van Dijk,1993:50)。由此观之,新闻未必具备完整的故事结构,却一定包含描述或报告某"行为动作"之论述要素。

van Dijk(1988)将新闻报道之结构形式列为"摘要"与"故事"两大部分:"摘要"是新闻有别于其他文本的论述,包括标题及导言两部分。"故事"则包含"状态"及"评论"两者,而在"故事状态"中,新闻明述发生的事件以及与历史背景前后相关的脉络;至于"评论"则指记者引述他人或写下自己的期望与评估。

整体言之,van Dijk 新闻叙事结构之事件结局、故事背景的前事件、历史事件或评论等项目均非一般新闻关注的重点,因为事件结局在撰写新闻时可能尚未发生,而前事件、历史事件、评论与评估鲜少被纳入纯净新闻,只存在于特写新闻或专题报道中。[①]

二、有关报纸新闻文本叙事结构的论辩

如上节所述,新闻叙事结构的相关研究大致而言就是从"故事"与"论述"两个角度阐释报纸新闻文本的内在条件:故事是叙事的描绘对象,论述则是叙

---

① 另有 Bell(1994)亦曾提供(报纸)新闻叙事结构的分析并纳入时间因素,值得参阅。

事描绘系列性事件的方法。

但在新闻故事都是老套,而论述必须公正客观且应避免写得像是诗作、小说或剧本等。在虚构叙事之情况下,新闻研究者犹须尝试解答新闻写作如何运用叙事观点以及新闻叙事的社会功能究系为何等相关问题。近来西方新闻研究叙事的主题常常就在于观察故事形式如何影响大众的求知权利,以及新闻记者如何利用叙事方法提供公众论坛角色。如 Vincent 等人(1989)即曾认为人人皆可为说故事的好手,新闻记者当然也可将新闻报道写成故事体,这点在电视新闻中尤其常见。White(1996)则引述 Barthes 观点,强调叙事是解决人类困惑的方式,可将"所知"转换为"告知"(knowing to telling);而一旦叙事能力丧失,就意味着意义的失落。

此外,报纸新闻写作(以及电视新闻)追求的类似小说与戏剧之叙事"要素",更曾是西方新闻叙事研究学者的关注焦点。事实上,不论字词还是语句,只要其作用在于提示或表达已经发生、正在发生的动作或事件,即可归为叙事。因此,新闻报道不只与故事、叙事相关,一些小说体裁的写法亦可应用于新闻写作。

如程之行(1981:163)即曾指出,新闻写作中有种文体可让撰写者"借着想像力,设法使新闻事实、新闻背景和新闻意义三者镕于一炉",此即前述"特写写作"之主要意涵,其意也接近前节所述之"正金字塔模式"或"正写"。而人物、场景的更换则是"老"故事变成"新"闻的重要因素:如绯闻事件的主角可从演艺人员转换为政治人物,场景则在其他国家与美国间交替,新闻由焉产生。其次,传统新闻价值的邻近性、实时性或信息性,都是故事需要被报道之因。

在人情趣味方面,具备吸引力的故事情节也常是新闻题材的来源(Eastman,1993:15-17)。如冲突、喜感、性等,甚至美、奇、少、认同、同情、怀旧等因素,都是"硬性"新闻之外的"软性"新闻主要走向。再者,一般叙事所述的"戏剧性"要素(如冲突、危机、意外转折)过去一向也是新闻价值取舍的主要考量(徐士瑚译,1985:37/Nicoll,1976),如政党间的语言及肢体冲突、石油与战争危机、政府内阁意外的新人事任免等。

但这些要素是新闻叙事的全部内在条件吗? 如果一个公允的新闻叙事理论不仅是新闻取舍的条件或新闻价值的考量,那么新闻叙事形式应该包含什么? 我们从新闻叙事中,能否看见一再关心新闻的理由?

针对上述疑问,曾庆香(2005)与季水河(2001)分别从文学与美学角度提供了部分解答。曾庆香认为,新闻具备表象与内里结构,可从"倒金字塔/宝塔结构"与"原型结构"说明。而新闻话语(论述)的常规即"倒金字塔/宝塔"结构,系由事件、背景、评论等组织整合为一则新闻,而其原则即"相关性"
(relevance)与"新近性"。

简单地说,新闻话语(论述)是对新闻事实的报道,最相关的就是核心事
实,因此"相关性"又可称为"重要性"原则(曾庆香,2005:48)。"新近性"则指
新闻按照话语(论述)反映之时间先后来安排材料,最新近者安排在最前面。
这两个结构组织原则"决定了新闻话语不像其他叙事作品那样通常按照事件
的发展顺序,即时间顺序叙述故事,而是具有非连续性和组装性的结构特性"
(曾庆香,2005:51)。

另外,"非连续性"(discontinuity)系指叙述新闻事实不必按照原始事件的
发生时间先后顺序,此即前述"倒宝塔写作"原则常被认为"先果后因"的背景。
至于"组装性"(assembly),则指"新闻各材料、各范畴(除摘要及标题和导语之
外),在文中所处的位置具有一定的灵活性,可以像积木一样进行不同的组合,
形成具有或大或小差异性的不同形象,甚至如前所述,同一范畴、同一材料都
被分别安放在不同的位置上"(曾庆香,2005:61,括号内文字出自原书)。

曾庆香(2005)对新闻结构的另一个认知是,指称新闻话语(论述)中的"原
型"沉淀了人们对新闻故事的认知与情感。人们能普遍地接受新闻之"许多
'旧'的、亘古不变的东西",系因"新闻结构单位的稳定性"(2005:226),而这一
结构就是传播者之内在结构(有关"叙事原型"之讨论,参见本书第八章)。

曾氏亦曾引述前节提及之 Frye(1957/胡经之、王岳川编,1994)见解,而
将主题、情景和人物类型看成结构单位并以"原型"称之,其定义是:

> 具有一定稳定性的、典型的、反复出现的意象、象征、人物、母题、思想,或
> 叙述模式即情节,(其)具有约定俗成的语意联想,是可以独立交际的单位,其
> 根源既是社会心理的,又是历史文化的。从本质上说,它是一种稳定的对外在
> 事物的认知方式、认知角度和认知结果(1994:226)。

曾氏继续以"野孩子""英雄""家"等原型为例,说明三则不同故事如何成
为新闻题材,其因即在于原型唤醒了人们自童年时期即已隐藏、沉淀在心中的
集体无意识。这种意识底层的"某种经历、某种情感,使得似曾相识的经历得
以重温,让受到压抑的情感得到了满足"(1994:224)。不过曾庆香认为,基于
社会与文化差异,原型得自经验与历史的"联想群"应该显示了东西文化结构
意涵之变型。

另有季水河(2001)认为,从新闻发展史来看,新闻写作实则原先没有固定

模式,而"倒金字塔/宝塔"结构"是运用电报发送新闻作品时代的产物"(1994：242),这是因为美国南北战争时期新闻记者多赖电报而将战争结果传回新闻室,但电缆常被破坏,只能将最关键的消息写在最前面,久而久之就形成了"倒金字塔/宝塔式"的新闻结构惯例;此一说法与前引程之行(1981)所述接近(参见 Mugabo,2015)。

除"倒金字塔/宝塔式"外,其他新闻结构方式众说纷纭,如"大熊猫式""虎头蛇尾式""时间顺序式""悬念式""并列式"等不一而足。季水河从事件发展过程与新闻叙述方式角度,认为有三种基本结构:"单线直进式""多线并行式""板块组合式"(2001:260—265)。"单线直进式"指情节单一,人物关系简单,仅有一条线索。"多线并行式"指情节丰富,人物关系复杂,具有两条或两条以上线索并列。至于"板块组合式",则指那些有几个方面的材料围绕共同主题或典型人物,构成一篇新闻的结构方式。

根据季水河(2001:242),新闻作品的结构是指"新闻作者在新闻作品的写作活动中,对新闻作品的组织、安排、构造,如组织材料、处理事件、开头结尾、过渡照应等"。新闻写作有规律、有原则,而"古今中外的优秀新闻作品,它们在结构上都遵循了以下几条美学原则"(2001:242)。举例来说,结构应能表现"主题"且从众多素材中选取"主题"后,还要从体现主题的几组数据、几个故事、几个细节来生动描绘。但主题不是政策宣传或强加的思想观念,只能来自报道对象以确实服从"客观原则"。

第二个写作原则是新闻作品结构应完整周密,因为其原属内在相互联系的整体。有如成功的文学作品,新闻写作内容也应完整和谐,具有牵一发而动全身的特点。

原则三是不同新闻体裁有不同要求,如告知性报道、特写、新闻评论之结构不一,短的报道适用文字简洁的"倒金字塔/宝塔式"结构,特写体裁多用悬念式结构:"按照新闻事件发生、发展、高潮、结局的时间顺序来结构(建构)作品。"(2001:257)

至于人情趣味体裁则应"写出报道对象的血肉、灵魂、个性,……既可按人物性格发展的自然进程来结构(建构)作品,也可按作者和作品人物情感的跳动起伏来结构(建构)作品,使作品突破时空的自然秩序。"(2001:257)

总之,季水河指出(2001:258),新闻之主题与体裁需要安排各有特色的结构,但写作结构则有同有异,"并非永恒不变的教条"。不过,他认为新闻结构具有"艺术手法",包括"疏密相间""虚实相生""对比参照"等,这种说法已近乎文学写作的美学原则了(臧国仁、蔡琰,2001)。

小结本节并综合前引曾庆香(2005)、季水河(2001)有关新闻结构的讨论，对照董小英(2001)第二、四章分别从叙事学(叙述学)角度对戏剧、小说文学结构的论述，以及何纯(2006)第四章等相关文献，可以确定古典叙事结构中有关主题、视角、情节安排、人物命运发展、结局等构成概念均已被移植到新闻领域，借此描述以事件或人物为中心的新闻叙事结构。此外，有关章节安排、段落与语句衔接的概念即使在体裁不同的新闻写作中，也有一些共同的好文章写法可资参照。

第五节 电视新闻文本之叙事结构

如前所述，叙事概念近来常被应用在文学、历史、语言学等领域，如今则除已由 van Dijk 等引入平面新闻报道之分析外，更有研究者开始关注电视新闻的叙事结构，认为其"移动影像"与"数位叙事"理应各有关键模式框架。[①] 举例来说，电视媒介之观看情境允许观众很快进入情况，无论新闻还是连续剧都从一组人或一个故事快速换到下一组场面而难采用缓缓道出之模式。在此同时，电视新闻也如电视剧那样，允许情节"断裂"可能造成的"浅平"与"弱智化"观众现象[②]，而题材、取景、剪接、重播、现场直播等特殊媒介性质，也常常直接影响了一般电视新闻节目的可信度。

林东泰(2011)曾经指出，早期新闻叙事研究者大多仅关注平面新闻并各有论述重点，有关电视新闻叙事结构之讨论迄今有限。如其所言(林东泰，2011:229)，"电视再现新闻事件的声光画面与旁白特有叙事表达形式，乃是电视新闻叙事结构的重点所在，包括如何将有关事件、人物、行动、场景、情节等叙事元素，将新闻事件融入电视媒材的叙事表达形式"。

林氏曾经详尽地对照传统新闻学的"新闻元素"(如"谁""做/说了什么""何处""何时""如何""为何"等)与 Chatman 提出的叙事结构(如"人物""行动""场景""时间逻辑""事件的发生"与"情节")，进而认为此六组彼此"若合符节"(林东泰，2011:239)，但后者更具"故事性"(eventuality)与"叙事性"(narrativity)，因而强调借用叙事学之相关元素来分析电视新闻结构当能"晶

---

① 出自 http://www.medienabc.org/page5/page23/page29/page29.html，访问时间：2015 年 8 月 25 日。

② 出处同上注①。该文作者引用了英国著名文化研究学者 R. Williams 的说法，使用"flow"说明断裂及浅平造成的"弱智化"(dumbingdown)现象。

化,并且提升新闻报道的理念与实务工作"(林东泰,2011:240)。

林氏随后提出"电视新闻叙事结构图"(2011:246),将"一则电视新闻从新闻主播、新闻标题出现,到报道核心新闻、次要信息、现场访谈等一并呈现",并以"台呼"为起始结构,中段是整节新闻时段之各则新闻,具备"反复、循环"特色结构,最后以新闻时段结束为结尾(林东泰,2011:247)。

接着,林氏比较了报纸与电视新闻之叙事结构异同,强调两者"叙事形式"不一,如报纸"纯系描写叙事"而电视新闻结合声光影像,也兼具"描写叙事"及"模仿叙事"两种特质。其次,两者"风格互异",因为电视新闻大量倚赖声音与画面而属"混合叙事"。第三,电视新闻叙事强烈倚赖"主播"讲述故事因而扮演了"指标性角色",此点在报纸新闻中并不常见。第四,报纸与电视新闻之"讲述者"不同,如报纸记者多采第三者身份讲述事件的来龙去脉,而电视记者为了强调临场气氛,除了也采第三者身份外更常在"现场"改采第一人称。

林氏此篇论文刊出时间距离蔡琰、臧国仁(1999)首次分析"新闻叙事结构"已有十年以上,虽属初探性质但理论架构颇具创意且曾旁征博引,确属华文传播研究首次以电视新闻为分析对象之重要文献。[①]

同一时间另有郭岱轩(2011)的硕士论文,以其多年担任电视新闻记者之经验讨论电视新闻叙事结构,透过不同研究途径从24则新闻情节之戏剧性与电视视听元素着手,发现台湾电视新闻业已跳脱前述"倒金字塔/宝塔"结构而发展出了新的叙事结构,其特征是(郭岱轩,2011:90):

开头常以说故事方式、场景叙述,或是从案例、个人为出发点:我们细分为"开头框架",指的是新闻框架的开头常蕴含视听觉导向之逻辑,明显易见之冲突、异常或具冲击性画面,经常置于新闻开头,或是以自然音、访问人物声刺[②]开场以建立新闻环境与情境。

其二,电视新闻的"结束框架"大致上可分为结论、口头反应,以及记者"提问"方式作为结尾。电视新闻人物呈现方面,记者常采用大量的声刺或是记者与新闻人物两者间的对话凸显人物性格、赋予人物意义,并描写人物的动作行为来间接描述其心理状态、情绪与态度。

---

① 此文经改写后收入林东泰(2015,第七章《电视新闻叙事结构分析》)。

② "声刺"一词译自英文 soundbites,指电视新闻出现的直接引述句,系新闻工作者访问消息来源后所收录的影像与声音,参见金溥聪(1996)。

郭岱轩(2011:32)强调,电视新闻叙事结构包含"内在"与"外显"戏剧元素,前者如角色(新闻记者、受访者)、情节(结构、冲突、危机、异常等)、场景(时空)。外显戏剧性元素则有视觉与听觉元素结构,视觉部分犹有摄影(分镜、镜头种类)及剪辑(后制效果、节奏),听觉部分则含音乐(新闻配乐)、旁白(抑扬顿挫、声调)、音效(自然音、人工音效)等。

就论述角度而言,郭岱轩(2011:92)提出之电视新闻叙事结构结合了故事与新闻内外戏剧性以及视听等元素,与林东泰提出之"大脉络"整体故事结构略有不同,尤因其考量了视听媒体之特色而有以下三处差异:

(1)电视新闻的故事结构为情节(主要事件、结果)、背景(情境、历史)、新闻结尾(结论、口头反应、提问);

(2)电视新闻论述包含开头框架、中间、结束框架;

(3)而在此论述框架中,内在戏剧性元素与外显视听元素结合,包含了戏剧叙事中的冲突、危机、人情趣味、叙事进展、悬疑;电视视觉影部之特写、分割、偷拍镜头、快动作、慢动作、模拟、定格;以及电视听觉声部之干扰性旁白、自然音、人工后制音、配乐等。

另有郑宇伶的硕士论文(2013)曾依前引 van Dijk(1988)与蔡琰、臧国仁(1999)发展之叙事结构,而以"个案分析"途径分析台湾各电视公司之新闻数位叙事基本结构,发现其共有特色是加上了数字化制作如"音效、影片的后制处理";"文字字幕、主播旁白呈现不同叙事者观点";"图表、数据的分析整理";"事件主角的访问"以及"现场模拟事件发生时间顺序"等(2013:75)。郑氏认为,"每一则(电视)新闻皆会先使用现场描述法来厘清事件后,才依各家公司制作手法选择不同之方法来搭配呈现新闻"(2013:74),颇为有趣。

然而,确如前引林东泰(2011)所言,电视新闻文本之叙事结构相关讨论不若平面新闻为多。但国外文献亦曾指出[①],影音新闻报道仍有许多特点值得注意,特别是其播报时的结构问题。

而身为"这个时代的职业说故事人"(Mihelj、Bajt& Pankov,2009:57),电视新闻透过记者之直述与影像叙事造成了观众的认同与想象,因而叙事为电视新闻播报提供了某些"特殊形式",如"一贯性"多于报纸新闻,但与其他电影、电视剧、小说等叙事形式相较则少了"连续性"。尤其是,因受到"倒金字塔/宝塔"模式之限制,电视新闻播报硬性素材时少了虚构叙事常见的情节铺

---

① 见 http://reel-reporting.com/category/reel-writing/,访问时间:2015 年 8 月 25 日。相关研究还可参阅 http://blog.sina.com.cn/s/blog_5d2a63a10100gwoh.html,访问时间:2015 年 8 月 30 日。

排,也缺乏因果与结局之安排。

合并上述观之,电视新闻之叙事结构似兼有传统"倒金字塔/宝塔"以及"叙事"特殊结构。而在叙事结构中,电视新闻记者尤其需要选择并铺排序列性事件,先以场景介绍人物初始平衡状态,接着展示打破平衡的触媒或爆发故事张力、冲突、误解、矛盾、神秘或损失。次则探讨因果并关注事件的影响后果,后续还要分析解决方案、引出高潮、带出启示和净化,最后以新的状态及其影响结束。

由此来看,电视新闻叙事结构与传统"事件—行动—影响"叙事模式类似,只是变动其先后次序为"行动—事件—影响":"行动"旨在告诉观众现在发生的事情,"事件"说明了前面所说事情之背景与原因,而"影响"则提及后果或未来可能的结果。因而,电视新闻结构不同于传统报纸之处,包括:

(1)以有力的视像开场与结尾,以让影片自己展示事件内容,此乃电视新闻叙事结构的"黄金定律",关键就在第一个视像要能清晰地表露故事与议题的来龙去脉,最后还要总结故事并提示未来关注;

(2)与影像一起出现的记者播报、剪接、录音等音量大小及速度,均须保持平衡;

(3)故事讲到一半时要引介一个较大议题或提供主题故事的背景,无须回答问题但可提出值得讨论的相关议题,借此刺激观众想法;

(4)提供好的且不同的影像,让有变化的视觉(如地点、背景)能维持观众兴趣;

(5)及早决定结构形式,如盯住事件、时间直线发展,以让故事开头与结束为同一环状发展,或由小到大、由线到面发展故事。

至于 Mugabo(2015)提出的电视新闻结构,除仍含"倒金字塔/宝塔式"外,另有"叙事式""沙漏式"(hourglass)两者:"倒金字塔/宝塔"结构仍如前节所示之传统叙述方式而将"5 何"(5W)置放在第一段,次则纳入重要消息,接着是细节以及更小的细节;这种结构的优点在于能快速传递事件重点,但多数时候新闻故事结束时既没有结局也无悬宕。取代"倒金字塔/宝塔"的叙事结构,则以场景、轶事、对话来堆栈高潮,人物被彰显出来并对其行为"负责",故事有开始、中间、结尾与引述句(即前引郭岱轩所称之"声刺")的使用,以使新闻话语有"真实感"且人物言行具备动机。

Mugabo(2015)认为,电视新闻叙事结构与小说、戏剧相同之处在于,其皆具备"开场""发展""错综""高潮"与"结局"等情节铺陈。若手上有个突发新闻可供讲述好故事,电视记者可采取兼具以上两种优点之第三种"沙漏"模式,其

特色是:

前端部分仍为"倒金字塔/宝塔"结构以供快速讲述新闻重点,中间使用敏捷过渡语句并以其为小巧"中腰"(如"根据证人指称""警方表示")而将故事转折到第三部分,此处改以"倒金字塔/宝塔"叙事方式带出重点事实并得出结论。该作者认为,这种结构既能凸显快速报道事件的功能,亦能满足读者喜爱故事的天性。

小结本节:电视新闻除了保留报纸新闻讲求的真实感、重要性与深度外,透过现场连线报道而在"速度"与"眼见可信"等面向更具优势。但是运用叙事理论讨论电视新闻结构时并非仅有故事结构议题可供深究,实则有关论述及语言符号结构的研究文献迄今阙如。诸如电视连续影像论述元素如何与故事内容串联、相互影响以能产生不同新闻意义,或是各个叙事元素(含故事与论述两者)的多寡强弱产制之故事有无异同,甚或结构故事的影音元素摆放秩序之影响等研究议题,皆有待持续探讨。

若从叙事角度讨论电视新闻结构,显然仍应顾及叙事者、故事、听者三方。现有文献多已检讨了故事结构,有关"叙事者"或"听者"如何影响电视新闻结构,则属尚待开展之研究面向(例外见 Machill、Kohler & Waldhauser,2007)。又如,仅从故事角度论及电视新闻,则可谓忽略了电视新闻叙事不同于报纸新闻的关键所在,因为观众能从电视荧幕"看见"并"听见"叙事者(新闻主播、记者、当事人、受访人、受害人、证人、目击者等),而其分别或共同讲述事件究竟对电视新闻报道有何意义,亦有待探索。

至于荧幕出现的不同叙事者长相、穿着、语音、语调、语气皆有不同,观众观看同一件事件的角度、感知内容、叙述视角、言说目的亦鲜有一致,透过两者(叙事者与接收者)建构的新闻故事究竟对电视新闻叙事有何影响,迄今更少有触及。

另如电视灯光、场景、色彩、光影等美术元素,是否亦为新闻结构内涵?背景、镜头、景框、剪接、动画、效果等可能影响故事的元素是否仍是结构电视新闻叙事的因子?这些议题虽属影响新闻解读之互动视听符号,但也犹缺少相关研究而难以归纳解析。

至此,我们当可了解电视新闻叙事不仅具备如 van Dijk 所言之摘要、导言、五何、重点、评述等,也不仅是倒宝塔、叙事、环形、秒漏的整装与组织问题,而可能是牵一发而动全身的电视论述问题。

第六节　网络新闻文本之叙事结构

除前述报纸与电视媒材外,如今人们已惯于透过计算机或手机从网络接收或订阅新闻,这些网络新闻多采取如前节所述之传统(报纸)新闻媒体之倒宝塔文字写作结构,另常搭配一则或多则剪辑过的影音或动画叙事,加以提供与读者互动之功能以及与其他新闻或广告之互文连结,既有旧貌又有新意(陈玟铮,2006)。

然而,这种方式曾被陈雅惠(2013:2;2011:5)批评为"旧瓶装新酒"之"复制旧媒体新闻的现象",无法凸显网络新闻的产制特色:"只使用网络媒体的新瓶子,内容仍然复制传统新闻的旧酒;除了操作界面、版面呈现或部分功能不同外,均可谓之了无新意。"(陈雅惠,2013:4)

因而,陈雅惠(2013:15)期许未来犹能"开发网络媒体表意特性的新潜能……积极培养数位时代中说新闻故事的技艺"。在其构想中,未来的网络新闻叙事结构必须"以组织结构和发声位置之情节作为观察项目",以致不同媒介的说故事者皆可根据其所用载具之特色,而采取适当发声位置进而决定情节内容。举例来说,报纸新闻因仅能使用文字及静态影像,叙事情节就着重前因后果与影响等,电视新闻则系透过画面强调现场结果,借此凸显影像媒体之特性。

至于网络新闻叙事之结构,应格外注意其"超文本"(hypertext)特性可能带来之"新可能"或"新表意潜能"(陈雅惠,2013:摘要),即透过网际网络之"多线性""多节点""链结"与"网络"方式处理信息,既有文本内在连结(如加注功能),亦有文本与其他外部文本之串联(如连结故事原典或维基百科)。此举显然打破了传统线性文本的情节发展模式,而以并列关系、层进关系、时间关系或因果关系等其他选择来组合多种情节结构,如主轴与分枝状、树枝状、流程图、迷宫、轨道变换状、网络状及海星状等(陈雅惠,2013:17-18),不一而足。

可惜的是,陈雅惠(2011:168)的讨论迄今仅属"模拟评估"性质而犹未考量实际工作情境,也未能讨论一线新闻记者如何将其采访所得转换为网络新闻架构,更未加入读者阅读后的反馈以比较其与作者原稿间的关联性,以致其规划之网络新闻架构仅具"理论意涵"而犹未提供实例说明。①

与此相较,陈顺孝(2013)近作则提出了在辅仁大学实验媒体《生命力新

---

① 网络新闻实务工作近年来固已有其进展,但理论意涵犹待进一步研究与整理。

闻》的长期实践观察,力求改变传统媒体(如报纸、电视、广播等)受限于"载具决定文体"的劣势而尝试建构网络新闻的新叙事结构。依其所述,他曾先鼓励学生以"超链接"方式叙事,而后逐步增加"多媒体"叙事的比例,最后全面采用"多媒体"的网络互动叙事,借此了解网络新闻的说故事方式与传统媒介究竟有何差异。

根据陈顺孝(2013:1)之心得自述,经其长期观察后发现"网络(新闻)叙事结构与传统叙事结构并无太大差异",因为前节所引由 van Dijk 发展的"新闻结构基模"分类方式(如摘要与故事)仍适用于网络新闻书写。尤其是"摘要"层次(如标题与导言)更加重要,因为"网络信息爆炸,需要有精确简明的标题、导言帮助网友筛选信息"。而在故事层次,则"核心要素不变,只是排列组合方式略有调整,……仍然不出传统新闻语法结构的范畴"(2013:17)。

但整体而言,陈顺孝认为网络新闻的表现形式较前丰富许多,"多媒材""混搭""互动"等手法都是过去单一媒体载具无法达成的效果,以致"网络高度开放,既能兼用文字、图形、影像、动画、音讯、视讯等多种媒材叙事,也能进行各种媒材的混搭,更能开放网友互动"(2013:17)。

因而,若单从现有网络叙事类型研究结果来看,其所具"新闻"实质结构尚未超越前节以文字或影音报道新闻之说故事原则。只是目前网络新闻在叙事者、故事、使用者三方之互动研究较少,而其影音、文字新闻两者间的相互引用、指涉是否发挥结构特色,除合并了平面新闻和影音报道既有方式外,是否尚有未被观察到的独具特色的"网络新闻形式"等议题,均仍有待观察与探究。至于前章提及之"新闻游戏"是否亦具网络新闻形式,则是另可延伸讨论之处(见本书第八章)。

第七节　本章结语:新闻叙事结构研究之未来

最近几年,传播学界结合符号学和叙事学观点深入探究新闻再现真实问题,可以说根本颠覆(了)传统新闻学宣称的新闻就是新闻事件的"确实、公正、客观"报道、新闻就是反映社会真实的基调,完全推翻传统新闻学长久以来坚信的新闻就是社会真实再现的基本专业信仰。……新闻原本只是吾人习以为常的日常生活一部分,没想到它竟然被符号语言学、建构论、叙事理论搞得如此深奥难懂,实在令人难以想象。但是相信学界绝非只是在象牙塔里自唱高调,拿别人难懂的话语来糊弄学子而已……(林东泰,2008:1,13;底线出自本书)。

以上引文出自林东泰教授稍早所撰之学术研讨会论文,观其内容显然当时对"新闻叙事"典范之转移仍持怀疑口吻,"相信学界绝非只是在象牙塔里自唱高调,拿别人难懂的话语来糊弄学子而已"可谓道尽了许多曾经接受传统新闻理论训练的研究者与实务工作者,乍闻"新闻即说故事"时产生的不解与迷惑。

有趣的是,林教授近几年已将其研究焦点集中于"电视新闻叙事"的结构分析(见前节引文),也曾提出与前不同的研究面向,在"新闻叙事结构"研究中的贡献有目共睹,甚至出版专著(林东泰,2015)共襄盛举。

林教授显非特例,却也显示从传统新闻"客观义理"转向叙事典范确有其颠簸难行之处。因而若依上章"典范转移"在传播领域发生的时间观之,并以蔡琰、臧国仁(1999)首次提出报纸新闻结构分析起算,迄今稍逾四分之一世纪,而若以人类学家 Bird 和 Dardenne(1988)首篇讨论"新闻即说故事"专文起算,则迄今也将近三十年。

因而,本章稍前回顾"叙事(文本)结构"之理论(见第二节)时即已发现,近百年来各家好手分别从语言学、文学批评、哲学等领域齐聚一堂,讨论叙事文本如何再现故事情节,而这些故事又如何反映人生。研究者除从微观之语言与符号角度探析文本内容外,亦从这些文本内容推及其与社会文化间的关系以及其与人类神话、原型如何接合,继而成为人文社会思潮"结构主义"以及其后"后结构主义"的核心义理所在(参见本书第九章之回顾与反思)。

反观新闻结构研究发展迄今不过短短二三十年,学理不深而多以实务应用为主以致所获结论有限,如电视新闻结构或网络新闻结构甚至甫才起步,仅止于一些臆测与理论推演而难以建构任何具体发现。

但各种类型之新闻结构基模却又有其重要性,因为新闻始终是日常生活与一般社会大众最为息息相关的传播工具,研究者愈能理解其来龙去脉,则愈有助于未来之实务工作者发展具有人生意义之纪实叙事。因而若从本章所述观之,新闻叙事结构研究虽然起步不久,未来发展仍具潜力。

另一方面,这个研究主题却又因科技发展而变化极大。举例来说,传统"倒金字塔/宝塔"是否仍为今日网际网络主要新闻叙事结构令人质疑。尤以不同新媒材次第出现,如社群媒体是否仍有其固定叙事结构诚属未定。而未来阅听众皆可以"自媒体"(i/we media)随时制作自认为有价值之新闻内容(无论文字、影音还是图像),其叙事特色为何亦有待检视(参见王鹤、臧国仁,2014)。

总之,有关新闻叙事结构之研究方兴未艾,但与传统叙事结构之讨论相较仍属初阶,未来发展可期,理应持续向叙事理论"借火",并以不同媒介之新闻元素为例开拓新的研究方向,如此方能形成多元、多样、多向的特色。

第五章　访问与新闻访问之叙事访谈结构与特色

第一节　概论:新闻访问叙事研究之必要性

"问问题"的重要性(过去)鲜少受到新闻工作人员重视,很少有记者认为提问是件(个)值得学习的课题;即(便)新闻教育者也都不常在课堂(上)教授"问问题"的理念与技巧。影响所及,传统新闻采访与写作书籍多半"重写不重采""重采不重问",忽略了"问问题"对新闻报道的重要性。然而,"问问题"真的不需任何知识与训练吗?(臧国仁、锺蔚文,2007/1994:1;添加语句出自本书)。

文献检索显示,对话分析对新闻研究仅具有限影响,……(虽然)对话研究代表了有关互动研究最为成熟的面向,而新闻学又是如此与公共互动紧密相关(Ekström,2007:971;添加语句出自本书)。

延续上章所述,新闻学领域在过去三十余年间已经广泛借鉴叙事学而开启了崭新的研究方向,针对各种不同媒介之新闻文本循序探索类似"新闻话语的结构特性与原型"和"新闻故事与真实事件之关联"等子题,因而深化了有关"新闻叙事结构"的研究内涵。但囿于新科技以旧换新速度过快,各类新兴载具(如智能型手机)之故事述说模式不断推陈布新,新闻叙事结构的研究者因而持续面临挑战。如何因应并探究这些散布于不同媒介"新闻故事文本"与"真实事件"间之论述关联性,势必会成为未来犹待积极开拓并理解的研究方向。

与此相较,新闻访问相关文献迟滞不前,不但引进时间甚短,所受重视程度亦远远不够。若以首篇华人相关研究论文(见臧国仁、锺蔚文,2007/1994)起算,则新闻访问之学术讨论迄今不过二十年。若另以新闻访问专著(臧国仁、蔡琰,2007a;江静之,2009a)或曾在学术期刊出版之专论(如江静之,2009b,2012,2011,2010;林金池、臧国仁,2010;臧国仁、蔡琰,2012)为例,则此子领域之学术生命不及十年。何以至此? 难道这是华人传播研究社区独有现象?

非也。如臧国仁、蔡琰(2007b)所述,由 Gubrium 和 Holstein(2002)编著之厚达千页巨著曾经针对"访问"(interviewing)单一主题共计提出四十四个章节,就"访问形式"(如调查访问、质性访问、焦点访问)、"受访对象"(如菁英对象、病人、老人)、"访问情境"(如医患关系、新闻访问、教育访问、面试)、"访问技巧及策略"(如面对面访谈与电话访问、网络访问、民俗志访问、口述历史访问)以及"反思"等议题分章剖析。

唯该书之"新闻访问"专章(Altheide,2002)犹未纳入与专业采访密切相关之"对话分析"(conversation analysis)相关文献,亦未触及新闻访问涉及的"机构性互动"(institutional interaction)要素(见 Heritage,1997;Heritage & Greatbatch,1993),而是仅仅比较了报纸与电视新闻访问之过程与步骤(见该书第 415 页表 20.1),因此失去了与访问研究学术社区(见下节)对话的契机。

此一缺憾并不令人感到意外。有关"新闻访问"(news interviews)之英文专著至今不过区区数本(如 Jucker,1986;Cohen,1987;Bell & van Leeuwen,1994;Clayman & Heritage,2002;Ekström、Kroon & Nylund,2006),且撰者皆非出自美国大学新闻科系而属英、荷、澳、瑞典等国社会或传播学者,显示执新闻学术研究牛耳多年之美国学者(如上引 Altheide)迄今犹未重视亦未关注"访问"实务工作可能蕴含之深厚学理。

此一偏执着实可惜,因为"新闻访问"当属促进新闻实务"客观义理"之重要途径,亦即任何有价值之新闻报道须经采访"消息来源"并以直接引述(如上章提及之"声刺"方式)获取证言,方得避免被讥为"自说自话"或做"转贴工"。如 Clayman 和 Heritage(2002:1;添加语句出自本书)即曾引述其他文献称,"新闻记者并非直接目击事件(发生)或咨询(相关)文件,而是透过访谈消息来源以取得信息",显然新闻访问当系记者采访工作的核心,其重要性不言而喻。

因而,新闻工作者专业素养的高低,在于能否面对重要受访者"问出"关键讯息并将其转换为报道内容(见高惠宇,1995)。如美国新闻学者 Sigal(1986:12;添加语句出自本书)即曾强调:"根据(社会学者)Gans,新闻主要就是与人有关,他们说了以及做了什么。……'谁'是新闻,可说是新闻常规。"

　　然而，若与上章所谈新闻叙事之文本结构相较，"访问"所涉专业技能明显更复杂且难累积（Cohen，1987），需要持续练习且对理论有所体认，方能提升自我并渐趋熟练，几乎可以说是一段"由问题找答案再由答案自省找新问题"的过程（臧国仁、锺蔚文，2007/1994：1），历经许多时间逐步成长后才能成为专家型实务工作者。① 诚如江静之（2009b：121；添加语句出自本书）所言："……访问是高度依赖情境的沟通艺术，访问者（如新闻工作者）需依情境决定访问策略，并得随时保持弹性与灵活。情境与谈话（包括访问）之间实具相互影响、密不可分的关系。"

　　而访问情境之面向众多，从问答双方发言轮番次序所建构的"微观"情境到两者各自认知所及的社会环境等"巨观"情境皆属之（见下节），两者皆常影响访问顺畅与否，以致非臻熟练无以认知、体会，此即其特色与难处之所在。

　　但相关新闻采写教科书迄今犹多忽略访问涉及之学理内涵，而仅视其为经验之磨练，如谈及新闻访问时就常建议学习者"持续找事情发问"（臧国仁、蔡琰，2012：4）或"多问即可熟练"，却少提及发问过程背后可能存在之心理、社会、文化与语用学意涵（见臧国仁、蔡琰，2007b）。

　　举例来说，上章提及之新闻学领域"葵花宝典"（王洪钧，1955/1986：112；底线出自本书）即曾如此描述："记者在访问时应该是个<u>饿狼</u>，<u>永远贪求无餍</u>，他绝不可在得到全部答案前停止发问，亦不因为已得到预想的答复为满足。他要在不使对方失去忍耐的限度内，<u>竭力争取更多一点的材料</u>。"然而，该书并未讲清何谓"饿狼"、为何记者应该"永远贪求无餍"、如何"竭力争取"等议题，亦未提及任何访问文献，仅点到为止而未能深化新闻访问所涉之困境与解决之道。

　　与此书相比，较新之方怡文、周庆祥（1999：63，底线出自本书）则曾提及："对于敏感的新闻，记者常不容易得到受访者正面的答复，所以必须运用<u>一些技巧</u>，才能套到一些新闻，而'<u>旁敲侧击</u>'与'<u>激将法</u>'常是最有效的方法……"有趣的是，"必须运用一些技巧"所指为何、哪些技巧可能成功哪些则否、如何

---

　　① 维基百科"台湾新闻媒体乱象"栏目曾经如此描述：采访问题不适当，问题未经深思或伤害受访者：记者常以缺乏新闻专业、毫无实质意义、把当事人当笨蛋、简化答复内容甚至严重伤害当事人之廉价问题或废话询问受访者，如"请问你现在有什么感想？""你现在心情如何？""高不高兴/难不难过？""你知道爸爸（妈妈）已经死掉了吗？""你会不会后悔杀了人？""女儿自杀了你会不会难过？"，问性侵犯者"为什么看到女学生要摸胸部？"等问题，尤以电子媒体记者最为严重，就连火灾、空难或车祸等意外现场，此类伤口上洒盐、毫无建设性之问题亦层出不穷。还有，吴念真因十几年前曾代言清香油广告而遭 2014 年台湾馊水油事件波及，被记者以"要不要道歉"的采访方式不断追问，使吴念真反过来问这位记者："你爸爸、妈妈把你教成这种态度的人，你爸爸、妈妈要不要负责？"

激将等重要议题亦皆付之阙如,以致读来难以理解。

但访问(尤其是新闻访问)毕竟不仅是访问者(如新闻记者)之个人采访技巧优劣而已,其成功与否犹赖另一方(受访者或消息来源)配合,一旦问者咄咄逼人、急于套出真相,反倒易于引起受访对象不耐烦、反感而致拒访。

因而,本章认为新闻访问并非仅是"新闻记者从与某一事件有关系的人口中(探取)所要知道的事(实)"之过程(于衡,1970:82;添加语句出自本书),常常也是访问者(记者)邀请受访者交换并讲述其生命故事之历程,双方共同建构谈话互动进而探索彼此的人生智慧,实际上具有人文关怀的重要内涵(见下说明)。

此种访问方式尤其适合富含"人情趣味"或"传记性质"之新闻采访,因为其多在探询有趣故事以能激发读者好奇与同情心。而一般大众也当乐于借此知晓他人的生命故事,乃因分享生命故事本就是新闻媒体除报道社会真相、维护公益外的另一重要功能(臧国仁,蔡琰,2012)。

同理,新闻访问之提问与回答等话语讲述并非一般日常对话,亦非信息之索取与回应而已,它更是问者(记者)与答者(受访者)各自根据其个人生命记忆而提出之自传式叙述(narrative self;见 Fivush & Haden,2003:viii)与交换。换言之,记者诚然无须扮演前引"饿狼"角色,也可以平等身份与受访者共享生命历程之高潮、低谷,双方也不尽然以"一问一答"方式进行访问,而是可以随时插话、补充、回应,经由"一来一往"共建双方都能尽兴而返的对话情境。

下节将依序讨论相关主题与文献,包括"'访问'及'新闻访问'之相关研究""新闻访问研究与叙事概念之连结:人文取向之考量"两者。本书认为,访问并非 Cohen 和 Mannion(1980;引自 Dillon,1990)所称的"技术性工作",而实有深厚的跨越人文与社会领域之学术本质,理应引入相关理论(见下两节),除视新闻访问为大众媒介挖掘真相、监督施政之重要信息探索途径外,新闻访问亦是访问者与受访者各自述说自身生命经验之历程。

第二节　"访问"及"新闻访问"之相关研究

一、对话研究学者 E. A. Schegloff 之贡献

如上节所示,"访问"研究多年来一向以社会学者关注较多,尤以专研"对

话分析"者①为最(此言出自 Fivush & Haden,2003:viii),最早系由美国社会学家 E. Goffman 之弟子 H. Sacks、E. Schegloff 与 G. Jefferson(1974)针对"洛杉矶自杀科学研究中心"电话防制自杀专线对话记录展开初步探索(Sacks,1984;Schegloff,1987,1968),此三人因而常被视为对话分析的"共同创始者"(co-originators;见 Heritage,2003:1)②,又以 Schegloff 学术作品产量最为丰硕而备受推崇。

其后,相关研究者为了促进分析研究资料之便利而大量使用录音机纪录,进而发展出了一套特殊设计之研究步骤与符号,随之成为共通语言与研究方法。简单地说,他们强调任何对话(或会话、对谈、晤谈等)③均有其隐性"社会结构"(talk and social structure,见 Schegloff,1992:103),包括"开场与结尾"(如新闻访问多由记者起始并结束发问)、"顺序"(指问答间有一定讲话顺序而不得随意插话)、"换番"④"番的转移点"(transition relevance point,指有助于"换番"的语气助词如耶、啊、嗯)等。

如 Schegloff(1968)在由其开启的首篇对话分析论文里,即曾详细解析"abab 分配原则"(distribution rules),包括"(电话)答者先说""a 说话时 b 不能说,反之亦然""对话一旦开始,说者即须说明自己是谁""先说者决定话题""接续谈话须符合彼此所述'条件相关'"等重要议题。

该篇论文发表时(约是 20 世纪 60 年代末期),家用电话仍是一般家庭与他人互动之主要工具,因而其系以电话对谈内容为分析对象,是故才有上述"abab分配原则"所称电话铃声响后之接听"答者先说"论点;如今的手机来电常可预示来者,因而答者未必接听后立即答话,此一惯例是否仍然有效实则未必。

但 Schegloff 开宗明义所指之"abab 分配原则"(如"a 说话时 b 不能说,反之亦然")对日常对话及访问研究均有启示作用,因为其重点系在"先说者"(如 a)有"权"决定其后发言主题,而先说者未曾停顿则后说者不能擅自插入,否则就属违反 abab 分配原则,而造成了"插话(插嘴)""重叠"等人际对话之不礼貌行为。一旦这种"同时发言"(simultaneous talk)情况发生,Schegloff(1968)认

---

① 对话分析(conversation analysis)在臧国仁、蔡琰(2007b)译为"会话分析",此处从江静之(2010)之译名。

② 根据维基百科,H. Sacks 是研究日常用语的先驱,40 岁时在一场车祸里丧生,传世之作不多,但仍被广泛视为对话分析的创建者,对语言学、言说(论述)分析与论述心理学影响重大。如 Ekström(2007)就曾认为,日常对话之研究传统主要出自 Sacks 从 1964 年至 1972 年的学术演讲。

③ Interviewing 或 conversation 在汉语中有不同译名,但在此一研究领域之意涵接近,均在指称透过语言完成之人际互动,故本章换用对谈、晤谈、交谈、访问等词汇,其意接近。

④ "换番"(turn taking)指说话者与接话者间的轮番谈话,一人讲话结束另一人方能接续。

为应由插话者自行停止以示尊重,或由原发言者退让以让插话者完成其发言。总之,两人同时开启话语时总需透过某种"协调"方能避免彼此争夺"话语权",进而顺利完成对话互动。

但"后说者"(如上例之 b)如何知道发言业已结束且"轮到"(此即上述之"换番")自己发言,或访问者如何知道受访者业已答复完毕而可继续下一个提问,对此,Schegloff(1968)提出上述"番的转移点"概念(简称 TRP),认为每次轮番发言之结尾都会提升语调以示段落结束,有时亦可"静默"以待接续。

先说者表述完毕时,肢体动作、面部表情、话语内容都会出现某种"暗示",以让后说者接着往下发言,而两人以上的发言情境则常出现"主持人"角色,以负责上述"分配原则",如教室发言就常由"任课教师"担任"主持人",指定有意回应的同学。而在其他专业发言场合(如记者会或正式典礼等),则常安排"司仪"分配"话权",借此确定在场者皆有讲话之"正当性"(legitimacy;Ekström,2007:969)且能依序发言而不致产生紊乱,甚至造成"众口铄金"。

有趣的是,此种"主持人"分配话权的情形在日常对话情境下却极少发生,即便多人轮番发言也鲜少出现固定主持人,彼此颇有默契地你来我往而无芥蒂。Schegloff(1968)指出,即便一般对话仍有其语言"秩序"与"结构",双方(或多方)透过一问一答的讲话次序建立了难以"眼见为凭"的言谈过程,人际互动于焉达成。一旦违反了这个一问一答之秩序或结构,双方(或多方)轻则彼此相互嫌隙,重则引起冲突,不可不慎。

此外,Schegloff 也曾介绍前述对话之"开场与结尾"(另见 Schegloff & Sacks,1973),其常常会影响对话秩序与顺序(另见 Clayman,1991)。事实上,此两者多彼此呼应,如见面时称呼"老师好",而结束谈话大多仍以"老师再见"告退,而非"先生再见"或"老板再见"。由此可见,"开场与结尾"不但具备语言功能,实也有"做人"效果,代表了谈话双方的人际(interpersonal)互动礼仪。

而自 Schegloff(1968)以降,众多社会学家、语言(语用)学家、人类学家持续探索"对话"在社会人际互动过程中扮演的角色,关注点也逐渐超越了最初的结构功能而引入更多"语用"(pragmatics)知识,有论者谓其"(第)二次(世界)大战以来在美国发展之唯一社会科学研究方法"(Heritage,2003:1),其重要性可见一斑。

二、新闻访问研究者 J. Heritage 的贡献

新闻产自互动;在新闻采访活动中记者与不同受访者谈话,也在(广播电视)新闻节目里从事各类事先安排的互动,以及时事与谈话、广播扣应秀(call-in show)等。……新闻部分是因谈话而生(Ekström,2007:964;添加语句出自本书)。

如上所述,美国社会学家 Schegloff 常被视为"对话分析"领域的奠基者,然而"对话分析"与"访问"或"新闻访问"间之关联性要待后续研究聚焦与连结方才广受重视,其中以美国加利福尼亚州立大学英裔美籍社会学者 J. Heritage 之系列研究最为关键,可视其为引"对话分析"入新闻访问的先驱。而在 Prevignano 和 Thibault(2003)回顾 Schegloff 学术成就的专著中,首篇短文就由 Heritage 撰述(2003),两人学术表现光辉互映、相得益彰。

实际上,Heritage 早在 1993 年即曾与英国同僚 D. Greatbatch 尝试建构"新闻访问"的"机构"特质,讨论对话研究如何得与访问研究接轨。两位作者首先阐释对话分析研究之发展传统,认为其所涉之"日常生活"内涵已渐被转引讨论某些专业机构之"谈话互动"(talk-in-interaction)行为,进而探析这些"机构秩序"(institutional order)如何影响了对话方式与内容(Paul ten Have,2001:4)。

如教室里"师生"间的对话(McHoul,1978;Mehan,1979)、飞机驾驶舱内"正副驾驶员"间的对话(Nevile,2004)、医院里"医生与病人"间的对话(Silverman,1987;West,1984)以及法庭上"原告与被告"间的诘问与答辩(Atkinson & Drew,1979)等,均有其专属"机构秩序"而与日常对话不同(参见 Boden & Zimmerman,1991;Drew & Heritage,1992);新闻访问亦不例外(Clayman & Heritage,2002)。

Heritage 和 Greatbatch(1993)认为,不同"机构"之"对话"情境有其特殊意涵。举例来说,新闻记者面对"受访者"是否仍如日常生活般地自然"换番",而"受访者"答话时记者是否能随时"插话",且一旦如此又当如何维持新闻常规之"中立性"等,均属值得深究的新闻机构特性议题。

例如,20 世纪 80 年代美国著名的 CBS 主播 Dan Rather,曾经火爆地访问当时的美国总统共和党候选人乔治·H. 布什(George H. Bush)就是著名案例。简单地说,该次访问出现在晚间新闻热门时段,以现场直播方式播出,9 分钟里 Rather 不断"推撞、挑战、指责"受访者,而一向被视为"懦弱"的总统候选人则持续反击并坚持立场,两人相互插嘴并与对方讲话重叠,毫不掩饰对彼此之轻视与敌意(以上引自 Kaid,2008)。

Schegloff(1992:118)分析上述 Bush-Rather 案例时就曾质疑,该节"对话"如何得称"访问"或"新闻访问"、两者差异为何、为何先是"访问"后却演变为"对抗",以及如何得从此例显示具有机构性质的"工作谈话"(talk at work;引自 Schegloff,1992:127)与日常对话之不同。

Heritage 和 Greatbatch(1993)则试图解开上述疑问,两人深入讨论了新闻访问的"机构特性",并以英国电视新闻访问录音带作为分析资料来源。他们发现,此类新闻机构之访问特色即在"访问者(即记者)只问不答而受访者只答不问"(1993:130;添加语句出自本书),而受访者所答也未如日常生活中之对谈会有人立即"接话",实则受访者在发言完毕后常常紧接着就得面对另一个记者发问,可谓情势紧迫。

次者,电视新闻因为要考量收视率而常须取悦那些"看不见的阅听众"(overhearing audience,指电视机前的观众)[①],无论记者还是受访者,都谨守成规、保持话语中立性,以显示其乃"社会公器"。两者虽然偶尔也会逾越而出现如上述 Rather-Bush 之相互攻讦,但一般来说无论访问者还是受访者均会恪守其职,遵守一问一答的换番过程而鲜少例外,借此凸显其公开、公正立场(1993:96;另见 Heritage,1985)。

Heritage 和 Greatbatch(1993)强调,新闻访问之困难乃在于参与者持续面对多变"情境"(contexts),任何"番"的更迭(即"换番")对访问者与受访者而言都是新的对话"情境",接话者必须立即依其延续话题,否则就会文不对题、无以为继因而成为对话"限制"(constraints);此即"访谈"的"局部"(local)层面挑战,与前章有关新闻叙事论述结构所谈一致。

另一方面,如上述电视新闻访问务求保持"中立性",是因为新闻机构属于"正式社会组织",任何对话均有其"隐藏的社会结构"(tacit social structure)而受社会规范所限,不像一般日常谈话的轻松与随意;此乃新闻访问的"整体"(global)层面挑战。

总的来说,上述两位作者透过实例确认了新闻访问的"类型特色"(1993:95),包括:第一,其换番过程既与一般日常谈话迥异,也与任何其他机构性对话不同;第二,此换番过程之特殊性建立在参与者"新闻访问者"与"新闻受访者"之特殊身份的基础上;第三,其核心任务即在指定时间内完成访问流程,也必须为了应付收视率而维持访问中立等广电新闻实务限制;第四,一旦参与者偏离换番过程(如访问者提出敌意问题或受访者辩护自身立场,以致彼此不断插话),仍可透过一些辅助程序处理访问任务以使其返回"原状"(1993:97、131),

---

① 除电视新闻记者经常考察"看不见的阅听众"外,其他媒介之新闻记者访问时当然也会考察"看不见的阅听众",此点毋庸置疑。

如改采"与第三者相关的命题"，指出"外界认为……""一般人常说……"（另见Clayman，1988，1992），而不直接具名攻击受访者。

在另一篇论文里，Heritage（1997）进一步阐释了新闻访谈的机构性特质，尤其述明"（社会）互动的机构秩序"[institutional order of（social）interaction]与"（社会）互动内的机构秩序"[institutional order in（social）interaction]之异同。

根据Heritage，此两者均源自美国社会学家E. Goffman，前者指"某些机构性谈话所反映的秩序"（简称"机构性秩序"），后者则是"某些机构内谈话所隐含之特殊秩序"（简称"机构内秩序"）；两者稍有不同，但俱属谈话互动的重要内涵（1997：161—164）。

Heritage随后延续Goffman所言认为，"谈话互动"与其他任何正式社会组织（如家庭、大学、宗教机构）一样复杂，且包含了与政治、经济、教育、法律等正式社会机制类似的机构秩序与行为。换言之，此类互动之重要性不容小觑，因为其与其他社会机构一样有组织、有规则、有结构、有层级，且常因讲话者特殊身份而转移话权（如受访者为总统，则其可能掌握较多的讲话时间）；此即上述"（社会）互动的机构秩序"之意。

至于社会互动之"机构内秩序"，系指在不同机构（如教室、医院、法庭、新闻访问所）内之谈话"规则"，尤其关注谈话之"前序活动"（如pre-questioning或pre-meeting talks）如何影响后续活动或后续活动如何接续前序谈话，也关注互动之"蛛丝马迹"如何影响对谈，即便对话间的最小细节（如受访者如何顾左右而言他），也会对互动是否顺畅有所影响（Ekström，2007：966）。

其后，Heritage将对话分析的核心聚焦在以下三者，"谈话（内容）乃由情境设定""谈话者创造了接续谈话的社会情境""谈话者透过彼此对顺序的共识创造了相互主观的结构"，而这三点都是对话分析的主要内涵，可再简化为"对谈话行动的分析""情境管理""相互主观性"等三者。

接下来Heritage阐述了"机构性秩序"的意涵，认为可透过下列三个特质来了解对话的互动轨迹，包括"机构性互动常有特殊目标导向的参与者身份"（如新闻访问者的工作就在于完成访谈任务，而受访者则在于提供信息以使其达成所赋任务）、"机构性互动包含一些对互动有影响之特殊（情境）限制"（如电视新闻访问所在摄影棚与一般记者之户外即兴访问，即有不同物理情境限制）、"这些机构性谈话与机构之特殊情境间有可供推论的关联性"（如一旦摄影机开镜，则新闻访问者与受访者就转为趋于正式访谈，而不能相互聊天）。

Heritage也整理了机构性访谈互动的六个重要本质，包括"番"与换番的组织、互动的整体结构组织、(谈话)顺序的组织、番的设计、语言选择、不对称的(互动)认识论(如访谈者与应答者间的知识不对称)等,从而建立并确认了"新闻访谈"的机构性本质与特色。

由此可知,Heritage 所论之旨乃在定义新闻访谈"机构性"之基本结构与特性,进而检讨新闻访问的"规则"问题。换言之,在 Heritage 的系列研究中,一般日常对话固有其情境脉络可循,从初始的话语结构、谈话顺序的次第发展、话匣子之起始与结束,的确如前述 Schegloff 早期研究所示那样并非随意可为的行为,而是谨言慎行、步步为营且受制于不同情境的过程;新闻访问尤其如此。

综上所言,Heritage 在 20 世纪 90 年代中期延续了前述由 Schegloff 奠定的对话分析传统,并在此基础上进一步探析新闻访问(尤其是电视新闻访问之政治类型访谈)的内涵与结构,借此述明其独特之处也从而建立了访问研究之学术地位与价值,居功甚伟。

三、受访者之新闻访问角色与任务

如上节所示,访问研究大致源于 20 世纪中后期社会学家对"日常对话"的兴趣,多关注对话者如何透过一问一答之方式和换番过程以达成人际互动,尤其关注如何开启问题、彼此如何接话从而展开对谈、如何维持和谐以能完成访谈,以及访谈过程中彼此如何互通声息以能交换讲话顺序等相关议题。其后,相关研究者逐渐从一般"日常对话"延伸讨论了其与"访谈"间之关联性,进而注意到不同专业机构之访谈均有其类型特色,随之提出"机构性"概念并且钻研"新闻访问"之机构性特色与限制,因而确认了此一领域的学术传统,研究所得业已成为实务工作者可资参考与学习之思考路径及内涵。

另如英国研究者 Clayman(2001:10643)所述,电视新闻访问之提问者不但需要如上节所示保持中立角色,并避免在对话过程中以"您讲得对""是""好"等"语尾助词"(continuers)呼应受访者,更当挑战对方论点并表达不同意见,以符合客观义理要求。这种既中立又对立的两难,足以凸显前述新闻访问之不易与复杂程度,对新手工作者来说并非一蹴而就,而是需要较多时间的演练方可上手。

但从上节所述亦可知,传统新闻访问研究者(如上引 Heritage、Greatbatch 和 Clayman 等人),多从 Goffman(1972)早期提出之"微观社会学"(microsociology)角度讨论"互动秩序",假设参与对话过程者的"合作"本质,兼而强调彼此间需要相互"以礼相待",却仅关注"访问者"(如新闻记者)如何维持(或控制)访问流程的顺畅,以便完成所承担的对谈任务,而甚少触及(甚至经常忽略)受访者亦有其特定对话角色与任务,且此角色与任务可能同访问者大异其趣。

20世纪90年代末期开始,英国社会心理学者Bull(2008,2000,1998)改以Bavelas、Black、Chovil和Mullett(1990)发展之"模糊传播"(equivocal communication)理论为基础,另辟蹊径地认为新闻访问不仅是社会互动,而且涉及语言交换行为,除具有促进人际沟通的本质外实际上也常常具有模糊与冲突特色。尤其是,传统访谈研究如前所述多从"访问者"角度,假设新闻记者的任务就是在指定时间内完成访谈,实则受访者却因不同考量而常常采用"回避""隐晦"以及"模棱两可"之语言策略,尤以政客(Bull,2008;Beattie,1982)与名人(Bull,1997)最擅此道。

简单地说,"模糊传播理论"(Bavelas et al.,1990)认为,语言互动本就充满难以捉摸的特性,对话者为了避免冲突而常常婉转表意以免直言贾祸。另一方面,日常谈话之"意在言外""拐弯抹角""指桑骂槐""含沙射影"讲话方式均属常见,而"言者无心、听者有意"以致讲话双方心生怨怼之情形更是普遍。换言之,早期语言学研究者如Grice(1975)提出之"语用合作原则"以及Brown和Levinson(1978)与Leech(1983)提出之"礼貌原则"(politeness principle)在日常生活中实难达成,多数时候人际语言互动反而充满了"虚实并用""顾左右而言他""言不及义"的对话形态,访问或新闻访问过程特为尤甚。

Bull(1998)随即从此点出发,除广泛回顾前述相关新闻访问文献外,还酌引其他路径之研究,改而强调"模糊"并非因"人"而起,实系"个人面临之传播情境"使然。如在政治新闻访问中,政治人物或候选人为了防范其回答引发争议而常常采取闪避策略,可谓"逢人且说三分话,未可全抛一片心"。另一个影响模糊回答之因则在于电视新闻访谈多有时限,较难在短时间内将复杂政策简化说明,只好选择"以退为进"的语言策略,宁可含糊带过重大争议议题。

至于第三个原因,Bull则颇费篇幅地检讨"面子威胁"(face threatening)可能造成的影响。此处他另引Goffman(1955/1967)提出的"面子工作"(facework)概念以及Brown和Levinson(1987)的"礼貌原则"相关专著,认为政治人物接受电视新闻访谈时可能涉及三种"面子"需要维护,包括"自己的面子""同党重要人物的面子""所属政党的面子"。

Bull(1998)进而强调,"面子"不但是新闻访问的核心议题(1998:42),也是政治人物习以"回避"或"含糊以对"的主要原因所在。为了避免上了电视新闻访问节目讲话过度直白而被选民们"看破手脚"或知悉内心所想,受访者常常会"绕着圈子讲话"而不直接表态,即便访问者一再"追问"(follow-ups)也都枉然。

上述受访者每逢新闻访问就采取回避、模糊或模棱两可的语言策略,实非仅在英、美等国可见,如政治大学翁维薇稍早之硕士论文(2000)即曾依上述Bavelas 等人(1990)与 Bull(1998)所论,改以台湾某杂志记者访问商界人士为例,探索新闻访问过程之记者"追问"行为,可定义为"当问答接续受到挑战或阻碍时,提问者依情境相关因素(如对话目的、问答一致性、连贯性等)修正或修补并重新提问"(Nofsinger,1991;引自翁维薇,2000)。

翁维薇发现,在短短两个小时的访问过程中居然出现多达 20 余次的"模糊"与"回避"语句,以致随即引发记者一再追问,其密集程度足以凸显即便一般非专业之受访者,亦常采用"说了半天等于没说"之语言策略回应记者提问。

因而,固如前述,新闻记者之机构性访谈特性系以"只问不答"为主,但当"问"不出名堂而得持续"追问"进逼时,其成果恐也不尽如人意,因为"实问虚答"本就是受访者的防御策略,适时地做出简略却不完整或以完整但错综复杂形式"呼拢"受访者,可谓既属自然反应亦为天性使然(参阅 Harris,1991)。

另如刘伶伶(2012)之硕士论文曾以马英九接受 CNN 专访为例[1],尝试归纳官方消息来源面对记者提问时之"模糊语言"运用方式。在分析个案中,刘伶伶发现马英九确曾频繁使用模糊语言,总计 48 项答句中仅有 7 项答句为直接回应,以模糊语言回应之答句高达 41 项。而在该研究所得之 41 项模糊语言回应中,"提出(自己的)政策重点"最常使用(总计 28 次;添加语句出自本书),高出次常使用的"不完整的回应",最常采用之细项则为"提出新的论点"(8 次)、"自我肯定"(7 次)、"未来做法及期待"(6 次)、"自行提出政策分析"及"表达自己的立场或看法"(各 2 次),"证明政策的正当性"及"自我辩护"则各1 次。

由此观之,记者固可提问,但受访者如马英九回答时则常"离题"(tangential;Bavelas et al. ,1990),而自说自话或提出自己论点、表达自己立场、进行自我辩护等,此皆常态。[2]

---

[1]　Clayman 和 Heritage(2002)曾经追溯美国电视访问记者采访总统时,如何透过建构问题而发展了不同互动关系,两人归纳发现,大约自 20 世纪 70 年代开始,这些记者的"攻击性"(aggresiveness)就逐渐提升,与此处所引之刘伶伶研究取向不同。

[2]　举例来说,CNN 记者问:"……为何您目前的民意支持度低迷?……"马英九答:"我们的经济正在复苏,……因此我确信,……经济好转后,情况会有所改善",完全未回答"民意支持度低迷"。详见刘伶伶(2012:70—71)。

刘伶伶认为,官方受访者采用"模糊语言"回应主要是基于其具有"看似言之有物""转移焦点""离开情境""不冷场"及"较不容易出错"等优点,而其负面效应则常引发访问者的持续"追问"。但又因问答剧本早已设定且如电视新闻访问设定之访问时间有限等有利因素,受访者之模糊语言并无碍于专访之进行。

此外,林金池(2009)之硕士论文采用英国语用学者 Culpeper(2011,1996;Culpeper、Bousfield & Wichmann, 2003)与其弟子 Bousfield(2008;Bousfield & Locher,2008)共同发展之"不礼貌"(impoliteness)概念为理论基础,依新闻记者与消息来源之互动程度高低推演出了两者"合作/不合作"原则(cooperation/ non-cooperation verbal interaction)。

根据个案分析与深度访谈资料所示,林金池发现记者与消息来源之人际往来过程中,常常采用多种不同语言技巧,如婉言相劝、闪躲、打哈哈、口头威吓、直接修正等,均可归入此"合作/非合作"互动策略范畴。整体而言,"合作语言策略"最常出现,"非合作语言策略"只是施压手段,但在新闻访问中此两者系如"胡萝卜与棍子"般地交叉策略运用,且记者与消息来源皆会使用。

但一般而言,无论记者还是消息来源的语言互动策略,"礼貌与面子"均是最优先考虑选项,因为"礼貌"可视为言谈间必须遵守的具体准则,"面子"则类似"尊严"般地属于人际互动过程中的无形界线。一旦说话者主观地认定"礼貌与面子"无法得到对方认同,此时就会采取"不礼貌与威胁面子"策略,而以威胁、修正、不理睬、斥责、闪躲等语言手法,不但语气上违反了礼貌原则规范,而且不同程度地影响到对方面子。

林金池在其结论中强调,以往传播教育过于重视合作层次的语言互动,忽略了新闻访问过程中对"非合作"甚至"冲突层次"策略的应用,未来尤应提醒新手学习者注意语言互动之"弦外之音",方能在关键时刻找到对应策略。尤其是,受访者就像新闻记者那样,可以采取"反制"的"不合作"手法,如"打哈哈带过"或万不得已时采取"独漏"甚至"撕破脸"等台面下动作,都显示受访者在新闻访问过程中并非"静默的一方",而仍有其语言互动策略且常常采取主动角色,并以不同程度之"非合作语言"来影响新闻访问之顺畅性。

四、小结

从事访问与提问绝对是现代新闻学最重要且最完善的(搜集资料)方法,因而亦可合理推论,新闻的力量当与如何访问有关(Ekström,2007:968;添加语句出自本书)。

本节言简意赅地回溯了"新闻访问"研究的前世今生,从相关文献中大约可归类出两条脉络。简单地说,自 20 世纪 60 年代末期开始,一些社会学家对以"电话对话"为主的日常人际互动产生了兴趣,从而开始探析其所隐含的结构、秩序、特性,继而成为广受重视的新研究领域,相关文献几乎可以用"汗牛充栋"形容。其后,部分研究者逐渐将研究兴趣聚焦于"日常对谈"与"访问"间的关联性,尤其关注某些特定专业领域之机构性访问特色与限制,进而促成了"新闻访问"学术研究子领域的兴起。

20 世纪 90 年代中期开始,语言(语用)学家加入了这个研究传统,改以"模糊传播"为其理论依据,进而假设日常对话实则常处"模糊""模棱两可""不礼貌"等语言情境,反向地另从受访者角度讨论新闻访问之参与者如何在"不合作"的先决条件下完成所负任务,与前述社会学取径可谓"南辕北辙"或"背道而驰"。

综合观之则可推断,"新闻访问"之复杂本质非如本章第一节所引教科书所述之"技术性"而已,实为一段依情境而不断变化的问答过程(参见江静之,2009a),而此情境可能涉及了访问时的社会文化背景、访问时的场合(室内抑或室外)、访问者与受访者的组织身份、访问当下的气氛、访问者提问之难易程度以及受访者面对问题的诚意等等,不一而足。

臧国仁、蔡琰(2007b)稍早曾以"情境组合"一词来形容新闻访问的整体互动过程(有关"情境化"之讨论,参见 Auer & de Luzio,1992;Duranti & Goodwin,1992),其意即在强调此一过程多变而难由任何一方掌握,语言、肢体、声音也都可能成为影响参与者情绪与对话的因子,值得叙事传播研究者深究。

另一方面,无论社会学取径还是语用学取径,迄今仍仅关注访问者或受访者各自在新闻访问过程中所扮演之角色,因而也夸大了各自在此过程中的重要性,无法"平等地"观察"双方如何在逐渐激烈的对话情境里建立共识并达成意义共构"(臧国仁、蔡琰,2012:17)。换言之,新闻访问研究传统固如本节所述多来自"对话分析"与"模糊传播理论",而显示其系"一来一往"之交换信息行为,但其亦可能是访问者与受访者互换故事以丰富彼此生命体验的述说历程,此即下节讨论之内容。

第三节　新闻访问研究与叙事概念之连结：人文取向之考量

叙事出现在神话、轶事、寓言、故事（tale）、短篇小说（novella）、史诗、历史、悲剧、戏剧、喜剧、哑剧（mime）、绘画［试想意大利画家卡巴乔（Vittore Carpaccio）的"祭坛的传说"（Saint Ursula）］、（教堂上的）彩绘玻璃、电影、卡通、新闻项目、对话（中）。还有（而且），在这（些）几乎无限的多样化形式里，叙事存在于每个年龄、每个地方、每个社会；从人类历史一开始就有叙事，人们无处没有也一直都有叙事。……叙事并不在意好坏文学的分工，而是跨国、超越历史、跨越文化；它就像生命一样，就在那里（Barthes，1993：251—252；引自Jovchelovitch & Bauer，2000：57；圆括号内出自原文，方括号内添加语句出自本书）。

在（新闻访问的）"叙事模式"（中），话权转移或问答结构显非要点，……问者与答者分从各自记忆里搜寻相关主题后陈述经验并交换生命故事，也常因此些经验陈述多触及个人身份、团体身份、时代背景而易激起情绪（情感）互动，有助于彼此取得共识进而成为新闻素材（臧国仁、蔡琰，2012：17；括号内出自原文，添加语句出自本书）。

一、访问与叙事："实证论"与"社会建构论"之辩证

（一）叙事访问

"访问"与"叙事"间的关联向来存在，在前引 Gubrium 和 Holstein（2002）有关"访问"的千页巨著中就有四篇专章（第 6、33、34、35 章）①与"叙事"直接相关（见该书 index），另如第 39、41 章②也皆涉及了不同形式之"叙事访问"（narrative interviewing）。由此可知，对"访问"而言，"叙事"确有举足轻重的地位，因为其常常是取得叙事（故事）的必要手段，而叙事（故事）则是访问所得的结果。

---

①　第 6 章篇名为《生命故事访谈》，第 33 章为《个人叙事之分析》，第 34 章为《口述史访谈的分析策略》，第 35 章为《叙事、访谈与组织》。

②　第 39 章篇名为《个人与民间叙事之文化再现》，第 41 章为《他们的故事/我的故事/我们的故事：在访问研究中纳入研究者（个人）的经验》。

Czarniawska(2002)即曾在其著作篇章开宗明义地指出,"叙事"概念广受社会科学重视,多受惠于法国文学批评家 R. Barthes 率先提出的"叙事是现代性的核心,一如以往"之语(2002:733;见本节标题下所引)。

R. H. Brown(1977)则首开先河地将叙事概念引入社会学,延续了俄国文学形式主义者 M. Bakhtin 之说而提出"符号实在论"(symbolic realism)观点,旨在反对科学主义的"科学实在论"(scientific realism)。Brown 认为,人们乃其自主世界之创造者(即便并非必须眼见才能相信),而叙事正是此一"创造"之源。换言之,"真实"无处可寻,必须透过"故事(即符号)述说"方能建构其实体形貌(Czarniawska,2002:733);此点与传统实证主义笃信之"实体存在且可透过因果关系推知"显有不同(参见潘慧玲,2003;见下说明)。

随后,Czarniawska(2002)延续了 Weick(1979)之"组织化"(organizing)观点,认为"组织"之意与惯由静态元素组合而成之"机构"(institution)不同,其本质乃在于与环境进行持续且积极的互动与沟通。Weick 也不像其他社会学者那样在意"结构"之重要性,认为其只是意义产生的"结果",转而强调"创建意义"(enactment)才是组织的核心活动。

Weick(1979:45;添加语句出自本书)曾说,"当人们提及'组织'(时),即常使用许多名词(nouns)描述,但使用这些名词却显示被描述对象具有不真实的静态(本质)。……如果组织研究者能少用些名词、多用些动词、更努力地使用动名词,我们将能较为明了过程的意思,也才知道如何看待与管理过程"。其实,组织(即真实世界的实体,如"台湾政治大学")之形貌究竟为何并不易确认,有赖于成员间之持续讨论方能"愈辩愈明"。因而,组织并非固态(名词),而是不断建构中的概念(动名词),此即"组织化"之核心意涵。

Czarniawska(2002:747)则进一步提出"组织即故事"(organizations as stories)之议,因为组织成员在"愈辩愈明"的讨论过程中,势必持续产生各种有关"组织为何"的不同叙事。因而,"组织化即故事化"(2002:734),其常以四种形式出现:组织故事、组织故事之呈现方式(如何撰述)、与组织化过程有关的故事、反映组织理论之文学作品(如小说、电影等)。

Czarniawska(2002)认为,在"组织化"过程中形成"好故事"其实不难,只要将一些偶发事件"凑合"起来接着尝试些新的事件,再将一些反面事件"纳入"就可组合为新的情节,此即"故事之情境化"(2002:736)作用。

这个讲法延续了前引 Brown(1977)的观点,即组织并非单纯的行动者,而是不断进行对内与对外之叙事/述说行动。Czarniawska 指出,许多研究者在20 世纪 80 年代常持"组织叙事是组织真实里永远存在的加工品(artifacts),

也就是说,(它们)就在那里等着被(透过访问)找到"(2002:734;添加语句出自本书)的观点。但 Czarniawska(2002)认为,"访问"其实是组织生产与分布故事的"处所",因为其不仅可以找到"任何现场故事",更是解释不同故事的重要途径,上述"凑合""纳入"等情境化手法都可透过访问达成。"访问"与"叙事"间的关系并非实证论者(positivists)所言的"工具",而是社会建构论者(social constructionists)心目中的"本质"。

(二)建构论之基础

……这好像显示了人们可依自己喜好讲述故事,也可如此形塑生活内容,而此恰是社会建构论者的主要论点所在,即视世界由主观编织的故事组成。但我们从来不是自我叙事的唯一作者,在每个对话中总有(不同)立场(positioning)出现,或被接受或被拒绝,或被对话之其他伙伴修正(Czarniawska,2004:5)。

依詹志禹(2002a)所述,"建构论"系 20 世纪以来社会科学界针对"何谓知识"以及"人与知识"所展开之重要学术省思。在 20 世纪前半阶段,科学哲学基本上由实证论支配,认为代表既有知识之"理论"与个人经验所得之"观察"分属两个无所隶属之思维系统,前者系属理性面向,后者则透过个人对外在世界的感知而来。一方面,理论须经观察验证;另一方面,此类验证流程采取类似自然科学界习以为常的归纳与演绎方法,而将理论分解为种种命题,反复推演后建立为稳定性颇高之各类知识供人学习。20 世纪中叶以后这种观点受到许多挑战,主要原因在于其假设了知识来源系由外(理论)而内(感知或认知),且假设人们系被动地接受知识,与知识起源的真实世界有所隔阂且互不相属。

针对此类说法,多个不同领域的研究者随即提出"建构论"观点,认为知识的主体应是人,强调知识由人创建并须为人所用(詹志禹,2002a:14;参见刘宏文,2002 之归纳);这些讲法与前章讨论之传播典范变迁,实为异曲同工。

有关实证论之另一个挑战,则为对"真实"(reality)定义的不同论辩(刘宏文,2002;此也涉及了前述"科学实在论"vs."符号实在论"之不同意见)。由于实证论者惯以"真实(实体)事物之存在"(如前述"组织")为其立论基点,强调真理须与人们所认知之客观真实相符,只要人们具有理性就可对"世界像什么"(what the world is like)提出正确无误的说明并深刻体会"事实之本质"(facts as they are;见 Schwandt,1994:125)。

建构论者则认为,"感官所能察觉的讯息……决定于人们已有的知识、信念和理论"(郭重吉,2002:4),亦即外在世界必须透过主观认识方能产生意义。换言之,包括真理与知识在内的各项事实都是人们创造所得,而非独立于观察者身外之客观实体世界。真实具有多面向且具可塑性之特质,因为其倚赖各种符号或论述(即叙事)始能传达、延伸意义,其面貌因人而异,此即前述"符号实在论"之核心所在。

此类强调意义与诠释的说法,反映了科学哲学界于 20 世纪后半期兴起的"向诠释学转向"(Rabinow & Sullivan,1979)风潮,也是社会建构论逐渐成为显学的背景。依 Gergen(1999:59—60,注释 30)之见,社会建构论与其他建构论(如一般建构论、社会构成论、社会学建构论,参见朱则刚,2002)之观点无异,但特别关注如上章提及之"论述"在建立社会关系中所扮演的角色。

由此可知,社会建构论(以及其他建构论)对实证论之挑战,包括了前述对"知识本质"及"人与知识之关系"的不同观点。社会建构论者一方面否定实证论有关"知识"如何产生的诸多假设,另一方面就人与知识的关系提出新的看法,包括对"真实""事实""真理"(truth)"客观""理性"(rationality)等名词的定义,皆异于以往(Velody & Williams,1998)。

社会建构者认为,这些看似独立且互不相属的词汇皆系建构而来,可称做"建制性知识"(established knowledge),其意义可能因人而异或因社区及文化而不同。况且,意义之建构总得透过"论述"(包括以语言或符号讲述故事),却常因语言与符号之多义或多重特性而形成各说各话的局面;若要倚赖任何"论述"以能直接触及外在真实之本质,实可谓缘木求鱼而难以达成(Gergen,1999)。

(三)实证论之调查访问

从上述实证论与社会建构论对真实之不同观点来看"访问",当可厘清 Czarniawska(2002)所述。举例来说,自"调查法"(survey research)广受欢迎之始,"访问"就成为实证论"量化研究"的重要步骤,相关教科书必然专章介绍如何借由问答方式,透过问卷(questionnaires)而向受访者取得必要答案。

例如,Flowler,Jr.(1993/王昭正、朱瑞渊译,1999:18—19;括号内均出自原书)即在其所撰专著中强调:

在调查研究中,……就是运用所提问题作为测量工作。……当访谈人员(interviewer)进行调查时,必须注意不可影响回答者(respondent)的答案,……要使所有访谈人员更趋一致,首先要他们提出标准化的问题。接下来要训练访谈人员如何进行调查,以避免得到不客观的答案。

显然,上引所称之"不可影响回答者""提出标准化的问题"与"访谈人员更趋一致"属于执行调查法所应坚持的重要步骤,如此方能"客观"且"精准"地取得可供研究者进行分析的资料,进而推论社会真实之实体样貌。

另外,如广受研究方法教学者重视且出版已达十三版的 Babbie(2013/林秀云译,2014:361,363)著作亦曾如此提醒:

> 调查研究不可避免地植基于很不实际的认知与行为理论的"刺激—反应"之上。研究人员必须假设一个问题的题项,对每一位受访者而言都具有相同意义,而不同受访者所做出的同一答复也都具相同意义。……一题项的措辞如果有了些微改变,有可能导致受访者给予肯定答案,而非否定答案。
>
> 因此,访员必须确切地依照问项语词提问,否则,问卷设计者为获得所需信息而小心斟酌问卷题项字句,以期受访者都能精确地解读题项的努力,都将只是白费功夫。

由以上所引可知,调查研究的基本出发点就是建立在实证主义/行为主义的客观思维,其认为透过一致性的题项、一致性的问法、一致性的答案,就可协助研究者了解(连结)外在真实,而将来自不同受访者的回答加总起来也可"验证"研究者的假设,从而由样本推论母体进而客观并准确地完成研究问题的解析。

但是,如历史学家 Appleby、Hunt 和 Jacob(1995/薛绚译,1996:237)所言:

> 假设有一屋子的人目睹了一场激烈的争论,这些人的不同观察点的总和可将情景描写得更完整,但是他们看见的这桩事件并不因为看的人多而有所改变。除非旁观者挡住了彼此的视线,旁观者的视角并不会相互排斥,旁观者也不会因为视角众多而受到影响,每一个旁观者做的重构是否有效,端赖(依赖于)他的观察有多少准确性和完整性,而不是由他的视角决定是否有效。

换言之,透过"调查法"的访谈步骤而将其所得意见加总起来,既不影响也不改变原始事件的原始风貌,其访谈所得资料显示之"真实",顶多只是访员提出问题那一刻的暂时现状罢了。即便将这些"暂时现状"之意见加总,也无法还原原始事件的真实内涵,因为"那个"真实早已随风远去。

(四)叙事访谈:人文取向

叙事心理学者 Mishler(1986)的专著则针砭调查法所涉之访问步骤,认为其不应只由访员向受访者提出一些"标准化"的问题,而应是"访者"与"答者"共构意义(joint construction of meaning)的一段口语交换历程。若"答者"没有积极、主动地参与访谈并赋予提问意义,则任何形式之访问仅是访者的自问自答、自说自话,此即其所提出之著名的"回应者赋权"(empowerment of respondents)概念。

Mishler(1986)还认为,在任何访问历程里的口语叙述常受"情境"影响而未必每次都能讲述相同故事;即使主轴相同,再述时仍可能产生不同情节。这一说法挑战了调查法企图将访谈所得加总的设计,显示每个受访者实皆有其个人讲述的主体性。而此"情境"之另一意涵则是,访问当刻的任何语言或非语言"信号"(tokens,如嗯、喔、好)皆对互动双方有暗示作用,极易产生激励,以致对话流程或趋顺利或反之出现负面作用;身体的互动亦然(Haydén,2013)。

Mishler 之专著虽以"访问研究"(如社会调查法)而非一般对话更非新闻访问为题,但其所述实适用于包括叙事形式之日常对话研究,或如新闻访问之机构性谈话(尤其是深度访谈或专访性质之新闻访问),因为确如其言,访问一事并非问者所能独立完成,而须仰赖答者参与并提供意见或想法;唯有双方"平等地"(conversation between equals;语出 Taylor & Bodgan,1984;引自 Platt,2000:40)完成其各自所扮演的角色,也避免有任何一方过于主导,访问才能顺利完成;此一观点显然与前引源于实证主义之调查访问迥异(见下说明)。

大约自 20 世纪 90 年代初期后,"质性研究"风潮渐起,"叙事访谈"也渐被接纳成为社会科学研究的一支,并被视为"调查法"以外的重要搜集资料途径(Bauer & Gaskell,2000),然而两者隐含的知识论与方法论均大异其趣。Jovchelovitch 和 Bauer(2000:61)即曾指出,"叙事访谈"研究传统的兴起出自对当代调查法"问答模式"的反思,这种模式常常采用下列三种研究步骤:选择主题、排列问题、以访问者熟悉的语言排列问题字句。而叙事访谈则刻意避免访谈的"事先结构",宁可采用接近日常沟通的生活故事讲述与聆听来促进双方互动。

Jovchelovitch 和 Bauer(2000:60)定义叙事为一段述说"从前"的语言自生(self-generating)模式,源自人们皆有说故事本性(Fisher,1987),只要稍有提示(指访问者之提问)即可"半自发式"地依照一些隐藏规则而持续讲述,这些规则包括从某一生命事件讲到另一生命事件并提供其细节,这些事件彼此间以及与真实世界间的关系都能在故事里相互连结,核心事件则应从头到尾完整叙述。

相较于前述调查法的标准化访问结构,此类叙事访谈常被归类为"半结构式"或"非结构式"(黄光国译,2014/Kumar,2011),但Jovchelovitch和Bauer(2000:61)强调叙事自有其结构,由讲述者"……使用他或她的自然语言述说不同事件,……此乃因语言这个交换媒介并非中立却自有其特殊世界观。以是……访问者理当谨慎在访问过程里避免强置任何受访者不习惯的语言形式"。而这种"自然的叙说"特色早在前引Labov和Waletzky(1997/1966)有关叙事之重要经典著作中已有提及(引自王勇智、邓明宇译,2003:154/Riessman,1993),足以凸显其特色。

由此观之,叙事访谈的前提假设明显不同于前述调查法,而适用于让受访者自述与他人迥异之生命经验。因此,这些得自受访者的自述故事经过记录、整理后,也当允许带回原述者由其检视以能增加"可信度",原因在于叙事访谈延续了人类学者的观点,认为任何研究乃研究者(访问者)与被研究者(受访者)"共同建构"完成;此点也与调查法因以匿名方式记录访问所得,而难以追溯任何意见的原始发表者不同(王勇智、邓明宇译,2003:148/Riessman,1993)。

小结本小节所谈,此处旨在透过比较实证论之"调查法"与沿自建构论之"叙事研究"差异,进而论辩两种旨趣相异之访问方式:前者强调研究者须以谨小慎微之态度研究拟定访问问题,因为透过访谈所得之资料加总后就代表了真实世界可供观察的现状,访谈过程中须以相同的题项、一致的措辞以及无误的问法,向受访者索取信息并试着引发答案,以便汇整后成为可资验证前提假设的素材。

而叙事访谈之知识观恰好与此相反,强调透过访谈语言所得资料无法重复,因为受访者讲述故事之语言使用受限于情境变化而难以维持稳定且常有偏差,如有不客观或无法标准化之现象并非访问者或受访者之误。一旦提问开始,受访者自有其讲述故事之本能且不可能重复,重点反在于如何自成一体讲述完整故事。因而,对叙事访谈的研究者而言,只要是受访者所言,都有值得分析的内涵,而访者与答者在此交流过程中如何"共同"完成访谈并取得可资分析的故事,才是重点。

如此相异的知识论立场,充分反映了立基于"社会建构论"的叙事访谈行动准则。如 Ellis 和 Berger(2002:851;圆括号内出自原文,方括号内添加语句出自本书)所言:"……[叙事]访问如今已被理解为[访问者与受访者]合作与相互沟通的活动,有其自有标准与规则。因而研究者使用访问时应避免仅注意成果(也就是受访者讲述的语句),而应检视其由此些成果产出的合作行为。"

而新闻访问是否也适合使用叙事访谈观点,或是否可视其为新闻工作者与消息来源(受访者)相互合作以共同产出故事的过程,则是下节讨论重点。

二、新闻访问之叙事观点:以"人"为本之访谈

即便人生并无类似叙事般的结构,叙事化(narrativizing)人生的过程却必然会被想成与经验之意义创造、排序与构成等有关(Georgakopoulou,2006:235)。

……今年(2015 年)刚上任的瑞典学院常任祕书莎拉·邓尼斯(Sara Danius)在回答记者提问时说,"(阿列克谢耶维奇的)获奖'并不是完全由真实事件构成的历史,而是多重情感构成的历史(history of emotion)'。她还指出,阿列克谢耶维奇运用了大量访谈组成的报道文学作品'界定了一个新的文学类型'(genre)"(尉任之,2015 年 10 月 13 日;底线出自本书)。

2015 年 11 月诺贝尔文学奖得主揭晓,由白俄罗斯的记者、作家斯维拉娜·阿列克谢耶维奇(Svetlana Alexievitch)女士获得。阿列克谢耶维奇并非第一位得到此奖的记者,但其因"运用了大量访谈组成的报道文学作品"(见上引言;底线出自本书),而获得诺贝尔奖评审青睐却格外值得重视。

传统上,新闻记者的访谈方式已如前节所示,多视受访者为信息来源而汲汲于向其取得重要线索以能完成采访任务,即如前引王洪钧(1955/1986:112;添加语句出自本书)所言:"……他(指记者)要在不使对方失去忍耐的限度内,竭力争取更多一点的材料。"此种访谈方式因而常被如上节所引之 Mishler(1986)批评为过于"访问者导向",仅视受访者为获取信息之"工具"而无法向其(受访者)提供应有之公平待遇。但访问诚然无法由访问者独立完成,如何让受访者获得"赋权"进而参与访问过程,将是新闻采访任务是否流畅并能顺利完成的关键所在。

由此观之,如前述传统新闻采访所经常使用的"一问一答"访问模式甚至"只问不答"之机构性访谈,均可谓过于单调而显无趣,仅能按照访问者设定的问题依序进行而无"意外收获"。一旦受访者"模糊"回答甚至回避而不尽情吐露真言,访问者拥有之"利器"仅剩"追问"一途(翁维薇,2000),难以取得由受

访者即兴讲述的生命故事细节。

　　但如上引新闻报道所述,诺贝尔文学奖得主阿列克谢耶维奇女士系以记者身份"……在切尔诺贝利灾变25年后,以访谈受害人的叙事文学方式,将上百位核灾受难者的口述独白呈现,巨细靡遗地写实描绘,使这场悲剧读起来像世界末日的童话。人们坦白地述说着痛苦,细腻的独白让人身历其境却又难以承受"(http://www. ettoday. net/news/20151009/577121. htm;底线均为本书添加),显然其获奖之因乃在于此类叙事访谈方式确实可以让新闻记者与受访者(即上述受难者)深入互动进而写出感人报道。试想,如果阿列克谢耶维奇采用一般"调查法"之标准、系统性访问方式,则其所得如何能助其撰写出让读者"心动不已"(臧国仁、蔡琰,2001:31)之报道,或者让其受到"感性冲击"(蔡琰、臧国仁,2003:96)?

　　而据臧国仁、蔡琰(2012:15;括号内均出自原文)稍早建议:"持有'叙事观'之新闻访问核心任务,当在发掘(以及交换)受访者的自我、关系、生命经验有何特殊价值得与他人(指一般读者或观众)分享(此即教科书常谓之'新闻价值'),进而阐述这些生命故事期能打动人心激发同情或同理心;此点与信息观之新闻访问目标导向殊有不同。"

　　两位作者进一步认为,新闻访问"不再仅是问者向受访者之信息索取,亦是问者与答者在访谈过程里的生命故事交换与共享,更是双方各自从记忆里筛选生命经验后的意义建构,而新闻记者之访问任务就在透过故事分享,进而了解新闻价值所在",包括双方各自从其记忆里"筛选之生活经历、与他人之互动、特定时空下的社会文化脉动纪录"(2012:16)。

　　由此观之,新闻访问实则包含了两种类型(genres;出自臧国仁、蔡琰,2012),其一可称为"信息模式"访谈,旨在以本书稍早所述延续自"对话分析"模式而以"一问一答"或"只问不答"的机构性程序进行访问。整个流程系以记者之提问为起点,而受访者之任务就在回答所问,双方互动井然有序并遵守前述语用学者Grice(1975)强调之"语用合作原则",以致彼此皆能以礼相待,"说者与听者双方均得相信所有适当情况受到对方善意维护"(Donnelly,1994:143—144)。

　　但实例中,常有新闻访问者与受访者相互"打断"彼此发言或与对方发言"重叠"(参阅Bull & Mayer,1988;Nofsinger,1991)之"破例"情事(如前述美国总统候选人布什与CBS主播Dan Rahter之对抗),情况严重者甚至发生受访者因话权频遭打断而产生不悦,以致拳脚相向(以上引自臧国仁、蔡琰,2007b:232)。

　　另一种新闻访问类型则可称为"叙事模式",旨在强调如前引之访问者与受访者"双方……在逐渐加温的对话情境里建立共识并达成意义共构……"(臧国仁、蔡琰,2012:17),彼此均可随时切入对方所言,亦不介意话题临时变换。因而,"话权"(Schegloff,1968)转移或问答结构并非双方关心重点,如何分享生命经验才是旨趣所在。但也因彼此陈述各自经验时常易触及往事而常激起"情绪(情感)互动",即便如此,这种交流仍有助于双方建立共识进而产生更多言说互动(臧国仁、蔡琰,2012:17)。

　　心理学家吴芝仪(2003)曾以自述方式说明其于1998年进入监所执行的叙事访谈经验,初期接触暴力累犯受刑人时大多配合度不高,因而所得资料无以"反映其丰富的犯罪生涯"(2003:146)。但第二次进入监所后,吴芝仪发现受刑人"就像是期待一个老朋友、急于诉说久违的心情一般,愿意将所知所感和我分享(虽然仍会避过关键的犯罪历程)"(2003:146;括号内出自原文)。作者归纳其整体研究经验为(2003:147;标点与括号内均出自原文):

　　倾听受访者说故事的叙事访谈方式,让我体验到叙事研究的多元可能性:原来,当我以真诚尊重的态度专注于倾听和理解受访者的故事时,我所搜集的资料不只是反映受访者的经验世界,或(更正确地说是)他们对经验的建构和理解,更是受访者在重述其故事中所"重新建构"的经验和理解。

　　(正)是这样对经验的重新建构,促成了他们的改变! 而我,作为叙事访谈中的询问者和倾听者,参与了他们对经验重新建构的历程,和他们一起"共同建构"了他们的改变! 于是,故事将会被不断地叙说,不会有终结!

　　由上引观之,叙事访谈所谈的"共同建构"显然立基于访问者的倾听与同理心(即上述"理解受访者的故事"),如此一来,访问者(如记者)不再如调查法之提问者而"孤立于"受访者的故事描述之外,反能透过"参与"其经验之回顾与重组,而"共同建构"了提问者所欲知晓的真实世界;此可谓立基于尊重受访者而发展的访谈历程,非视其如"数字"或"工具"。

　　新闻访问是否也能如此,亦即透过与受访消息来源的积极互动而取得其生命经验里的精彩片段或高低潮,从而抽绎出来成为新闻故事的一部分?

　　答案显然是肯定的,尤其是针对较不具实时性的新闻类型如深度报道、专题报道、杂志写作甚至"报道文学"(如前述阿列克谢耶维奇得奖的作品),原因即在于这些新闻类型常常更关注于情感之交流、生命故事之讲述与呈现,甚至"巨细靡遗的写实描绘"(出自前引新闻报道对阿列克谢耶维奇得奖之赞语)。

而为了取得这类新闻素材,新闻工作者尤需培养"倾听"本领。钻研新闻访问经年的江静之(2009a:99)就曾主张"倾听是在谈话双方(多方)的言谈活动中完成(的),有赖谈话双方(多方)的协力合作"(括号内文字均出自原文),即新闻工作者不仅要在访谈过程中不吝于表达"听到"受访者的回答,更要发展其他方法来促进两者互动。

江静之进而以"听见""理解"与"倾听"三个层次,区分广播新闻访谈的言谈活动。举例来说,她发现广播新闻访问者常以"嗯"字来表示收到讯息,借此营造"对话感"以能拉近与阅听者的距离。而在"理解"层次,则访问者常以"阐述整理"取代日常对话的"复述",亦即将受访者所言"作部分的选择、集焦及延伸,重新整理受访者陈述的一种论述资源……,同时展示访问者的理解以及欲维持此理解的诚意"(2009a:117)。

至于更上一层的"倾听",江静之认为应由访问者发展"探测性问题",借此展现理解及倾听,其次应将受访者所言"纳为己用,适时改变原已设计好的'主要问题'并发展新的'主要问题',建立访问双方的互动关系"。换言之,访答双方无须守着原先设定的问题而仪式化地进行"一问一答",彼此都可延续各自原先所述而由此往前延伸,一方面产生理解与倾听的效果,另一方面也能由此而完成问答间的"人际功能"(锺蔚文、臧国仁、陈百龄、陈顺孝,1997)。

小结本节:传统上,新闻访问多建立在实证论之基础上,由记者提问且受访消息来源为回答者,双方透过"一问一答"或"只问不答"的机构性访谈规则完成访谈任务。

由建立在"社会建构论"哲学思想上的"叙事论"观之,则新闻访问亦可如上节所谈而无须完全遵守类似"调查法"之标准、系统性访谈互动,转而积极开发由问答双方共同建构访谈意义,分别从各自记忆里筛选具有新闻价值之生命经验而展开对话。尤其重要的是,问答双方都乐于透过"倾听"展示善意、分享所得、相互尊重,因而新闻访问不仅是由记者掌控甚至独大的对话过程,更是彼此相互参与对方讲述的言说活动,互视其所述为生命经验之分享,而对自己之人生亦有参考作用。

第四节　本章结语:访问与新闻访问之人文取向叙事观

本章旨在延续前章有关叙事与传播的讨论,改以"新闻访问"为题尝试讨论其与叙事间的可能连结。

第一节援引相关教科书所言,借以说明新闻访问虽与新闻写作同为新闻专业教育之核心议题,但此类学术文献偏少(江静之,2009a:2),无论华文传播教育还是西方各大学之新闻教育皆然,且传统上习惯视其为技能而少论及理论内涵。

第二节以"对话研究"为起点,尝试讨论有关"访问"研究的脉络与传统,并以至今学术作品最为丰硕之社会学家 Schegloff 所论为讨论主轴;次则聚焦于另一位研究者 Heritage 提出之"机构性访谈",借此说明新闻访问的机构特性与类型特色。此节第三部分转而讨论由"受访者"角度出发之新闻访问文献,立基于"传播模糊理论",兼而论及"模糊""回避""不礼貌""不合作"等概念如何在新闻访问中扮演特定功能。

第三节回归本章主旨,试图透过"叙事论"之引介连结访问与叙事研究。先以"实证论"与"社会建构论"对"访谈"之不同知识论及方法论辩证为讨论核心,进而检讨新闻访问若改从"叙事观"讨论时所应带入之不同思维,强调除了实时性报道外,其他类型的新闻访问皆可改以叙事方式,而视访谈为一段由访者(新闻记者)与答者(消息来源)共同建构意义的历程,双方协力合作而相互参与对方的言说情境,彼此各自筛选生命经验并吐露情感,进而透过对话而逐步建立共识并乐于分享所知所感。

以上讨论可以整理成如图 5.1 所示,本章所谈主题大致上围绕与"访问"以及"新闻访问"相关之学术概念(见图 5.1 中间),包括从 Schegloff 开创之"日常生活对谈"研究以及由 Heritage 延伸之"新闻机构性访谈"研究均属之(见图 5.1 上、下)。

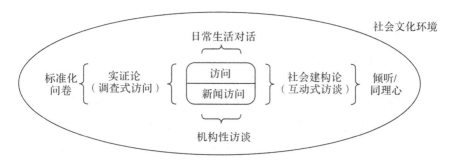

图 5.1　访问与新闻访问相关概念

这些讨论涉及了两种学术立场迥异之知识论与方法论,如从实证论角度谈及"访问"时,多强调其过程之严谨性与标准性。但若以社会建构论探讨访谈内涵时,则常建议应如何塑造可供问者与答者共同建构意义的气氛,以供双方透过故事讲述进而相互沟通(见图 5.1 左、右),借此产生人际互动与相互学习。

同理,新闻访问如前述 Schegloff 与 Heritage 的学理常建立在实证论基础上,而倾向于双方一问一答循序渐进,但叙事论者则认为双方如何"分享生命经验"以能回答新闻议题才是重点所在;两者观点互异。

图 5.1 也显示了新闻访问研究之内涵,实则包含了"日常生活对话"与"机构性访谈"两个传统(见该图内圈上、下),显示了新闻访问既有日常生活常见的对话特性,兼有新闻组织之机构情境,因而才有江静之(2009a:19—20;添加语句出自本书,英文出自原文)所言:

> 日常对话提供机构谈话参与者谈话互动的组织资源(generic organization),如发言轮番、语序(sequence)、修补(repair)及言谈交换系统(speech-exchange system)等。(而)机构谈话参与者视机构情境的需要汲取日常谈话资源,在机构谈话中表现出适当的言谈行动,进而展现一定的谈话组织模式(或者说谈话结构倾向)。

然而,相关研究迄今尚未触及图 5.1 外围"社会文化环境"对新闻访问(或访问)之影响,以致难以了解新闻访问是否与在其他社会环境异同,值得未来研究以此为题探索不同社会之新闻访问定义与执行策略。举例来说,2015 年 10 月中旬,正在访问英国的中国国家主席习近平与时任英国首相卡梅伦(D. W. D. Cameron)举行了双边会晤,并随即召开联合记者会,BBC 记者当即向两国元首提出尖锐的人权问题。

在不同社会(如中国与英国),新闻访问者所尊奉的基本新闻理论与日常生活礼仪明显不同,难以相提并论。但如图 5.1 所示,社会文化环境对新闻访问的提问策略当有影响,而源于相关文献缺乏,如何影响当难论断且有待探索。

此外,源于新闻访问的类型众多,本章集中讨论由记者为完成采访任务而执行之私下访问形式,无意触及其他公开对话类型如广电访问节目、扣应秀、记者会等,也因此访问双方假想之"阅听众"(或如江静之,2009a:第四章论及之"公众想象"概念)并未纳入。

总之,新闻访问研究至今方兴未艾,但公民新闻兴起后新闻专业已不复再如过去受到重视。如"访问"这一与新闻专业极度相关之研究领域未来能否持续吸引研究者关注,实仍有待观察。

第六章　想象与叙事

第一节　概论：(灾难)纪实报道与情感叙事

本章初稿起笔之刻(2016年2月初)正逢农历丙申年春节前夕，新闻媒体不断提醒着即将上路返家的游子，有关高速公路的管制时间以及高铁加开班次疏导人潮之讯息，各地市场与量贩店也挤满了赶办年货准备过节的民众，处处都可感受浓浓的春节热闹气氛。

毫无预警的，小年夜当天(6日)凌晨四时左右，台湾发生了"九·二一"大地震后规模少见的6.4级强震。震中央虽在高雄美浓附近，短短8秒的强烈摇晃却重创了台南，旋即造成多处房舍大楼坍塌，单是该市永康区的维冠金龙大厦一处就有114人死亡、96人受伤送医、289人获救，历经七天180小时搜寻，始能克竟全功地找到所有受困、被活埋在瓦砾堆里的居民(《联合报》，2016年2月14日)。①

台湾民众喜悦迎春的心情顿时跌到谷底，目光全都聚焦台南，短短几天爱心捐助已逾新台币十亿元。电视新闻连续多日连线报道搜救人员日夜无休地在瓦砾中搜寻失踪者与幸存者，报纸则持续全版图文并陈地详述救援工作细节，力求翔实转述震后生死瞬间的苦难详情，期能让阅者与灾民并肩度过难

---

① http://udn.com/news/story/9451/1500394-180％E5％B0％8F％E6％99％82％E9％A6％AC％E6％8B％89％E6％9D％BE％E6％95％91％E6％8F％B4％E7％B5％90％E6％9D％9F-％E7％B5％AD％E5％86％A0％E4％BD％8F％E6％88％B6114％E-7％BD％B9％E9％9B％A3，访问时间：2016年2月14日。

关,各地社会大众阅后多食不甘味且心如悬旌、同声哀悼。

值此之刻,2 月 8 日(震后第三天)《联合报》第二版就曾刊登了记者曹馥年、谢进盛所撰的台南纪实报道。[1]

"我只要我家人回来!"二〇六台南大地震一名刘姓女伤员的流泪央求,让张善政忍不住眼眶泛红,"心都碎了,只能请她勇敢走下去。"

刘姓女伤员一家五口,目前只有她获救,丈夫和出生十天大的女儿虽是首批被救出,惜双双伤重不治,两个就读小学的儿子生死未卜。

刘姓女子多处骨折,在新楼医院救治;她获救是因地震瞬间,丈夫用身体护住她和女儿,结果丈夫被落下(的)天花板砸中头部不治(身亡)。

张善政昨到医院探视地震伤员,院方与家属原(本)瞒着噩耗,但刘女已透过手机得知丈夫、女儿死讯,面对张善政递出的慰问金,流泪说"我只要我家人回来"。

刘女的姑丈杜铭忠表示,刘女一家人一年多前才搬进维冠,为准备过年,夫妇俩把要给小孩的红包都包好了;地震前,刘姓女刚要喂女儿(喝)奶,先生起床帮忙,一阵天摇地动,"人生就此完全改变"。

她哭喊丈夫名字没回应,在瓦砾堆(中)找到一条窗帘裹住女儿,女婴最后仍不治,两个儿子也无消息,杜铭忠哽咽说,姪媳妇伤心哭断肠,家人只能安慰"一命换你一命,你要保重"。

"心都碎了!"张善政眼眶泛红(地)表示,当他得知这段经过,面对刘姓女病患哭请他帮忙找下落不明的儿子,他一时间难过到不知道要说什么,只能请她照顾好自己,勇敢走下去。

这则新闻搭配了三张图片,其中一张圆图以张善政为焦点并加上如下图说:"张善政探视灾民,感同身受红了眼眶……"任何读者看了此情此景恐怕也都要动情拭泪,与张善政同样为这位刘姓伤员的不幸遭遇感到难过。

事发后的第五天(2 月 10 日),台湾《中国时报》记者黄文博的新闻故事也让人阅后为之鼻酸。[2]

---

[1]　http://money. udn. com/money/story/9448/1494360-%E6%85%0%E7%81%BD%E6%B0%91-E5%BC%B5%E6%8F%86%E7%9C%BC%E7%9C%B6%E7%B4%85,访问时间:2016 年 2 月 9 日。

[2]　http://www. chinatimes. com/newspapers/20160210000108-260102,访问时间:2016 年 2 月 10 日。

"爸爸去哪里了？怎么还没回家？"强震当夜到维冠大楼访友，意外丧生的41 岁男子翁进财，家人隐瞒读小学的儿子四天后，9 日早上终于告诉他"来，去看爸爸！"，抵达殡仪馆后，翁的儿子才知道爸爸已经过世了，当场嚎啕大哭，令人鼻酸。

靠打零工贴补家用的翁进财，与妻育有一对子女，分别是高职一年级的女儿和小学三年级的儿子。他虽然失业一段时间，但仍靠打零工勉强供两个小孩求学。

5 日晚间，他告诉家人要去找朋友就骑车出门，结果遭逢强震，6 日上午 9点 12 分在维冠 A 栋 14 楼的瓦砾堆被救出，送医不治。

家属直到当天下午接获朋友通知，"你哥好像在那栋大楼"，与他冷战三个多月的弟弟翁育仁到场认尸，极度懊悔自己竟来不及和哥哥和好，就此天人永别。

翁进财的儿子连日来都不知道爸爸过世，妈妈和叔叔不敢告诉他，爸爸已经不在了，连日来，小儿子一直问大人"爸爸去哪里了？怎么还没回家？"

就读高一的女儿直到 8 日下午看到新闻后，才知道爸爸已经死了，但她也不知要怎么跟弟弟说；9 日一大早，叔叔、母亲带弟弟到台南市立殡仪馆前，才对他说"来，去看爸爸！"一家人抵达台南殡仪馆里的灵堂，翁小弟看到灵堂上有爸爸的遗照和牌位，才知道自己找了好几天的爸爸已经过世，当场痛哭，双手不断拭泪。

翁的太太见状，情绪溃堤，与儿子相拥而泣，女儿神情哀戚。她记得几天前，爸爸有承诺要买手表给她，"以后再也收不到爸爸的礼物了"。一旁的社工安慰翁小弟说："弟弟来陪伴爸爸吗？""弟弟要勇敢！"翁小弟才用手擦掉泪水，社工跟着掉泪。

类似的感人新闻无日不有，皆是来自不同媒体的新闻工作者整天穿梭维冠大楼辛苦采访得来，他们巨细靡遗地以现场记录方式转述了众多家庭成员生死与共的悲欢离合故事，娓娓道来之余无不写得令人同感悲戚。

何以致此？新闻记者不都本应客观、理性、冷静地报道反映社会真相，而非采用如此写实、感性的笔触以能"洋葱催泪"？如纪慧君（1999）所言："任何有违理性、客观、秩序的情感现象，均须挑选出来且排除于新闻报道与新闻研究之外，始能达成公正报道或研究中立的最高境界。"

然而，面临此类灾难事件（或其他重大事故），记者却常"思考如何在报道中，展现对观众之人性、人生、人本皆有相属的视觉符号（如画面）与文字语言

(如记者的口述),期能启迪人心、涤清情绪"(臧国仁、蔡琰,2001:43;括号内文字均出自原文)。

著名作家杨照(2001年9月19日)面对当年"九·二一埔里地震"之后社会大众对此类纪实故事的渴望时,即曾如此感叹:

> ……那在我们心底骚动,使我们无法将视线从反复的电视画面上移开的,到底是什么?我们究竟看到了什么,我们究竟渴求看到什么?……我们究竟因何感动,为什么面对惊心动魄的灾难我们不是掩起脸来急急离开,到一个荒冷的角落悲伤痛哭,而是钉坐在电视机前面,无法离开也无法哭泣呢?

由此观之,新闻报道似乎亦如一般叙事而常务求打动人心或让人读来或观后犹感"心动不已"。而上引几篇新闻故事所撰记者,恐怕也如诗人般地力求"玩弄文字(符号)以煽惑群众,拥抱虚幻"(语出苏格拉底,见傅士珍,2000:21/Adams,n. d.;增添语句出自本书),旨在"滋养而非抑制情绪"(傅士珍译,2000:29/Adams,n. d.),其所述实足以引发阅者如身临其境并且将心比心。

惜乎有关新闻报道的学术论著迄今犹少触及新闻故事之"感性/情性作用"(参见蔡琰、臧国仁,2003;臧国仁、蔡琰,2001),遑论论辩新闻工作者在观察重大意外现场之余,究竟如何"感知采访对象的心智过程"(蔡琰、臧国仁,2014a:268),又如何透过笔触或镜头触发阅听众想象,以能让其如亲临现场目睹实况。连一般叙事研究论者亦少探索故事(含新闻报道)如何/是否/应否打动人心进而产生同理心(参见Sarbin,2004),以致"想象"(imagination)概念在一般叙事中究竟扮演何等角色迄今仍待厘清。

因而,本章拟以下列两个面向探索叙事与想象之关联,以期弥补此一学术间隙,尤其是将讨论"想象力"在叙事情境中如何得从"创造性"与"纪实"角度观察,亦将概述想象定义兼而指出其如何在传播情境中记载故事并如何应用于创作。

其一,想象如何是认知思维的认识?

其二,叙事时,人们对想象能力的操作为何?

第二节　想象与叙事思维①

"没有它(想象),一个人既不能成为诗人,也不能成为科学家、有思想的人、有理想的人、真正的人。"(狄德罗语;引自陈金桂,1996:124,添加语句出自本书)

一、想象之基本定义

简而言之,"想象"包含着人们对众多社会实质条件(Heikkilä & Kunelius,2006)概括性的不精准认识,一如非主体、非在地之人对其他族群的在地政治、经济、文化、社会等生活方式或景观条件的"特殊认识"。Krijnen 和 Meijer(2005)即曾认为,想象乃"对某种意识的认识",即对某人某事、某时某地有了某种"意识",而想象就是对这种"意识"的"认识"。

朱幼棣(1997)则言"想象"是对某种可能性的推测,但 Osborn(1949/峻才编译,1980:49)认为其属于常被运用的思维能力。呼应以上观点,《韦伯字典》定义想象为:"理解某事的能力,从某些片段或是表面来感知整合的全体。"②本质上,想象是将通过感知掌握到的认知处理为"完形"(gestalt),或将储存的现成大脑"内在图示"改造、组合、冶炼,并重新做成新意象的"过程"。所谓"内在图示",是以资讯形式贮存于大脑以供认知思维的"意象"。一般而言,意象有两个作用:辅助知觉的选择或作为想象的原料(滕守尧,1987)。

由以上简述可知,无论字典还是各家所撰定义都曾指出了想象实是内在的感知能力,而经想象过程整合出的认知结果是否为"真",却给哲学家、文学家与美学家留下了"想象"空间。

如英国 16 世纪文学家、哲学家、政治学家 T. Hobbes 即曾相信知识源自感官经验,而对物体的知觉刺激了官能并产生了意象。即使物体不在眼前,这些意象仍然存留于记忆并得由此发展判断力和想象力;因此,想象属于记忆形式的一种,取自感官经验但无法创造全新之未知事物(陈梅英译,1981/Brett,1969)。

Hobbes 同时认为我们都有"邻近联想"的心理习惯,指一个意象唤起另

---

① 此节内容部分综合改写自蔡琰、臧国仁(2014a,2010a,2010b)已刊论文。

② http://www.merriam-webster.com/dictionary/imagination,访问时间:2016 年 2 月 9 日。

一个曾经与它连结之意象的能力,显示了想象与记忆、联想过程接近;而与 Hobbes 同为英国诗人、文学家的 S. T. Coleridge,则主张想象可比拟为思维过程(以上说法均出自陈梅英译,1981/Brett,1969)。

法国文学家、哲学家 J. P. Sartre(1948/李一鸣译,1990:9;另见 Sartre,1972/褚朔维译,1988:14)另从现象学角度,揭示了想象之心理学本质、原理与属性,以及想象与其他意识活动的区别与联系,兼而论及意识与意象的关系以及想象心理在艺术或审美活动中的体现问题。

不同于 Hobbes,Sartre(1948/李一鸣译,1990)对想象与记忆做了区分,认为后者不可能概括想象性意识的全部特征,改而强调想象的意识活动是"一种假定活动(position);这种假定是从一种非现存的不在现场的状态,向一种现存的在现场的状态的过渡;在这一过渡之中,现实性却是不存在的";换言之,想象将那些并非完全实在的东西带到我们眼前,而这也是其重要功能。Sartre 由此建议,心理意象总有着"依附"特质,如审美想象依附于作品,读者阅读叙事文本时若有想象也是依附于其所阅读之经验。

萧靖慧(2010:21)另曾定义想象为"通过自觉的表象运动,依附原有的表现和经验用来创造新形象的心理过程"。至于想象之作用,则在联系现在心理活动与过去经验的关系,可略分为"再造想象"与"创造想象"两类。

引用彭聃龄(1998)之论,萧靖慧(2010:21)继而说明想象与记忆的关联:"想象虽然离不开记忆表象,但并不是记忆表象的简单恢复,而是大脑在条件刺激物的影响下,对记忆表象进行巧妙的加工改造。"

换言之,想象透过记忆与联想作用而将"素材从其所在的表象系统中分解出来,再使用黏合、夸张、典型化、联想等方式,将它们综合在一起,经过如此的转换和创作的过程,想象才能产生"(萧靖慧,2010:22)。

二、想象之功能

LeBoeuf(1980/李成岳译,1991:4)则曾指出人类心智具有四种功能:观察力、记忆力、判断力与想象力,并将想象归入内在思维能力。

另外,从组织心理学者 Weick(2005)整理之"想象"特质(如"再现了缺席之事物""整合实际经验与理想的目标""填补并延伸了不完整的经验")观之,想象也具有补充、修改的能力。就此功能性特质来说,想象与生命经验相关,且是可延伸、修补、整合现有信息或思维的心智能力。

与 Weick 持相似观点还有 Engell(1981:101),其认为想象是将抽象知识、模糊情感或印象转而表现为具体且特殊形式之能力。因此,想象不仅是内在的透过经验来理解、修补外在形式的思维,也是具体表现整合后之内在感知的某种外显能力。

至于滕守尧(1987)则曾指出,想象在知性与感性间扮演中介角色,如描述某一特定对象物时使用知性思维去统合感性知觉,倚赖想象力以向他人描述所见对象物。滕守尧引述康德之言推论,想象力在经验层次执行了综合知觉之作用,是一种"再现"功能。简单地说,想象力的再现并非完全自由,仍须依据知性思维法则并深受知性、经验法则如演绎、归纳的限制。

三、想象的统整作用

相关文献另也显示想象与"幻想"(fantasy)相似,如《韦伯字典》即指幻想、奇想(fancy)等乃是"将现实中(之)元素编造成小说或非真实故事的能力"(添加语句出自本书)①,撰写虚构小说或创作非现实故事时多依赖此两者。

整体而言,在思维与创作时同样的认知能力较多以"想象"名之,接近"推理"和"延续不完整意念"之意;而在描述小说类型、品目或描述不着边际且不落实务创作时,则多用"幻想"一词。

Brett(1969/陈梅英译,1981:44-46)曾言,"想象"不必然牵涉真实,而可视其为脱离现实的奇情幻想,却也是依据现实而将内在经验统合、外现的现象。Brett继则指出,想象以经验为素材并赋以结构与形式,幻想则是解放自时空秩序的记忆。显然,"幻想"固如"想象"俱是思维能力,却较"想象"更为脱离现实,在文学上属虚构小说的特定类型。

由以上所述观之,"想象"与"幻想"存有基本差异。对新闻或历史纪实类工作者而言,想象是思维工具的一种,幻想却是避之唯恐不及。如 Brett 与 Burke(均引自 Brett,1969/陈梅英译,1981)对想象的说明皆曾支持历史学者 H. White 所称,想象统整任何两件真实事件间之联系与因果,且可将断裂事实"转换成故事"(另见 White,1973/陈永国、张万娟译,2003;Herman,1999/马海良译,2002),因而想象也是依据逻辑来连结因果的推测能力。不仅如此,此处所称之"转换成故事"应指将一些片断与碎裂事件填补为某具备前因后果系列事件之能力。因而或可谓叙事包含了"意识"与"想象"相互运作之"情境",而这个"情境"应属内在思维的建构,是运用思维能力产出意义甚至论述或创作的基础。

Spencer(2003)另曾指出,人们撰写故事时乃透过想象始能描述主体并掌

---

① http://www.merriam-webster.com/dictionary/fantasy,访问时间:2016 年 2 月 9 日。

握情境意义。更有甚者,想象促成人们编排不同类型的生活知识与语文意义,也联系了认知与情绪并结合思维与感觉。对 Spencer 而言,从日常生活事件发展故事所需的能力正是想象,其也是精进思维不可或缺的工作。

四、想象以及新闻工作者之"社会学想象"(sociological imagination)

美国社会学家 C. W. Mills 在讨论社会科学的前景与文化意涵时强调,人们需要的不再只是讯息,因为其远超过人们所能吸收。处在"事实的年代","(人们)需要的以及他们感到需要的,是一种心智的质量,这种质量可以帮助他们利用信息增进理性,从而使他们能看清世事,以及或许就发生在他们之间的事情的清晰全貌"(Mills,2000/陈强、张永强译,2001:3)。Mills 指称这种"社会学想象力"是被"记者和学者、艺术家和公众、科学家和编辑们所逐渐期待"的想象力,属于能综合观察、评估与分析之能力,让个人思维得以驰骋于经验与社会现象之间,从而理解两者之关联。

亦如 Mills(2000/陈强、张永强译,2001:5—6)所称:

这种想象力是(一)种视角转换能力,从自己的视角切换到他人的视角,从政治学转移到心理学,从对一个简单家庭的考察转到对世界各个国家的预算进行综合评估,从神学院转移到军事机构,从思考石油工业转换到研究当代诗歌。它是这样一种能力,涵盖从最不个人化、最间接的社会变迁到人类自我最个人化的方面,并观察两者的联系。

Mills(2000/陈强、张永强译,2001:6)进而认为,"社会学想象力"使人们能对熟悉场域产生新奇感,无论正确与否均可透过反思与感受重新评估旧价值并"给自己一个完整的总结,协调的评价和总体性的定位"。因而,"社会学想象力"同时关注了历史论与系统论(即总体性),呼吁人们通过反思以感受自觉。

由此观之,"社会学想象"显然是社会科学研究者、记者、诗人必备的心智能力,唯有善加运用才能摆脱社会哲学理论家如 T. Parsons 立基于系统论而发展之"社会互动理论"(social system theory),因为 Mills 认为 Parsons 的理论仅提出了上层思考结构,有关社会秩序与权力的问题却无从取得答案,因此改而鼓吹较切合社会实际的"社会学想象":"在各种抽象层次之间穿梭往返,从容而不失清晰,这是有想象力的系统的思想家的主要特色"(张君玫、刘金佑译,1995:69/Mills,1959)。

在 Mills 的理论中,"社会学想象"属于可自觉且亟须的心智能力,其不但协助人们运用所能搜集的信息发展理智,以能在个人经验与社会情境正确地陈述现状与问题,更有助于找出任何政策与制度的可能对策,因而其较上述 Parsons 的理论更能彰显个人与社会互动的本质。

而依 Mills(1959/张君玫、刘金佑译,1995:35)之论,对个人生命位置与历史情势的评估应是充分了解周遭人、事、物的基石,透过"社会学想象"方得理解个人与社会间之互动,亦能"掌握历史和传记,以及两者在社会中的关联性"。

如同一般社会科学家与诗人,大众媒介之纪实报道者(新闻记者)在充分掌握"社会学想象"后,当能拥有写出佳作的心智能力,达到社会对一般作家的文化期许。"社会学想象"亦可协助众人定位现在如同定位历史,借此理解自我与社会间的互动关系,因为众人在拿捏一己困境与社会议题时尤需"社会学想象"。

亦如 Mills(1959/张君玫、刘金佑译,1995:40)所称:"能够认识到社会结构的观念并敏锐地加以运用,就能够追溯各种形形色色情境之间的关系。而能够做到这些,就是拥有了社会学想象。"

第三节　想象与说故事

基于上节有关想象与思维认识的讨论,若从讲述故事角度观之,想象实际上又可从两方面深究,包括故事究系子虚乌有的"虚构"(或称"虚构叙事")或属真正发生的"事实"(如"纪实叙事")。前者类型众多,如电影、戏剧、小说、广告、诗歌或在线游戏等均属之,而后者则如纪录片、新闻、报道文学等;若从运用想象力的方式与时机观之,则应能区辨想象在不同叙事类型中的特色。

首先,在任何断裂事件中,想象的穿插或抽离区隔着"纪实"与"虚构"叙事的写作。如本书第四章所述,一般"虚构"叙事多由具有因果逻辑关系(如起始、高潮、结尾)或时空人物相关的一系列事件组成;"纪实"叙事则指真实发生之事件且故事来源为"真"而非虚构,如历史史料记事与新闻故事皆属之。

但除了概略分为"纪实"或"虚构"性事件外,两者表述故事之方式其实具有一般叙事的相似内容与结构条件。举例来说,无论纪实故事还是虚构故事,皆具有主角、配角等行动人物,既有由这些人物启动之相关事件与情感,亦有事件发生之时间与地点以及相关物件。因而,真实历史往事、虚构小说及电影叙事虽各有写作特色,但在这些基本条件下各类叙事皆或穿插或排挤想象,可先从叙事的"真实性"谈起。

从"建构"观点可知,柏拉图指出"真实建构"并非只有一种,如有自然科学(如物理、数学)对物质现象世界的"物理真实"(physical truth),亦有宗教意识形态及信仰方面的"形而上真实"(metaphysical truth),更有诗歌戏剧及艺术层面所谓的"更高层级的真实"(higher truth);易言之,真实可分别从社会、媒介、主观等不同层面展开讨论(引自詹志禹编著,2002b;锺蔚文,1992)。

朱光潜等(2001:106)另曾提及三种真实类型,首先是"历史/现象的真实",如"中国在亚洲""秦始皇焚书坑儒"都属曾经发生过的历史或现象真实。其次是"逻辑的真实",指必然且"经过逻辑思考而证其为真实的"事实,包括数学公式的推理及逻辑成立却不必然为真的"甲等于乙、乙等于丙,故丙等于甲"。再者是"诗/艺术的真实",指"在一个作品以内,所有的人物内心生活与外表行动都写得尽情尽理,首尾融贯整一,成为一种独立自足的世界,一种生命与形体和谐一致的有机体,那个作品和它里面所包括的一切就有'诗的真实'",此即一般叙事者认定的真实。

由上引可知,朱光潜等所称之真实实有"建构"意涵且具层级属性,如"科学之实""纪实报道""虚构小说"就分属不同层次,而"纪实叙事"的真实建构、产制与解读,则也涉及了一系列传播现象的符号拆解与重组过程(俗称"再现",见臧国仁,1999:第二章;Hall,1997)。

以新闻报道为例,记者采访时系从不同消息来源接收各类讯息,从而解读并记忆相关重点后,继之规划不同类型之写作方式。接着记者透过个人撰述之文字/语言/符号等修辞行为,再经编辑下标并印刷刊出(或制播),最后到达读者手中(或让阅听众接收)后,改以其自己所属符号系统解读并理解。此一过程经历了层层"转换"或"再转换",最后仅能反映现实世界的部分真实,且落于"表象的真"与"失真"之光谱间;换言之,即便纪实叙事如新闻报道或历史论述,亦少能达成永恒不变、纯粹完美的"理型"之"真"。

这是因为,纪实的新闻叙事与历史叙事同样具有符号学的意义。如每当历史学家受到文化、科学知识、宗教、文学艺术、神话、寓言与民间传说影响,以致必须使用比喻性而非科学性语言陈述事情来龙去脉时,其书写同样要通过文学手法始能将真实事件置于特殊语境,进而透过语言与符号的形式建构真实(陈永国、张万娟译,2003/White,1973);在这个层次上,纪实叙事如同历史书写般地建构着真实,建构着现实生活,也建构着读者的思维。

此即意味着,每当纪实叙事者(如新闻工作者)运用文字或影像符号撰述文本或使用语言、声音转述（再述）其所目睹或听闻的事件细节时，理当翔实记述与报道。但若其将不同事件或不同时间序列发生的连续事件依据叙事逻辑书写或讲述，或在讲述之间解释不同事件与行为动作的前因后果与情境脉络，即有可能与小说家或文学家同样地穿插起由其想象及推论而达成之连结，借此显示事件间原本所应具备之原因、道理、逻辑。

图 6.1 说明了叙事者观察、记录不同时间点之单一或连续事件，如何随着真实时间发生之"事件一""事件二""事件三"而变动。

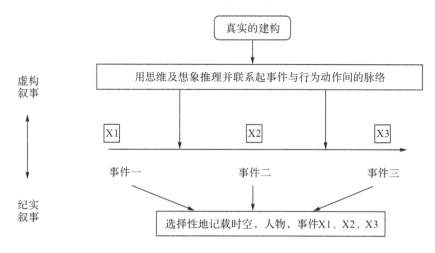

图 6.1　想象在叙事真实建构中的位置[*]

此处纪实叙事与虚构叙事之差异在于，前者固然记载了不同事件，却不必然记录事件之发生原因与结果，而虚构叙事则常用各式思维及想象而将时空独立的行为动作与事件过程联系起来，进而描述为有前因后果的完整故事。如此图所示，"纪实叙事"明确记载了三个事件（即 X1、X2、X3）的时空、人物、事件（见图 6.1 底部之框），却可能因真相尚未明朗而难以说明或厘清其内在因果逻辑，也可能其所述之周边次要事件对主要新闻事件的作用与影响不明，且受限于篇幅而有不及解释或明述之情事，更可能是叙事者完全不宜推论或用想象补充现实的事件。

具体例子如本章首节所载之"南台大震"，发生之初新闻报道仅能就强震规模略加报道（事件 X1），其后关注房舍大楼坍塌之惨状以及多日之救难搜寻（事件 X2），延至第五日方因检方启动调查而有"羁押恶（承）建商"之报道（事件 X3）。

[*]　资料来源：修改自蔡琰、臧国仁（2010b：8）。

但面对一些无法立即厘清之事件与行为细节（如维冠大楼"为何"倒塌），记者仅能顾及地震"如何"引发维冠大楼倒塌（事件 X1）以及坍塌现场之救援与挖掘细节（事件 X2），犹少关于坍塌意外为何发生之全知观点（事件 X3），因而连续多天报道主文都是一些令人动容之现场情感故事（见本章第一节所引）。

此时（地震发生后之数天）纪实新闻呈现之情境脉络犹不尽明确，须待多日后有了更多新的情节（如来自检方调查结果出炉与法院羁押嫌犯）补述后，全部事件间的关系以及行为的来龙去脉始能厘清，而其间"断裂"也才能连结。

但若以虚构叙事来表述南台强震后的房舍坍塌事件，则可由叙事者以"全知"观点随意选择并叙述事件细节（如从建筑师角度批判承建商为了谋求私己之利，而偷工减料以致酿出意外），举出其间关联并推论各行为事件（如虚构承建商当年或因投资失败后资金周转不灵，而只得以色拉油空桶填塞梁柱以减少开销）间之关系（杨素芬，1996），并尝试解释"事件 X1""事件 X2""事件 X3"间之因果逻辑与社会意义。

而当虚构叙事者用其"思维及想象推理并联系起事件与行为动作之间的脉络"时（见图 6.1 上方），就能推出具有吸引阅听众之故事，借着前述"诗的真实"而提升人们对人性的了解与社会真实的压力以警示自身。如电影《唐山大地震》就在描述年轻母亲面对仅能挽救一个小孩的绝境下，无奈地选择了牺牲姐姐而救弟弟，此一决定顿时改变了整个家庭的命运，也让幸存者陷入难以弥合的情感困境，多年后方才释怀。[①]

然而，当不同叙事者搜集、选择相关事件，并组合、建构了"真实"的强震故事后，此"真实性"究竟是指发生在记者眼前、心中、笔下抑或是指读者之想象？时间过去、空间移转后，原始事件的模糊、断裂意象在记忆中增大，而想象的穿插或抽离更凸显了叙事的真实或虚构之感。

亦如本书第一章所述之象龟与河马的故事，任何新闻记者所写纪实报道有朝一日，亦可能转身而成为虚构故事撰述者（如小说家、电影编剧、动画设计师）之素材，而阅听众在观赏这些虚构故事时亦会以自己的想象加诸于其所看到或听闻的故事，进而成为其长期记忆。

总之，运用想象的方式与时机应能区辨"虚构"或"纪实"叙事写作及阅读在传播真实故事上的差异。另一方面，想象对叙述故事的影响也可从下述几

---

① 取自维基百科之介绍，此部电影由冯小刚执导，https://zh. wikipedia. org/wiki/%E5%94%90%E5%B1%B1%E5%A4%A7%E5%9C%B0%E9%9C%87%E7%94%B5%E5%BD%B1。

个对故事本质的臆测中显示出来。

参考陈阿月译(2008/Morgan,2000),本书作者认为传播研究理应关注叙事与想象的真实性议题,并依此拟出几个值得探索之"前提"(propositions),进而提供叙事者在述说故事时应当事先考虑的想象之角色与作用。

首先,人们均有某种样式、类型、程度的正常生活与心理,也都偶有失去理性或具特殊原因的非一般"正常生活"与心理。而在每个人的生命历程里,总会遭逢许多事件可资借由讲述故事来回忆、分享、展望心理与情感(蔡琰、臧国仁,2010b);换言之,以故事形式述说生活经验本属常态。

其次,故事有"主流故事"亦有"替代故事"(即非主流故事),前者是叙事者对自己的期待或借由叙说经验塑造着自己的主流价值故事(如"我是本市最优秀的驾驶员""我是诚实的政府官员");替代故事则出现在主述者自述之不成立事实(如错误的记忆或谎言),或由他人所述之不同故事版本中(如"他胡说,真相是……")。

再者,讲述生命经验形成的故事时,其若与讲述者之历史经验完全吻合即属"理型故事",否则就是"非理型故事"。但故事理应是处在"理型"与"非理型"间之诸多"主流"与"替代"故事。无论纪实还是虚构,其重点多在分享人生经验之"真实感",且故事为何说、说什么、如何说、谁说、谁听以及后续影响为何,当都是叙事传播所应关注的议题。

最后,叙事者(如新闻记者、编辑或小说家)之再述故事,无论"主流""理型"还是"替代""非理型"均属叙事者主观,其难以查验而仅能显示叙事者之认同及其意识形态。而如新闻消息来源(或电视剧编剧)讲述故事与听者(如采访记者、一般阅听众),则互为主体、相互诠释、共同建构。

由此观之,上述叙事者个人之故事讲述实则具备即兴成分、跳跃于理型与非理型间。一个独立发生的行为事件(指人物执行的动作)或对谈中的"话番"(指讲话间的问与答形式)所述故事多不具备完整讲述条件,如缺乏动机、逻辑或时空隐晦、因果关系薄弱。目前,这些议题均非传播研究关注所在,而有待其他机会研究或讨论,以能进一步观察想象在形成故事与解读故事中的地位。

总之,"想象"概念常与心理学、历史学、文学接轨,持续探究其在虚构叙事中的功能及其与纪实叙事的关系,当有助于传播研究省视叙事之内在意涵。

创造力研究者 Osborn(1963/师范译,2004:39)曾言,"我们必须拔除那些在以前经验中形成观念的旧习惯,而让我们的想象解除束缚,自由自在地去寻找解决问题的新线索",此言或可用来小结想象在叙事中的作用。

第四节　纪实报道与想象①

如本章第一节所示,教科书过去多认为新闻专业人士报道社会事件时理应力求客观中立,而避免将个人之想象或臆测置入报道(参见臧国仁,1999)。而如马西屏(2007:253)之新闻采访写作专著即曾指出,相关教科书虽常说要少用形容词与比喻,但此原则"已不合时宜,甚至应该落伍淘汰"。他自承担任台湾某知名日报采访主任时,就曾要求记者每逢撰写有趣或感人故事时都要"想办法做形容比喻的写法",其论点实已反映了某些教科书作者确曾鼓吹新闻应仿文学体裁,重视如何激发读者兴趣(参见程之行,1981:56 所引早期文献)。

"记者需要想象力"亦是朱幼棣(1997:26;添加语句出自本书)一文开宗明义之言:"提出这个命题(即记者需要想象力)的时候,有些同行可能感到可笑:新闻不同于小说,新闻是用事实说话的,新闻作品更不能瞎编,难道新闻的采写中还需要发挥记者想象力?"朱幼棣强调,同仁觉得"可笑"之因乃出自其对想象之误解,错误地"把想象和主观臆想混同起来"。

朱幼棣(1997:26)继续表示,想象不同于天马行空式的幻想或绮梦:"想象是指在原有感性形象的基础上,创造出新的形象的心理过程。人虽能想象出从未感知过或实际上不存在的事物,但应当承认,想象的内容总的来说源于客观现实。王国维说,'想象的原质,即智力的原质'。"

朱幼棣将"想象"当成意识过程,明言记者不但不能任凭想象写稿且事实的印证、调整、核实均属报道必要步骤,但朱氏如上引马西屏那样,认为想象乃采访及编写纪实故事的"起点"。如某次他听到消息来源说起儿时"……看见一群流浪的人,他们从县政府领到救济粮款,赶着毛驴车载歌载舞而去,车上挂着红红绿绿的布条",凭借想象他就猜测这会不会是中国新疆的某个部落,而红红绿绿、载歌载舞的意象也引导了他去实地采访,却发现这个部落如今萧条万分。朱幼棣随后拍回了部落的穷困照片,旋即引发当地政府实施扶贫计划。

朱幼棣因而认为,好的新闻写作可以描述记者感官经验所及,如以"一入七月,兰州满城瓜香飘不散,醉入万家沁人心脾……"的写法,就能具体而微地

---

① 此节改写自蔡琰、臧国仁(2014a)。

道尽甘肃省兰州市的七月真实街景,而非仅是月份或事件的真实再现。

至于马春(2009)虽曾否定记者可运用文学的虚构幻想,因为新闻必属纪实报道而无干任何人、物、事件的虚构,却认为想象与新闻确有关联。此乃意味着新闻报道内容均属确有其人、其事且"五何"(5W)之真确无误是基本要求,而这正是纪实新闻不同于虚构文学或幻想小说的差异所在。

马春(2009:45—46;括号内均出自原文)指出:

想象,(是一个)心理学名词。"想象是人脑对已有的表象重新组合建立新形象的过程。"……新闻,是新近发生的事实的报道。按照新闻的定义来说,客观存在的"新近发生的事实"是新闻的本源。

新闻价值的要素首推的就是真实性,真实是新闻价值的物质基础,真实是新闻的生命。那么,在新闻写作中能不能运用想象呢?

马春(2009:46—47)接着在讨论了三个新闻个案后表示:"综上所述,新闻写作中想象这一形象思维的手段是完全可以运用的。想象这一手段运用得好,能使新闻打破平铺直叙和死板拘谨,能使新闻多采多姿、栩栩如生,能使新闻强化主题思想和感情色彩。"显然,在他眼里,想象与新闻报道的客观运作并不冲突甚至具有互补。

台湾著名评论家蔡诗萍(2009年8月25日)则曾从"人的故事"角度讨论纪实报道中的想象意味,表示没有新闻工作者不会利用想象思维于其报道里,因为懂得如何善用思维亦可视为新闻专业的内涵。

在新闻界工作多年,我始终不觉得新闻的专业训练里,应该少掉"想象力"这一环。这当然跟我自己一贯兼顾文学的喜好有关,但更关键的,是我常常会在新闻事件里,看到更多"人的故事"。每一个"人的故事",于事不关己的他人,是新闻;但,于当事人,或当事人的亲朋好友,却是如此真实的现实,他们如何能事不关己呢?

要拉近新闻与现实的差距,新闻报道往往会采取比较人性化的故事叙述,然其风险则是或恐失之于不够冷静、专业。依我之见,最好的替代方案,若非报道文学,另一选择,无疑便是根据新闻事件,改编成小说、戏剧或电影剧本,更大胆地切入当事人的心灵世界,并放大比例,让观众得以作为参照、反省的放大镜。

事实上,根据蔡琰、臧国仁(2010a)之研究,纪实叙事的新闻报道仍然常常在段落中记载主角/人物发生之事件及动作,特别是写作者(记者)动用了形容词、细节描述、经验、意象来说明事件与动作的经过,就难以避免触及文字可能引发之想象。例如,以下这则新闻可能勾起的思维与意象其实极为丰富(见王昭月,2007年11月23日;底线为本书作者添加,意指可能勾起思维之语词)。

七旬老妇张杨秀月昨天下午出门替孙子买盐酥鸡,找零钱时被一名飞车抢匪伸手从后方抢走白金项链,老妇吓得大喊"抓贼",盐酥鸡摊老板的儿子听到,上前试图拉下抢匪却被挣脱,警方获报赶来追贼,与路人合力制伏抢匪扭回警局,被抢的老妇开骂,"去死死ㄟ,连老人也抢"。

有趣的是,记者虽不可能在现场目睹事件发生经过,却透过其文字而将生命经验("买盐酥鸡""抢走")、感官经验("吓得大喊""听到")、空间经验("出门""警局")、断裂("试图……却")、形容词("飞车抢匪""合力制伏")、细节描述(如"扭回""被抢的老妇开骂,'去死死ㄟ,连老人也抢'")、意象("伸手从后方抢走白金项链""上前试图拉下抢匪却被挣脱")等描绘得栩栩如生,借此堆砌起了真实的动作经过情形,使得读者跟着行文描述而能想象事件发生之景象与情境(当然,记者如此撰述极有可能取材自警察局之笔录,而非其"创作")。

相较于此,以下另一则新闻仅仅记述了人/地/事/机构等各式名称、人数/岁数/日期/时辰/金额等各式数目、情况/事实等状况、结果等,均属前称"讯息"而显示着事实纪录,却少穿插想象的空间(见邱英明,2007年12月5日)。

县(政)府明年度总预算被删了九亿多元,其中高捷配合款、县长第二预备金和旗山农民休闲中心删减最多,县(政)府还在努力希望在今天最后一天会期翻案。

县民意代表刘德林指县内65岁以上老人免费乘车,明年度县(政)府还编列补助高雄客运二千万元免费搭车,但高雄客运反而减缩三四十条客运路线,老人免费乘车却要面临减班、路线减少,县(政)府至今仍无因应(回应)措施,无法对县内十万名65岁以上老人家交代。

整体而言,新闻虽不会因为穿插想象而含虚假素材,记者报道时却常常加入想象与解释,因而使得纪实文本掺入了众多可能引发想象的写作设计,显示此种书写方式理应是传播与新闻学科关注的研究议题,而读者在接受想象后能否取得事实真相,也应广受注意。

另如蔡琰、臧国仁(2014a)所发现的,新闻报道内容确可分离出"客观真实"与"想象"两者。两位作者以 2011 年 7 月 24—26 日挪威首都"奥斯陆市恐怖屠杀"造成 92 人死亡新闻为例,分析《联合报》之三天报道(6 个全版图文报道之 34 则文字新闻)后认为,记者虽然旨在客观真实地记述外在世界,实际上却必须透过加工、变形、填补、延伸想象等手法或以某些现存"故事剧本"来组织新闻文本。

如在"奥斯陆市恐怖屠杀"这则新闻中,撰述者曾将大规模屠杀套上对"凯达""伊斯兰""恐怖组织""九·一一事件"的既有剧本,而想象出"新增""变形"的伪事实,随后被美国布朗大学历史学者席娃·巴拉吉指出是:"挪威悲惨的一天,也是新闻界可耻的一天。"(此言出自《联合报》2011 年 7 月 26 日 A3 版译文)

蔡琰、臧国仁(2014a:284)亦曾以问卷方式调查台湾记者在其工作中面临的想象取舍议题,部分记者承认"无法确定一件人事物的真实面貌,就会下意识用想象""……我们没有亲眼见过整个(车祸)过程,我们只能听亲眼见过的人的描述、形容,来猜想事情是如何发生的"(添加语句出自本书)。显然,记者使用之想象其实皆基于理解、记忆。

某些受访记者也曾表示(出自蔡琰、臧国仁,2014a:288),"每个新闻工作者在采访工作或搜集资料(的)过程(中),都会运用想象",并坦承"写作前,脑中已经会有编排……,在采访时,会先用到基本资料,让稿子有一定基本的内容,再运用想象,去问出有趣的情节",或"写作时为了完整的故事陈述,在一些未完结的新闻事件,常会套上一些制式(程序式)的结尾",以及"记者写特稿、分析稿时,一定是先有定见、故事骨架"。

有位记者直言(出自蔡琰、臧国仁,2014a:287):"同业间常戏称某位记者是'小说家',言下之意该名记者在采访写作或搜集资料时,经常在不愿具名的消息来源中,添加过多个人的想象。"

还有一位受访记者的说法更令人莞尔(添加语句出自本书)。

其他新闻工作者的想象,通常大部分都在其脑中进行,因业务相关,未(为)免破坏职业伦常,大多不会过问。但常见的情况是,见报后隔日,各家媒体(对同一新闻事件之)叙述内容皆不相同。请上网搜寻 2012 年 2 月 3 日新闻——

《自由时报》标题:"抢男友被教训?"　少女遭性侵半裸弃置公墓

《苹果日报》标题:毒蝎女　掳情敌供男性侵

《中国时报》标题:少女被性侵　剥光丢淡水街头

欢迎(通过)仔细比对新闻内容,……应可一窥想象在新闻应用上的毛皮(皮毛)"(以上改写自蔡琰、臧国仁,2014a:288)。

由上观之,新闻报道若是一种选择题材、安排段落、表现故事材料的传播活动,即属叙事。如 Bordwell(1985/李显立译,1999:14)所称,"我们可以将叙事视为一种过程来研究,是一种选择、安排和表现故事材料的活动,以期能在一定的时间内对观众产生效果";而每从不同角度看待同一事物时,总有新的观瞻。

如前所述,新闻纪实报道与虚构叙事在撰写前都有相似的"格式""图式"或"剧本"。如 Herman(1997)即曾讨论写作剧本,认为其是在特定文章的"次序脉络"里描述连续事件的结构,由许多事件的"位置"与可以填补这些位置的内容组成,彼此相互连结,而"次序脉络"则影响整体结构和故事情节。换言之,在 Herman(1997:1050-1051)眼里,剧本之作用系在将每个事件"格式化",由作者预先确立事件位置,进而规范一连串定义为已知情况的待连结事件。

这个说法与一般编剧事先多有"情节大纲"的情形一致,可以用来指证任何写作者(无论虚构还是纪实叙事)常依情节次序脉络铺排已知情况,进而填补各个事件的相关位置。Herman(1997)因而指出,"理解"是将所见所闻与其经历过的行为与经验相互印证,而知识的再现正可谓一连串有时序、因果关系的行为,因而理解文本论述和执行复杂任务需要多个已经存在脑中的模式。

同理,我们可以推知记者采访例行事务后犹需写出不同于以往的报道,其每天例行写作乃依前述"剧本"与"故事情节",始能填补不同事件之"次序脉络"(空隙位置)。

身为叙事学家的 Herman,其上述所言之写作剧本、位置与所需填补各位置的要件当也呼应了前节所论,即"想象"概念提供了综合组织概念以铺排秩序与脉络的能力。因而,从理论上而言,记者运用想象力写作是可能的、适宜的、应当的,只是其职业规范与新闻伦理不同于虚构故事编剧罢了。

回到前节所引社会学家 Mills(2000/陈强、张永强译,2001)之言,似乎可以将社会现实与历史脉络的构连落实为可理解的经验,反映了运用想象思维的结果,显示"社会学式想象"乃纪实工作者如新闻记者所具备之专业能力,允许其在职场综合观察、评估与分析,从而大胆推测、判断内在想象,甚至写出好的纪实报道。

针对这个问题,陈安骏、臧国仁(2011:15;括号内文字均出自原文)曾经指出:

　　……新闻并非不容想象,相反的,记者从思考事件、构思作品、(到)撰写报道文本(,)在在都须不断想象,只是运用上与其他文类不同。……虽然新闻写作不能像其他虚构文本那般恣意驰骋,不过从记者如何面对发生的事件一直到写出报道,过程中离不开想象。思维(思考)是人脑对客观事物的间接和概括反应,新闻写作主要运用的就是抽象思维与形象思维。

　　由是陈安骏、臧国仁(2011)认为,抽象思维即逻辑思维,是在认识过程中借助概念、判断、推理以显示事物本质,这种逻辑思维主要被用于决定新闻价值、选择新闻题材及主题。

　　形象思维在新闻中则指记者将素材整理、加工,以构成完整新闻形象所需的思考力,在形象思维过程中有写景、有想象也有作者的感性,这应该是前节有关灾难纪实报道中多有情感叙事之原因。

第五节　想象与非纪实叙事之创作(力)

　　想象乃是发现真理的一种力量,人的头脑并非被动的东西,而是一股从不平息,永远燃烧的烈焰[意大利教育家 M. Montessori(中译蒙特梭利)之言,引自陈淑钰,2004:1]。

　　延续上节有关"纪实报道与想象"之讨论,曾经担任新闻记者后来撰有《发挥你的创造力》及《实用想象学》两书的作者 Osborn(1963/师范译,2004:359)认为,思想活动之重要性众所皆知,但是"……创造性思想,却尚未能引起我们普遍的认识,更谈不上如何去运用这种能力。不论政治、经济、军事、文化(还是其他)任何部门,固然都不宜墨守成规;而从事工商企业或文学艺术的人,尤其需要有新的创造"。显然,在 Osborn 眼里,想象与创造力乃不分行业、工作内容皆应广受重视的涵养与能力。同理,想象及创造力一向是虚构叙事之重要元素,其对任何创作者来说皆不可或缺,甚至是满足欲望的重要途径(褚朔维译,1988/Sartre,1972)。在想象过程中,人们凝练和浓缩了情感后再将这种情感运用于创作。

　　Belton(2001)曾经直指想象是说故事的来源,前引 Coleridge 也认为想象可分两等,第一等是调和感觉与洞察力的智能,第二等则能融化、扩散、分解思维以便重新创造。前者非自主性,而第二等想象力则与有意识的意志相关,本质上富于活力,有别于幻想而能实际执行,如写诗时的创作(均引自 Brett, 1969/陈梅英译,1981:47)。因而,想象可谓是每个人熟知也常使用的能力和语言,更是创新文本的基础。LeBoeuf(1980/李成岳译,1991:4)曾经引用著名戏剧学家萧伯纳之语指出,想象之作用在于,"有了想象力之后便能产生创造力,因为有所期乃有所想,有所想乃有所为,有所为最终才能有所成",可见想象固是内在思维,却也是外显能力的催化剂,是完成创作的起始点。

此外,修辞学者 K. Burke 曾言(引自 Brett,1969/陈梅英译,1981:28):

人的心智拥有一种属于他自己的创造力,这种创造力或者依照感官所承受的秩序和样式而任意呈现事物的意象,或者依照一种有别于感官印象的秩序样式来中和这些意象。这种能力被称为想象力,而且举凡机智、幻想力、创新之类的能力都属于这个名称的范围内。

显然,Burke 认为想象虽是心智能力,实也富于创造性,属重新制作与连结思维的智能,能在脑海中组织起诸多意象。

文学评论家姚一苇(1973;英文出自原文)则指出,"想象不只是意象(image)的召回或经验的再现,它包含了艺术家个人的远而复杂且深邃的心灵作用;此种心灵作用一般人称之为'创造的想象'(creative imagination)";一般而言,创造的想象在先,文艺或写作的表现在后。但依陈帼眉(1995:163)之见,想象是处理、重新组合已有形象并成为新形象的过程,Arnheim(1954)则定义想象为"把旧事物以新生命的姿态再现"(引自胡宝林,1986:121)。

沈坚(1988:109-113)进而将想象分为"再造想象"与"创造想象",而李璞珉(1996:287)也认为,"再造想象是根据别人的语言描述或图表说明进行的想象",如听闻、阅读或纪实写作时基于理解、记忆所浮现之"非现场所见"人物形象、环境形象。再者,"创造想象是不依据现成的描述而独立进行的想象",并非凭空而来,如文学或艺术新形象的塑造、科学研究、发明机器或进而衍生出之其他议题等皆属之。

简珮如(2006:9)亦曾强调想象有如下三种类型,包括:(1)"预期想象"(如想象未来可能发生的事情或想象如何达成目的);(2)"再生想象"(亦称"记忆想象",如整理以往经验并组织、重现于记忆);(3)"创造想象"(如在记忆中重组过去经验,并超越以往经验产生新的构想,也称"构念想象"),而且指出了想象与新观念、新意象的结合,除了说明想象的日常生活功能外,更提出对创作有利的"创造/构念"想象。这种能力对创造想象最有帮助,且是人们屡能对现实世界做出突破创举的主要原因。

按照已知的机制和特点,想象似乎可以继续分为以下几个类型,以协助人们了解其与创作间的联系(陈金桂,1996)。例如,按照产生目的性与自觉性可分为无意想象和有意想象。

无意想象指一般认知中思维随意漂浮的想象类型,又称"消极想象""随意想象",即简单地保存、回忆事物表象,没有预定目的,仅在让思维顺其自然、天马行空地想象,其极端之表现即俗称之"白日梦"。

有意想象又称"积极想象""不随意想象",乃是对事物的意象有意识地加工组合,如从事艺术构思及文艺欣赏等,又可再分为"再造想象""创造想象"。"再造想象"指根据语言、文字、图像、符号等事物之描述而再生成之形象,如阅读小说后大脑产生的意象。"创造想象"则指"不依赖现成的描述,在客观事物形象的基础上,根据预定目的和任务,经过构想而独立创作出来的新形象"(陈金桂,1996:129)。换句话说,"再造""创造"等"有意想象"直接地引导着新创的思维和随后的行动。

总之,创造性想象是创造活动不可或缺的因素,其特征是创造、新颖、逻辑,除了无事实根据的虚构创作外,符合社会学需要的构成性创造想象实际上是叙事者从搜集资料到叙事过程"推理/转换"信息现象的心智过程,亦是"结构/创造"符号意义的外在结果。"推理/转换"指这种想象并非任意行动,而"结构/创造"则指在构成思想的可能客体时,故事由形式逻辑观念支配,如叙事者习惯将一己之想象运用于创作对象的拟人化与同理心。

第六节 本章结语:Sarbin 之"想象即(叙事)行动"观点

如果我们承认所有历史中都有虚构要素,我们就将在语言和叙事理论本身找到一个对史学内容的更为细致的再现,而不仅仅告诉学生去"发现事实",然后将它们写出来,并告诉大家"真正发生的事"。依我们之见,历史学科现今处境不佳乃因它已看不见其在文学想象中的起源。……如能透过史学与其文学基础(注:指叙事))再次紧密串联,或能防止意识形态的扭曲,创造新的历史"理论"。没有这种理论,历史不能成为一门学科(引自 White,1973/陈永国、张万娟译,2003:191—192;除"注"之内文外,均出自原文)。

综合本章所述可知,一般论者皆谓"想象"既属"内在思维"并以意象形式出现,可协助人们理解一些需要修补的外显语言或符号形式,同时也是"外显能力",可具体表现统整后之内在感知。因而,想象普遍存在于意识中,无论传播讯息之接收还是创作均常运用这种心智能力,也无论记述新闻的记者、制作版面的编辑还是解读新闻的读者均具备此类思维。

本章基于两位作者过去数年间发表的三篇论文(蔡琰、臧国仁,2014a,2010a,2010b),分别从艺术、传播(纪实叙事/新闻)、文学、社会学以及心理学角度论辩了想象之定义与作用,以及其与内在思维、经验、记忆之关联,并且指出想象与创意的差异与关联,从而显示想象能够促使叙事者实现自由意识、重现自身生活经验、在意识中重组记忆并超越以往经验进而产生创意思维;上述说法尚缺乏直接来自叙事学之论点,此点有赖另外引用叙事心理学者T. R. Sarbin(2004)之"想象乃思维"的观点来予以充实。

根据维基百科,Sarbin 乃 20 世纪美国著名心理学者,因对"角色取替"(role-taking)理论卓有贡献而常被称为"角色理论先生"(Mr. Role Theory)。[①] 自 1985 年左右开始,其研究兴趣渐转"叙事"并渐成一家之言,所撰专著(1986)首创"叙事心理学"(narrative psychology)一词且成为该子领域的首本著作,引领了研究风潮(此语出自 Murray,2006:111)。

而 Sarbin 曾在其自述(1986)中,多次提及对实验室之心理验证等实证研究感到失望,甚至认为其已造成心理学科之"领域危机",因而提倡改从人文学角度探索新的研究取向。起初他自谓常以"叙事如根喻"(narrative as root metaphors)为旨,讨论一般人如何自述生命经验,其后受到前引历史学家H. White所撰 *Metahistory*(1973/陈永国、张万娟译,2003)一书启发,从而深信"叙事研究"亦可应用于心理分析,且生命自述远较实验方法习惯以"无名、无脸"(nameless、faceless)方式呈现受测者所思所想更为有趣(引自臧国仁、蔡琰,2009a:8;参见本书第五章第三节有关实证论与建构论之访谈差异)。

Sarbin 从纯科学性质的实验心理学转向叙事心理学的心历路程,也曾记录在 M. Murray(2006;引文出自丁兴祥、张慈宜、曾宝莹、王勇智、李文玫译,2006:142)论述中:

……Sarbin 谈到当初如何与一群学者讨论人性时,冒出这个想法。他记

得一开始并未刻意区别叙说（即本书所称"叙事"，以下亦同）究（竟）属（于）再现或（还是）本体论形式，然而经过一段时间后，他开始相信<u>将叙说当成本体论</u>形式才较适当。

如他在 Heaven（1999）的访谈中所强调："故事拥有本体论的地位，（亦即）我们永远被故事围绕，因而叙说之于人类就像大海之于鱼。"（底线与添加语句均出自本书）

时至今日，叙事心理学已非单一理论，其旨系在讨论"生命故事之论述、经验、思维"（Brockmeier & Carbaugh，2001：9），只要是有秩序的经验、具体的企图、记忆的使用、有经验的沟通，叙事活动就有其作用，"能提供基本机制以让我们的经验产生形式与意义"，因为"对自己或他人述说故事让我们得以了解自己是谁、别人是谁、我与别人之间有何关联……"，此即叙事之"认同"作用（参见本书第九章第一节讨论）。

简单地说，Sarbin 远较其他心理学者更为重视"自述"如何得与讲述者之心理（智慧）、记忆或经验连结，亦即述说（写）故事时如何将所思所想组合为有意义且前后有序的情节，从而反映人生态度、信念与个性，尤其是如何将"我"写在（或隐藏于）故事述说之内，以能建构"自我主体性"或"自我认同"。

在此背景下，Sarbin（2004）所述之"想象"概念显然与本章前引其他研究者不同。首先，他强调想象对叙事研究有其特殊意涵，"若不探析包含在'想象'这个概念下的心理过程，就无以（难以）完整理解叙事，……想象（imagining）非意象（imagery）亦非内在事件［如'脑中图像'（pictures in the mind）之体验］，而是'行为'（doing），……"（2004：6；括号内及英文均出自原文）。

其次，Sarbin 举出众多文学例子以资说明叙事（即故事）对认同的重要性，如众所皆知的《少年维特之烦恼》（*The Sorrows of Young Werther*）一书于1774 年出版后，出现了众多模仿性的自杀行为，甚至导致 18 世纪末期欧洲各国年轻人自杀率出现戏剧性的陡升，有些少年死前还紧握此书或将书册置于口袋里以示认同。

另一本其作者曾获 1962 年诺贝尔文学奖的《愤怒的葡萄》（*The Grapes of Wrath*），则描述了 20 世纪 30 年代美国经济"大萧条"（The Great Depression）时期穷苦劳动者的悲苦生活命运。由于该书过度写实，曾经引发同时代人对作者 John Steinbeck 的观点大加挞伐，但这并无碍该书成为当代美国高中与大学文学课的必读专著。

　　Sarbin(2004:8)即以上引诸例提问:"处在故事与其读者或听者间,经常深富行为效果的心理活动究竟为何?"较为简单的解释是,任何人都可能因其与故事的互动而产生某些信念甚至行动,或自我"投射"(projecting),或将自己"流放"(transport)在故事世界里;观察今日众多由漫画、动漫、游戏等不同类型之叙事传播所常引发的诸多互动行为,Sarbin之先见着实令人敬佩。

　　因而,故事如何启动动名词的"想象"(imagining)而非名词的"想象"(imagination),就成了 Sarbin 的讨论重点,因为动名词有主动意涵且暗示了想象者的"行为",而名词的想象只有一般事物之意或仅具心理官能属性。Sarbin 续而透过解析此字之起源,挑战视"想象"为"脑中图像"的局限性:"如要想象椰子奶油馅饼的味道、花店的香味或是分娩疼痛,究竟哪些心智器官被启动了?"(Sarbin,2004:9)

　　在字源上,Sarbin 指出"想象"一词起初并无反映心智的被动之意,系在后文艺复兴时期才被赋予了"复制"意涵,用来指称如同"看见"等具视觉中心之比喻,也常用来形容与"心象"或"意象"相似的想象。但动名词的想象则指"自己和他人都参与的故事化行动序列,……是带有因果关系与持续性的情节叙述,与(下列)这些时髦用语同义,如近侧刺激与远侧刺激事件、记忆、文化故事、口传民俗、传奇轶事、文化迷思……。"(2004:11;底线与添加语句均出自本书)

　　Sarbin 继而指出他心目中的想象概念乃具主动、探索、操作自如、创作性等特性,可在某些范围内建构自属世界,而非只是在被动的心智里受到善变世界的不确定性包围。尤为重要的是,人们能自我发展出可在不同假设层级创建真实的本领,借此区分一般性之"认知"(如"我听到了声音")、"想象"(如"我好像听到了声音")以及"比喻"("我听到了良心的声音")三者间的差异。

　　此种创建不同层级的假设能力,就是 Sarbin 认定的想象作用,"设定不同层级假设的能力,让人们能自由地跳脱其身处环境"(2004:11),可称其为"如……一样"之技能(as if skills),指置自身于不同时空并产生设身处地的虚拟角色扮演作用以与故事互动。[①]

　　Sarbin 强调其"如……一样"之技能与传统的"记忆"(remembering)概念相近,指重组或重建经验的片段信息,由此不但将自身与已知物件或事件结合,也与不存在物件(如虚拟叙事之故事情节)产生互动。这就有赖上述设定假设的能力或"如……一样"技能的施展,透过模仿、角色取替、默演等步骤而

---

　　① 有关"角色取替"理论过去讨论甚多,非本章所能涵盖,可参阅潘慧玲(1994),但潘氏之文献并未引用 Sarbin 任何著作,亦可参阅陈志成(2005)。

与故事情节进行交流。

总结来说，Sarbin 强调其观点在于想象（动名词）是由故事引发的行动，具有将自己想象成故事的主角或任一角色，而此角色取替作用又有赖其后产生的"体现"（embodiments）①或"机体参与"（organismic involvement），不仅包括肉体、情绪、肌肉、运动神经元素等自体官能与故事所述情节的一起联动（2004:17），同时涉及叙事创作者与接收者的复杂过程，即可谓叙事与想象的互动历程。

如此看来，在 21 世纪盛行的诸多互动形式之传播叙事活动（如手游、网游），其特色恰好回应了 Sarbin 稍早所述（参见本书末章图 9.2），亦即故事不再仅是静态文本，而是能与"使用故事者"之自体官能一起互动的动态（联动）传播行为，接续产生联想与自我投射甚至自我认同，其复杂程度早已超越过往文学研究所得结论。

由本节所引 Sarbin 之言观之，其所想象之"想象"显然与前节所引各家之言不同，乃着重于心智、身体、行为等诸多元素如何与故事共同产生具有联动性之整体关系，可谓为叙事传播与想象的研究传统开启了新的视窗，让后继者可在其奠定的基础上继续讨论一些过去鲜少触及的面向。如在数位叙事时代的玩家如何与手机游戏（如近来风靡全球之"精灵宝"或 Pokémon GO）互动，从而假设自己为任一角色而全神贯注地"体现"了游戏之乐趣，或是动漫角色扮演者（cosplayers）又如何认同自己创作的故事并乐在其中，其理论意涵显然较传统说法更为深邃与复杂。

综合本章所述，图 6.2 尝试结合"传播""叙事"与"想象"三者，并以 Sarbin 提出之"体现"概念为其核心，因为其已将"想象"一词从传统"内在思维"解放出来，并且涉及了身体官能（如运动神经、骨骼、肌肉）与阅读故事间的互动（见 Sarbin，2004：14－15），涵盖范畴广阔且更为符合数位叙事时代的实情。

如 Sarbin（2004：18；双引号出自原文）所称："在叙事引发的想象里体现参与程度愈深，则读者或听者就愈能'感受'角色想要解决某些特殊情节的核心道德议题。"显然，"体现"概念有如图 6.2 所示之连结"内在思维"与"外在具象"作用。

---

① Embodiment 中文译名"体现"从杜绮文（2008:21）而来，并随其定义为："将个人体现的经验作为文化的存在基础，讨论个人在生活世界的实践，身体知觉如何与此生活世界发生互为主体性的沟通。身体被视为能动性的主体，透过'知觉'而'实践'，抑或'体'会以实'现'的过程，……展现身体本身在生活世界的相对自主性，如是也打破过去传统的'身心二元论'观点，为身体和文化关系研究提供一个不同的观点。"相关研究可参见 Haydén（2013）。

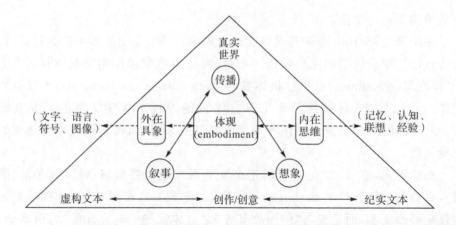

图 6.2　有关想象与叙事传播的可能关联

　　亦如图 6.2 所示,想象应非传统新闻教科书所谈之"禁忌"(如记者撰述新闻时不得使用之手段),反而是难以避免且无时不在起作用的叙事体现行动(见图 6.2 左、右方),这是因为任何人(包括纪实叙事者如新闻工作者)在述说故事(包括新闻报道)时,无不冀望其所用文字、影音、符号等媒材俱能"打动人心""引发关注",甚至激发行动(如阅读新闻报道后立即捐款给地震难民以协助重建工作),而聆听(或观赏)故事时也很少有人能自脱于故事情境所引发之想象。

　　因而,"想象"可谓"叙事"(或"叙事传播")之关键要素矣。无论对虚构还是纪实之任何传播创作者而言(见图 6.2 下方),了解想象如何运作都是其不可回避的任务,如此方能使其作品(无论静态文本还是动态甚至互动形式)取得与阅听众(或使用者)相互作用之机会,而且包括内在思维(如记忆、认知、联想、经验)与外在具象(如文字、影音、各种象征符号),也方得与故事情节共同联动。

第七章　（新闻）图文叙事与图像传播

　　何为图像的本质,简而言之,图像便是有形的视觉表达。任何一种文字经过图文相互的转换,都会以统一的视觉呈现出来,即使是象形文字也是由符号组成,而非现实中的实在事物(组成)。图像的组成元素都是现实世界,有具体形态以供参照,因而是为了有形的视觉表达。通过图像延伸至对于画面元素的探究,再由画面元素找寻到画面后的背景,从而由一个有限的表达延伸至无限的联想与解读之中,这构成了图像的表达作用(张逸良,2015:30—31)。

第一节　概论:图片(照片)之一般叙事作用

　　我们都曾经长久凝视一张莫名的图片,它横亘在我们和世界之间,截断时间和空间,却展示着另一个宇宙。当我们凝视它,我们彷佛看着乡愁或梦境,是向往也是梦魇,是历史更是潜意识(陈吉宝、陈狐狸,2015)。

一、基本定义

　　图片(photos)或照片(pictures)常与绘画或平面画面的概念有所联系,既是静态的视觉图像,更是视觉物质对象留存在或被记录在数位形式、纸、胶片等媒介上的结果,其重要性不亚于文字或语言等传统传播工具。

　　点开维基百科即可发现,"图片""相片""照片""图像"的解释重叠且混用,因为英文之相关词汇均以"pictures"一词表示。①"图片"时而也与"影像"(images)相互代称。②如在分析视觉艺术的"图像学"(iconology)或"图意学"(iconography)兴起(陈怀恩,2008)后③,绘画与数位图片也包含在代表视觉符号象征的"图像"(icon)研究中,用来解析其艺术意义与价值。

然而,依 V. Flusser 之见④,无论图像还是照片,都是"具有深刻意义的平面……,将现象编织成二度空间的象征符号"(引自韩丛耀,2005:59)。当然,数位时代所称之"图像"或"影像"早已脱离此类讲法而迈向多维空间(锺蔚文、陈百龄、陈顺孝,2007;胡佩芸,2012),但其意义建构方式相较于文字或语言恐仍具有独特性而值得重视。

至于一般所见之图片,则是摄制者或张贴者再现真实世界实物的选择结果,转介着其所见视域以及其对物像的基本认知,而多数人阅赏这些图片后皆能留下关于其外观的记忆与心灵印象。韩丛耀(2005:61)即言,图像是人与现实世界的中介,因为人与其所处世界没有直接的沟通桥梁,须倚赖图像起着沟通、联系作用,此点亦与文字、符号的再现功能约略一致。

仍依韩丛耀(2005:2)之见,来自照片、图像、影片等视觉图像"是现有传播媒介中传播范围最广泛、传播效果最好、传播受众最多、传播速度最快、传播障碍最小、个体传播亲和性最好、族群接受性最广泛的既古老而又时新的传播形态",其言可谓中肯。

惜乎即便"向图像转"(pictorial turn,出自 Mitchell,1994;另见赖玉钗,2013a;Martinengo,2013)之说早在 20 世纪 90 年代中期即已蔚然成风,如龙迪勇(2009:147)即曾引述美国人文学者 A. J. Cascardi 之言指称,"图像不仅

---

①　举例来说,"图像"一词的维基解释是,"……人对视觉感知的物质再现。图像可以由光学装置取得,如照相机、镜子、望远镜及显微镜等;也可以人为创作,如手工绘画。图像可以记录、储存在纸质媒介、胶片等等对光讯号敏感的介质上。随着数字采集技术和讯号处理理论的发展,愈来愈多的图像以数字形式贮存。因而,有些情况下'图像'一词实际上是指数字图像"(https://zh. wikipedia. org/wiki/%E5%9B%BE%E5%83%8F,访问时间:2016 年 2 月 28 日)。而"相片"则是,"又称照片,是从摄影得出来的图像,始自 1826 年。通常由感光纸张搜集光子而产生出来,相片成相的原理是透过光的化学作用在感光的底片、纸张、玻璃或金属等辐射敏感材料上产生出静止影像。绝大部分相片均是由相机拍摄所得,其种类有正像或负像"(https://zh. wikipedia. org/wiki/%E7%9B%B8%E7%89%87,访问时间:2016 年 2 月 28 日)。

②　维基百科并未有针对"影像"的独立词条。

③　参见维基百科词条:http://www. twwiki. com/wiki/%E5%9C%96%E5%83%8F%E5%AD%B8,访问时间:2016 年 2 月 28 日。

④　Vilém Flusser 是捷克出生的犹太裔学者,曾在巴西教授传播理论并担任圣保罗电影高等学院教授,研究专长为"书写文化的衰亡与技术图像文化的兴起",见 https://zh. wikipedia. org/wiki/%E7%B6%AD%E8%98%AD%C2%B7%E5%82%85%E6%8B%89%E7%91%9F,访问时间:2016 年 2 月 15 日。

在时间上，且在本体论的意义上均先于实在"，但传播领域迄今鲜少关注，反之图像相关研究也少与其他传播次领域互动。①

简而言之，本章认为，"图像""图片""照片"与"影像"皆为可产生心象或认识的视觉对象，各有特殊词义却又都包含前述相关概念，行文时需要依文意交互使用。

二、图像与心象

影像就像是一个介质、一种触媒，是想象、记忆和一切经历及未经历之事的开关，总是沉默且被动，像是深海里的荧光海葵摆弄半透明的、布满大大小小颗粒的触角，等待并且召唤幻想的吸附；又或像是 2D 过关游戏里，双脚往上一踩肉身便能超时空弹跳的神奇跳板。影像，是现实和他方的中介，是招魂术或致幻药丸。当视线降落，色彩搅动，在影像和我们之间已然开展（展开）一个全然私我的时空，串起连贯和不连贯的故事、私密的真实以及堕落的幻想（陈吉宝、陈狐狸，2015）。

一般而言，"图像"与"心象"意涵虽有不同，但两者均在指涉视觉对象的外观，更为对外在事物的心理感受。Spence 和 Holland（1991）即言，每当人们以眼睛这个视觉器官观看图像、照片时就会产生心象，闭起眼睛仍有来自记忆或想象的心理实像。这些心象不但可被创造并外显为图像，甚至可存在于脑海，历历在目，如观看图片一般；因此，图像与照片当有保存历史并延续记忆的作用。

许绮玲（1999:4）认为，日常生活接触到的图片与我们有着心灵关系，每张图片都在诉说着文字难以表达之心情故事。（李长俊译，1982/Arnheim，1967）也曾指称，图片有着强烈的导引目光、呼唤情绪并引领关注的功能（另见林夕等译，1987/Gombrich，1969；廖祥雄译，1991/Zettl，1990）。

蔡琰、臧国仁（2012）另曾指出，图片能有效地"具体化"事物，并使远方发生的事件"读起来"饶富人情趣味。如前引"波因特传媒研究院"研究人员即曾在"视线跟踪"（eyetrack）实验中观察到，读者拿到报纸后首先注意的总是图

---

① 台湾师范大学在 20 世纪 90 年代中期，曾将"工业教育系"更名为"图文传播教育学系"，隶属"教育学院"而非"传播学院"，其后增设硕士班。台湾艺术大学则于 2001 年将"美术印刷科"更名为"图文传播艺术学系"（属传播学院），四年后与"视觉传达设计学系"及"工艺设计学系"合并；另有世新大学新闻传播学院设有"图文传播暨数位出版学系暨研究所"。

片，且这些图片及图注会使读者乐于深入阅读相关文字报道，其对读者而言显然有着强烈的吸引力。

图片不一定是艺术，却受限于其"视觉记号"的形式（陈怀恩，2008），而促使人们习惯关注视觉艺术的一般条件来感知图像，如线条、形状、色彩等并借此构筑意义。古添洪（1999:99）亦认为，照片固然受其所摄"对象"限制而少有诠释自由，却也因没有语义负荷而可开启无限的诠释空间，两相矛盾下使得照片的诠释的确"是一个困难、复杂、不稳定的领域"。

韩丛耀（2005:3—5）另曾提示图像传播传递着文化意涵，是使大众生产且交换意义的社会互动过程。照片或图像也唤醒着人们的文化经验，"代替一种缺失的或不可感知的事物，可以用于唤起思想，或与其他感受的事物相结合，以实现一种活动"；此说充分显示了照片的诠释或理解有其可能，对自我认知及社会行动皆具影响潜力（参见本节稍后案例）。

图片显示为意识活动并影响行动的言论，也可参考陈怀恩（2008:16—17），其将认识图像的意识活动如前所述称为"图像学"或"实践图像学"，亦即图像乃属符号建构的实践工作。即使一般学界对"图像学"一词的释义仍旧存在分歧，根据现代图像学家 J. Bialostocki 之见[1]，此一领域犹可区分为"应用图像学"（intended or implied iconography）及"解释图像学"（interpretative iconography），两者俱为研究声音、文字之外的视觉作品（visual arts）的学科，前者说明历史特定图像如何得以显示该时代之集体审美形式，后者则诠释这些图像或艺术品的内容，为目前一般艺术史界习称"图像学"之主要内涵（陈怀恩，2008）。

陈怀恩（2008）曾以整章篇幅介绍现代英文词汇"图像"的希腊来源、研究历程以及现代西方各学派对图像学的解释。亦如前述，由于"图像"为多义字且常被用来解析现代研究者如何描述与如何写作视觉图片，再者图片或照片并非仅在指称二维平面所提供的视觉现象，另如雕刻、建筑也常在英文中被视为视觉"画面"。

其他对视觉图像的心理诠释，犹可参见韩丛耀（2005:5）对图像传播的理论研究：

我们明白，旗帜是一种图像，照片是一种图像，音乐是一种图像，气味是一种图像，味道是一种图像，粗砺是一种图像，图像传播研究之所以把视觉图像

---

[1]　https://en.wikipedia.org/wiki/Jan_Bia%C5%82ostocki，访问时间：2016 年 2 月 15 日。

置于优先的位置，是因为它曾经（作）为我们的大部分文化经验。它可以代替一种缺失的或不可感知的事物，可以用于唤起思想，或与其他感受的事物相结合，以实现一种活动。

总之，以上几位作者对"图像""照片""心象"三者的异同似未言尽，本书因而拟如前述视"图像""影像""照片"同义，脑中意识活动之图像则以"心象"代表。

三、图像传播

自文艺复兴时期以来，图像研究者即已逐步整理了前人有关图像象征系统之特征，也提出了清晰的象征物选择方式或图像的解释原则，使今日方得针对艺术对象的主题和内容进行研究。如陈怀恩（2008：127）所言："我们今天能够对图像中的母题、观点和反复出现的题材从事（进行）描述和分类，以便认识作品所要显示的意义，完全取决于艺术家在创作象征时进行的那套有自觉的实践活动。"而对以透过相机拍摄照片作为再现视觉对象与其象征意涵的摄影作品而言，图像学的研究提供了理论基础，使得研究者能对图像的分析具备学术价值（参见冯品佳编，2016）。

在韩丛耀（2005：188－189）看来，图像传播使用特定的结构性符号编码与生产制作惯例，将作者得自现实世界的概念放到特定的主题中去呈现，而这正是"意义化"的过程，"选择题材就是选择了什么样的传播意义，……用主题表达意义，是研究意义的一般方法，也是视觉图像作品结构意义的最为有效的方法"。

实则图像的主题多来自概念性的整体并融合了媒材、颜色、构图等各种视觉元素，一个画面表达单一主题；人们观看图像时，多能快速地感知其最主要的视觉主体。至于"主体"，系指有意表达的主要对象，是画面的最主要部分。画面主体来自图像形象，因而形象的确应是观看者"心象"与"物象"互动后产生的"视象"。一旦形象透过视象确立，主体即被凸显，图像传播所再现的主题也于焉产生。

就摄影而得之照片或高度写实的图画而言，图像与其对应的对象高度相似，极为写真却非原件，亦不作为当时时空情景的现实存在。不过，这种人为的复制图像却以"再现"原物件的形式，而具备引发观看者感官及心理反应的功能。韩丛耀（2005：234）甚而指出："图像的构成就是作者要将自己的思想画面的意义传递给他人。……在画面上想呈现什么，是图像作者的'意识内涵'。"

至于观看图像者得到的概念或意象,则是(韩丛耀,2005:331):

(传播)受众本身在脑海中形成的结构,只要图像本身的结构与受众看到的图像地址结合起来,图像的意义也就彰显出来了。

受众在看图像过程中所揭示的图像意义是由两部分合成的,一是图像本身所昭示的,一是受众自己的生活图像累积。

图像也会因受众的不同造成图像指涉的意义有所不同,但其建立意义的根本却没有什么不同(添加语句出自本书)。

从文献来看,图像或照片纵有叙事传播研究的价值,却也有基于心理之建构与解读从而产生的不甚"精确"之感。如许绮玲(1999:4)在评论 R. Barthes《明室》一书时指出,国外研究者习惯视图片为配角,其作用仅在协助文字完成使命,然而

图像传达讯息与意义(或再加上"非意义")必有不同于文字(的)特有方式,何况后设之分析文字何能尽其言所指?一页页、一张张的图像岂不都在呢喃细语,好像在强调其自主性,盼望吸引人们的注意?而即令观者一时无法决定注视焦点,也无法掌握炫目而无序的图像符指性,却不能不意识到文图间存在着空白裂缝,不能达到完全谐和的状态……(括号内语句出自原文)。

由本节简述可知,图像有其特殊叙事意涵,值得深入探索。但传播领域迄今尚未累积足够文献,以致如何讨论图像与叙事的关系尚待进一步展开(参见江静之,2014),以下拟先以"家庭相簿"为例试析其间关系。

四、图像传播之日常叙事功能——以"家庭相簿"为例[①]

(一)概述家庭图片(照片)之叙事传播功能

如前所述,图片(照片)常记录着人际关系而在日常生活中扮演着重要角色,此即叙事传播行为的开端,其不仅是个人私领域的影像文本,社会或文化意涵亦早经讨论(赵静蓉,2006;曹欣欣,2009),留存个人经历之余也透露出了

---

① 本节内容改写自蔡琰、臧国仁(2014b)。

时代意义与当代文化特色。

在今天随手可拍照的社会生活与经济情境下，照片不再是珍稀之物，而是日常生活的一部分，传播方式、人际关系与家庭互动也随着科技进展而发生变化。如 Berger(2009)曾言，每张相片皆是在特定情境所执行的选择，也是摄影者对眼前拍摄对象是否值得记录的决定，显示了其内在的选择与想要记录的意识。

依 Williams(1997)与冯克力(2012)之见，有些图片(照片)实常会扭曲现实真相。另如 Spence 和 Holland(1991)之见，家庭成员拍摄聚会照片时多会露齿笑，却隐藏起孤单与不快乐的一面，因而与家庭生活实情并不相符。

另一方面，图片(照片)却也充满了可资讲述的故事，显示着家庭结构、亲属关系以及拍照者之自我等，皆属可传播、可阅读的文化信息。当人们使用计算机下载、上传相片而与社群成员分享时，其所选择并显示的成品当不再只是单纯之静态影像，而是生活愿望的投射以及自我与社会的联系。

赵静蓉(2006)认为，一般家中老旧相片可将世俗的日常生活转变为具有时代精神的内容，而冯克力(2012)则曾讨论过岁月如何沉淀了相片的意涵，这些均提示了"家庭相片"或"家庭照"具有一些尚待揭露与讨论之社会意涵。

由此观之，"家庭相片"或"家庭照"当是家庭关系的反映(Chambers，2001:75)，允许个别家庭叙述同一感、归属感、家庭传承与亲密关系，不常公开发表却是家庭文化的私下具体形式，也在某些特定时刻向公众宣示了家庭文化、血缘与延续，兼而描述着家庭情感，将家人或长辈的经验转为可见的景象。

Chambers(2001)指出，"家庭相簿"在 20 世纪 50 年代的美国曾是极为普遍的文化具象，不仅展示了家庭记忆，而且宣告家庭缺乏的部分，除了是时间、空间、人物关系的展现外，也是专属个别家庭与成员的认同。因而，认识或解读家庭相片需要对其具有某些熟悉度，配合着故事口述才能表现既有记忆与怀旧，兼有否定以及隐藏的秘密。

另有 Hirsch(1997)表示，相片保存了以往历史并延续了记忆，是家庭成员再现自我的主要有力方法。同理，家庭相片对建构家庭关系极有影响，不仅保留了个人记忆，也展示了文化气息与集体记忆；不仅是记忆中介，更是关于相片来源和物件的重要联系，其所投注的常是美好想象和记忆的重新创造。

因而，相片不只建构个人，更因家中亲人增减而组成并再组成家庭形象。M. Hirsch(2012:133)即曾强调，我们宜重新思考摄影所能让我们看见的"自己"，因为从家庭到自身成长，任何内在自我的建构与解构多始于家庭相片，借此检视自己、想象自己、认识今日成长样貌。Hirsch 在书中讨论自我、家庭、认同时都曾提及"对熟悉的凝视",展现个人家庭照片的特殊传播意义。

总之,"影像,就像是一个跳板"(张世伦译,2009:50/Berger & Mohr,1995),观者总是将一部分内在投射到相片,"现在我的曾孙辈们总算有办法,知道我是个什么样的人了"(2009:45)。因而,相片是传承家庭意识与文化的媒介,也是亲子共构、共享的家庭文化建构,足以显示其在述说家庭故事中的重要意义。

(二)个案 7.1:个人自述相片与其生命经验之关联[①]

叙事是我们得以使生活经验有意义的编织自传的过程,是塑造出自己生命的美丽记忆、寻求自己人生意义的自我探险之旅(徐敬官,2004:13)。

臧国仁、蔡琰(2014b)曾以家庭相簿为例,请某受访者就其家中所藏照片挑选十帧并述说其与自己生命经验之关联。在研究方法上,该文视照片为自我叙事的"语言",乃源于近年来已有多篇文献(如 Mitchell,1986;Aumont,1997)均将影像列为传播"语言",认为可利用其来帮助受访者回忆或反思个人经验与印象,林劭贞(2005)直称此为"照片引谈法"(photo - elicitation method);显然,使用照片作为互动语言在理论上可行且值得尝试。

因而,由受访者展示其所选相片,当可视同讲话或写作且是实践主体性思考的表现,透过每张照片的主体(我)及主题(人物、事件或思想),即可"提取"或"引谈"照片的语意并研究自述者之生命观点(参见廖祥雄译,1991/Zettl,1990;韩丛耀,2005;陈怀恩,2008;蔡琰、臧国仁,2012;桑尼译,1999/Kress & van Leeuwen,1996;等等)。

在进行研究前,本书作者仅谓"拟请小辈协助数字化家里照片,故请自由选取一至十张并说明其相关故事"。受访者随即从其家庭相簿中挑选出十张照片,并同意研究者使用其透过照片所述说故事,随后由其外孙(即本书作者之研究助理)记录。除人、事、时、地、物等基本资料外,亦可提问与照片有关之生命经验、情绪、回忆等,要点仅在请其自述相片之来源与相关故事。研究步骤包括依序陈列每张照片,并将其转化为受访者对听者(外孙)所说话语如"我(如何如何)",借此理解照片展现之生命意义。

受访者之"视角"在此不但决定了讲述故事的方向、角度与内涵,也决定了

---

① 虽然本案例之受访者业已同意作者使用其照片,但经再三斟酌后仍决定舍弃以维护其隐匿性,仅以下列表格说明其自述之家庭相片意涵。

叙事的高度与广度（Abrams，2005：240－244）。经过赋予每张照片"第一人称"视角[即"我（如何如何）"]后，每张照片都陈述为："我（与谁，其他人物）在（某时空情境）说（什么）、做什么（行为）"，照片代表的话语因此被纳入了可供分析的范围。

研究结果饶富趣味（见表7.1）。受访者除采用一般自我叙事惯用之"第一人称"（我）视角外，尚有类似散文与对话常见之"第二人称"（你）。举例来说，前四张照片（编号1～4）系以第一人称"我"的视角，讲述了自己的美貌与惬意出游的生活，编号5～6则出示儿子结婚与儿媳奉茶的婚嫁仪式正式场合。

表7.1　受访者讲述家庭照片之意涵及叙事声音

照片编号	人称/视角（人物）	时空（在）	自我叙事主题（行为）	叙事声音（观点）
1	我	花圃	我与花相互映衬对照	自我认同：美、自然、出游、荣誉 观点：自我
2	我	草坪	我与草地相互映衬对照	
3	我	喷泉	我与喷泉相互映衬对照	
4	我	厅堂	我坐在"蒋公椅"上留影	
5	我（与丈夫、儿子、新媳妇）	儿子婚礼	我在"囍"字下搂着新媳妇跟丈夫、儿子合影	大喜时光：儿子婚礼（看待人生责任：母亲的尊荣、责任已了） 观点：育儿/工作
6	我（和丈夫、儿子、新媳妇）	儿子婚礼	我与丈夫坐在椅子上，接受跪着的儿子和媳妇奉茶	
7	我（与你）	家	我抱着刚出生的你，亲吻着你的脸	家庭：可爱的你、你妈、你弟、我的全家（亲族：吻、拥抱、可爱、团聚全家福） 观点：家庭
8	你和你妈（你与我女儿）	家	你被妈妈（我女儿）拥抱着、关注着	
9	你	家	你弟学步，笑得可爱	
10	我（与我的一家）	家	我们全家福	

注：照片编号次序由受访者自行安排，并按顺序讲述。

第7张照片则是受访者抱着刚出生的外孙（即本书作者之研究助理），视角瞬间转为"我"与"你"。第8张延续上张主体，旨在说明"你"（指研究助理）被"你妈妈"（我女儿）拥抱、关注；此时讲述之叙事主体消失，视角直接从前张之"我"转到此张之"你"（即正与受访者对话的外孙）。第9张照片则完全是"你"（可解读为："你弟在家学步"），最后一张（第10张）是总结，意涵为"我们全家福"。

这些照片除了显示讲述者之叙事自我外,也展现其心灵认同对象:透过不同照片讲述了自己生命故事里的外貌之美、旅游生活的快乐、婚礼的盛大与家庭的情爱(前四张)。但除自述的"我"之口吻外,还包含了关注与其互动的对象"你"(指外孙,即本书作者之研究助理),显示讲述者所在传播情境为"对话"形式,而不同于一般文学写作惯用的"隐含读者"(implied readers)写作方式(申丹、王丽亚,2010)。

其次,受访者之"叙事声音"摘述于表 7.1 右侧,其分别针对"自己的内在认同""身为母亲的职责"以及"家庭亲情"等叙述了心声,而此三者可归结为"个人观点"。当面对不同"读者/听者(对谈者)"或"情境"变换时可能会调整部分内容,但应不至于离题太远。

如在"自己的内在认同"(编号 1~4)方面,个案讲述者对自己的叙事声音应是其外在生活方式(如与"花""草""喷泉"等自然景物合照以及在"蒋公椅"前留影)与内在信念(如个人的美感、尊荣与政治倾向),并且反映了"现在"看待生命的方式,即"我"出游时与大自然的搭配最美。

这一组照片(编号 1~4)也可显示为"内心的憧憬",属人生一路走来最为满意于那种亲近室外大自然的"美"。如编号 1 的照片以"花"为背景,强调了背景所在并采取仰拍形式,编号 2~3 的照片中的水平草地、喷泉构图则反映了"平静",编号 4 的照片凸显了"有靠"(坐在"蒋介石先生座椅"上)的内在心灵形式。

相较于前述"平日生活"观点,第二组照片(编号 5~6)展现了人生"重大纪事":儿子婚礼隐喻着讲述者结束了身为母亲养育子嗣的责任,自此卸下人生重担,尊荣地接受儿子被养育成长的感谢与自此之后的侍奉(儿子与媳妇并跪奉茶的象征)。主体身为女性及母亲,看待人生责任的方式显露着传统意味,或可将此组照片归属于身为"母亲"之人生工作与责任的观点。

第三个观点则与"家(家庭)"有关,叙事自此从"第一人称"转为"第二人称"视角。"家"的观点应是本则生命叙事的重要结尾,连续四张照片(编号 7~10)分别展露了家庭关系之"我与你(外孙)""你与你妈(我女儿)""你弟""我与你们大家",共同在"我"的生命中的位置。

这一组照片的情感分量与价值意义等同于"我"在"我生命中"的位置(相较于照片 1~4),个案讲述者用这一组四张照片显示其对"家庭"的声音:"你们"是我最亲、最爱、最让我欢笑与满足的亲人(编号 10 的照片之面容表情尤其传神)。

小结上述,本节透过个案讲述者亲手挑选之照片,发现了日常生活里的家庭相簿有其特殊叙事传播意涵,回应了许绮玲(1999)、Hirsch(1997)等研究者针对图片与人们之密切关系的观察,而此即"图像传播"的叙事主体所在。

尤其是,"亲族互动"(如全家福)不仅展现了家庭与亲人对生命历程的重要意义与地位,更因此处是从"第一人称"(我)叙事轴线转到"第二人称"(你),而凸显了"你"与"你们"(家人)在"我"生命中的独特关系位置。这应当是叙事传播最值得关注的议题,亦足以反映透过"图像"当能远较文字述说有更多的隐喻作用(参见孙式文,2012)。显然,家庭相簿里收藏的相片不只建构个人,更可能如前述因为家庭中亲人增加或减少而组成、再组成家庭形象。因而,此类透过家庭相簿的选择与述说当可展现个人与家庭生命间的连结,有其叙事研究之潜力。

总之,透过自选家庭相片的生命故事讲述,本节案例凸显了图像与叙事间的特殊关系。讲述者与听者间除重温"过去在现在的位置"而共同建构了生命连结外,也反映了"参与者共同建构图像述说"之情感功能,值得重视并继续探索。

第二节 新闻图像之图文互动叙事作用[①]

图像并不像文字一样记录历史事件发展的诸多细节,它是由重大历史节点所串联出的脉络为延伸,以片段和细节展示为主要手段,从而复原历史场景,形成生动的图像叙事。在这个过程中,图像作为叙事主体,表明事件发生的一些基本信息,而文字只是属于(处于)从属地位,更多是依附图像而来。图像本身所包含的复杂意味可以为观者创设不一样的表达空间,提供不同的立场,为相关研究提供更多的途径和手段(张逸良,2015:16—17)。

以报纸长期发展史观之,图片(照片)过去大多仅担任文字的"从属"或"辅佐"角色,但在其他媒介如杂志或电视节目中却有不亚于甚至时有更胜于文字的重要地位,且两者均属完整"语意模式"(Pantaleo,2008:7)或"媒介"(Graham,1998:26)。

知名视觉传播学者 Kress(2003a,2003b;桑尼译,1999/Kress & van Leeuwen,1996)即视图片为具有独立意义的表述单位,且可用以分析语意结构系统。韩丛耀(2005)则将图像之单一或组合符号从历史渊源角度拆解成独

---

① 本节部分内容改写自蔡琰、臧国仁(2012)。

具意义的象征,强调其具有完整的表意。而身为新闻摄影工作者的 Lester (1995/田耐青等译,2003)在其 *Visual Communication* 一书中,除了介绍接收视觉对象的身心特色与各种"图像素养"(visual literacy)外,更曾辟有专章介绍新闻图片。

在今日视觉传播与视觉素养相关课程逐渐增多之时,人们也注意到图像与文字、声音同样在传播学科中占有一席之地。如 Harris 和 Lester(2001)即认为,在当前新闻愈加重视视觉传播的背景下,如何精通图像设计与新闻摄影(visual journalism or photojournalism,包括学习网络设计、多媒体设计、网页视觉、版面编辑等),都是新闻工作者在电视、计算机、电影等视觉环境下的基本学养。

另一方面,图像的意涵(包括照片与绘图文本的意义)则是近期才被重视的叙事研究领域。① 如儿童绘本之"图"与"文"两套互动符号系统,如何对儿童学习及意识发展有所影响,也是 20 世纪 80 年代之后方始广受学界注意的研究议题,且只在最近才累积了较多相关文献(Colomer、Kümmerling-Meíbauer & Silva-Diaz,2010;赖玉钗,2013a;第三章)

但从图文编辑教科书中则可发现,20 世纪 30 年代以前的报纸编辑普遍认为图片浪费版面且降低了新闻事业的标准,易于打乱清晰与完整的文字(展江、霍黎敏等译,2008:373/Friend、Challenger & McAdams,2004),迟至 20 世纪 60 年代版面编排才开始使用照片且有了"照片愈多、愈大愈好"的发展趋势(于凤娟译,2002:5/Harrower,2002),从而使得大幅、彩色甚至半版照片在报纸新闻传播中的重要性受到正视,其后甚至发展了"视觉震撼中心"(central visual impact,简称 CVI)概念(Garcia,1993:137),强调"以图带文"或"大图带小图"的现代设计原则。

至于今日报纸同时使用文字、照片、图表来规划与设计的目的,多在表现易读、表现风格,使设计动人以能吸引读者(薛心镕译,1987:253 - 254/Baskette、Sissors & Brooks,1982)。在报纸工作流程里,"图片"与"照片"意涵相近,但报纸工作者习称图片,而读者习称照片。

当前,平面媒体如报纸与杂志之图文处理方式尚有教科书可循(如沈怡,1990,1989),但其内容多属编辑经验谈与美术原则之描述,鲜少细究图文间之

---

① 傅修延(2009)曾经分析青铜器上的"纹/饰""编/织""空/满""圆/方""畏/悦",认为这些古物上的符号有着"前叙事"的作用,可提供"认识中国叙事传统中的'谱系'"(2009:4),如这些纹饰反映了汉字"亦文亦图"的特色且"一体无分"。这些讲法饶富趣味,显示了古代图文间的互文性有其可资研究的潜力。

互动叙事关系，如新闻图片与文字之间究竟是相衬、互连、重叠、互补还是其他说故事关系，以致图文关系的设置或变化是否凸显新闻故事之内涵或重点迄今未知。如此一来，新闻版面之文字与图片在新闻叙事中，究竟如何分担"说故事"任务、其说故事时之"共存关系"为何，而图片又以何种方式与文字意义的缺口产生互动进而减少新闻传播中的模糊与想象，均属有待厘清的学术研究议题。

因而，本节旨在探讨新闻版面文字与图片间之相互关系，以及两者在新闻叙事现象中如何分担"讲故事"的任务，此皆应属图文关系的论述问题。换言之，本节关注"图"与"文"在新闻文本中如何共同构建新闻故事，又如何相互再现新闻事件之"情境"。以下拟从理论层面讨论"图"与"文"如何构建意义、新闻图文编辑及图文符号阅读，以及语言各自有何特色。

一、新闻图文编辑

新闻版面编辑教科书，过去曾经广泛讨论新闻照片之论述方式和产制意义。根据何智文（1996：145），新闻之"图片"或"照片"之意乃指："……以固定画面，'重现'新闻事件之要义或重点的传播'制品'，所以它一方面是'证据'的化身，另一方面也是'真相'的复制品。"如薛心镕译（1987：260/Baskette et al.，1982）即谓照片之重要性不亚于文字，摄影记者或照片编辑的"视觉读写能力"应受重视，且摄影记者、文字记者以及编辑间应有良好沟通，方能采集到与文字相辅相成的新闻照片。

曾任《华盛顿邮报》（*The Washington Post*）总编辑的 J. R. Wiggins 亦称，"照相机没有报道真相，因为它所报道的并非全部真相"，因此编辑"必须慎选照片，避免向读者传达错误的印象"（引自薛心镕译，1987：205/Baskette et al.，1982）。展江、霍黎敏译（2008：373－376/Friend et al.，2004）也曾指出，绝大部分媒体，如电视、报纸和杂志等，都极度依赖"视像""影像""图片""照片"以及各式"图表"，综合运用它们，借此显示或说明新闻所关注的故事，因为与纯粹的叙事文字相较，图像"讲述"故事的作用更大。作者们表示，语言固能描述，而图片不但能展示且能让观众更直接地分享情感、戏剧性与动感瞬间。

但传统上，上引编辑教学着重于版面整体视觉规划的方法多是作者（常为资深编辑出身）的经验传承或观察。记者采访后带回来的文字故事与照片选用，或个别新闻的意义凸显及图文意义与脉络的整合则鲜少受到研究者关注，有关读者的阅读、接收、诠释地位在这些教科书里更是普遍缺乏。

另外，展江、霍黎敏译（2008：423－428/Friend et al.，2004）虽曾列举了版

面设计之基本原则如"提供视觉中心"(即前述 CVI)、"对比"(指在接近性上制造巨大视觉反差以吸引读者注意)、"比例"(指最佳比例或形状通常是矩形)、"均衡"(通过版面不同部分之比例设计而呈现整体视觉效果)、"和谐与统一""留白"、"模块化"(module)与非模块化版面编排,但这些"好看"原则与新闻故事意义传送间是否相关、清晰,又如何才相关呢? 在图、文原属两套符号系统且各自有其语法、语意的状态下,研究者理应从符号论述角度重新思考"图"与"文"如何互动以"说故事"。

二、图文符号的阅读与语言传意结构

图片/照片原是最直接的叙事传播媒介,坊间早有"一图胜过千言万语"("A picture is worth a thousand words")之说。[①] 从 Kress 和 van Leeuwen (1996/桑尼译,1999)、Arnheim(1967/李长俊译,1982)以及韩丛耀(2005)等人之理论分析即可发现,新闻照片实亦具有"叙事功能",除显示了人物与事件动作之时间变化外,这些静态作品多有描述主题细节并展示主体特色之作用。

一如许绮玲(1999:21—22)所言,图片(照片)与文字有可能各自形成独立的阅读脉络,且读者目光常在图片(照片)与文字间来回穿梭,仿佛文字"约束"了图片(照片)并对其注入了意义:"在图之上浮现另一想象,使图不是被直视而是透过这种文字想象被理解。"另一方面,文字又以其修辞吸引读者咀嚼文字趣味,脱离了图像而独立存在。在许氏所撰论文里,图与文的并存曾被描述为"一时间若陶醉于文字本身的想象,便与图像分离为两种各自无关的阅读"(许绮玲,1999:21—22)。

在阅读有文有图的书籍或杂志、绘本时,我们都曾有过第一眼就被"吸引"的经验,而让目光游移于图画和文字间,最后始驻足于最被吸引处,从而享受着专属个人的文、图或图与文加总的阅读满足(Pantaleo,2008)。但当重大新闻报道兼用文字与照片时,我们似乎可质疑两者之同置是否具有相加效果而再现了更为清楚、完整的故事,且有无可能出现读者在阅读新闻时违反了编辑的预设,使新闻图文之加总反而"干扰"了阅读或理解。

从编辑角度观之,一般新闻版面似乎总是试图左右(若非控制的话)读者的阅读(Garcia,1993),此举使得新闻图、文之间的确长期存有"竞争"关系而

---

① 网友曾针对此语有过讨论,认为其乃源自中文古谚"百闻不如一见",后因语言变迁而分道扬镳无法回译(http://bigelk176.blogspot.tw/2011/06/picture-is-worth-thousand-words.html,2016 年 3 月 4 日),因而"一幅图像胜过千言万语"较为符合现代用法。

各自"抢夺"读者关注。如放大字号的粗黑标题相较于红色标题或如使用四分之一版面的大幅照片等设计等,都企图"引导"读者目光投向编辑预设的位置(沈怡译,1989/White,1982;于凤娟译,2002/Harrower,2002)。

然而,文字与图片(照片)的阅读都属需要学习的人为符号系统,在绘本、漫画、书籍里经过设计的每一笔文字与图画,都依作家(作者)出版目的而刻意选用、修饰与绘制。

报纸新闻的情况却有不同,新闻文字与摄影照片的搭配是编辑在最短时间内善用的最好资源,以图、文两套各具论述特色的符号来叙述一件重要社会事件,因而彼此相互竞争、各行其是也就不足为奇了。

长期以来,新闻乃为大众所撰之时事报道,文字符号必须易读、易懂,而图像则在显示新闻故事的某一特定部分。在一般认知里,新闻之图、文理当"互文"(亦即彼此相互参照以对应关系并产生故事意义)[①],两者并置之作用则在相互说明、补充对方而增加阅读与理解新闻故事之趣味。但其不同于文学文本之处在于,新闻写作必须避免暧昧、晦涩,且其引导读者理解、认知的指示性结构理当远较虚构文学为强,亦即读者多能依循编辑给予的指示(如前述"视觉震撼中心"或 CVI)来阅读。

实则图文符号之意义承载与阅读各有特色是其重点,但因"主导性"的差异造成图文双轨符号并行时,容易产生复杂与不稳定特质,由此对读者而言反而开启了意义诠释的空间。即便如此,新闻报纸图文并置与阅读之真确情境局限于文献不多而尚待厘清(参见古添洪,1999;张璨文,1999;刘纪蕙编,1999)。

周树华(1999)曾经指出,诗、画、文字、图像的竞争关系始自 16 世纪英国伊丽莎白女王一世时期,文学家与艺术家间的争辩与较劲,源于诗文描写内在灵魂之美,而图画再现表象真实。然而无论优劣谁属,此两者间实是视觉与文字艺术两种不同媒介的表现问题,甚至可谓两种符号语言尝试再现现实的功能问题;由此或可推知,一种符号系统实难指代另一种符号系统所能彰显的部分。张汉良(1999:230)亦有类似观点,即当人们尝试以语言、文字来说明所听乐曲时,即会出现语言符号之"合法性、力量与限制问题"。

如此看来,新闻报道兼用文字、照片符号系统亦应各有特色,分别完成表

---

① "互文"一词出自 J. Kristeva(1966/1982)的系列理论与文化研究,旨在阐释文本间之意义连结方式,相关文献众多,可参见 Orr(2003)。"文本"在此指记者提供的新闻故事(包括新闻、照片、有照片的新闻等),彼此相互参照以能产生意义。另见 http://intermargins. net/intermargins/TCulturalWorkshop/culture-study/theory/03. htm,访问时间:2016 年 3 月 3 日。

述社会现象的部分功能,且这些各具特色的符号系统在不同情形下,不必然"共同"完成完备的表意系统。

整体而言,本小节回顾了符号系统与传意角度的相关文献,发现符号特征与符号主旨间可能彼此干预或冲突,但此现象过去鲜少受到图文叙事重视,值得传播研究者关注。以本小节所引文献观之,相关讨论多在强调图文如何在新闻版面并置以呈现故事,因而理所当然地认为图文并置除了可相互说明与补充外,更能增加阅读趣味并吸引读者理解新闻故事,从而避免暧昧与晦涩。

但相关研究显示,新闻图文符号虽非"艺术符号",其意义却难以避免地易于受到图与文两组符号结构之影响,其相互连结的方式与彼此共述故事的关系,正是新闻论述所应关注的议题。

三、个案7.2:图文叙事在新闻报道中之意义竞合[①]

2010年9月21日《联合报》头版刊出高雄市冈山区(原高雄县冈山镇)安养院内老人们,因"凡那比台风"(Typhoon Fanapi)浸水的照片(见附录图7.1)。除记者撰文外,一帧由红十字会提供之头版近半版(25cm×16cm)照片,显示了受困老人身体浸在水里等待救援的窘境。

新闻披露后立即引发各界重视,时任高雄县县长杨秋兴当即"探视获救老人并直斥'太过分了',当场勒令业者停业并吊销执照",显示此一事件颇有新闻特殊性,尤以照片所摄召唤着读者启动对该事件的恻隐之心,进而详读新闻内文。

此外,此则报道之文字与图片搭配方式凸显了"图"与"文"间共谱新闻论述的范例,值得用来分析"图片"与"文字"如何分工讲述故事,借此了解其各自在新闻叙事现象中如何论述故事,而以图文说故事时又如何各自或共同负责再现叙事元素以期达到图文之"共存"。

一般而言,新闻图片有强烈的导引目光、呼唤情绪并吸引关注等功能(李长俊译,1982/Arnheim,1967;林夕等译,1987/Gombrich,1969;廖祥雄译,1994/Zettl,1990),而文字之"裂隙(裂缝)"常常是造成在阅读过程中产生联想及想象之起点,使读者能依自身经验与意向"填补"文本意义之缺口(陈燕谷译,1994/Freund,1987;蔡琰、臧国仁,2010a),可称之"补白"(gap filling)作用(赖玉钗,2009)。

另从W. Iser(引自林志忠译,2005:71,74/Selden、Widdowson & Brooker,

---

① 此一个案详见蔡琰、臧国仁(2012)。

1997)所论观之,新闻文本乃"具潜力的结构",且此"结构"在读者与文本的经验关系(指阅读过程)中得以具体化。换言之,文本意义系依读者自身经验与心中期望而在阅读时不断修正并调整,属读者理解文本意义的辩证过程。Iser 亦认为读者有权填补(或"仲裁")任何文本空白,而"填补"过程系由读者判断但由文本来引导(见赖玉钗,2009)。

本次个案之分析过程系仿臧国仁、蔡琰(2010a)透过"窗口"途径而以"语意"为最小单位(参见夏春祥,1999:78—82),逐文、逐段地分析新闻意涵。另外也参考 MacDonelle(1986/陈彰津译,1995)解读新闻叙事元素(如时间、空间、人物、核心事件、偶发事件)之经验,运用叙事结构理论及叙事元素关系,来观察、比较新闻语意元素并分析文字叙事(另见郭岱轩,2011;蔡琰、臧国仁,1999;蔡琰,2000;Chatman,1978;van Dijk,1988)。

分析结果发现,新闻"文字叙事"(见附录表 7.1)系以单一叙事窗口(事件时空连续并同一)写就导言,描述大水中老人们如何"被困""被救"及"被吓"。新闻第二段为第一段之嵌入,补述老人如何"被困"。第三段也是第一段之嵌入,接续补述了第二段"被救";第四段则为第三段"被吓"之补述。整体而言,全篇新闻文字系以渐层式逐步交代故事细节,以此吸引阅读。

该新闻"图片叙事"(见附录表 7.1)之分析则显示老人漂在水上的"无助""待援"与"救援"。照片(见附录图 7.1)属静态内容展示而非主要人物之动态连续动作,系以描述被摄内容与细节为主,主体/人物的动作则为其次。由此应可解读为,该图片旨在展示老人浸水与等待救援之细节,其次才是被消防人员救援的重点。

另以照片之符号特征聚合观之,所有人物主体均未以目光正面"参与"摄影行为(见附录图 7.1),景框外之摄影者、观看者与被摄者的"距离"与"关系"疏离,因为浸水者是此一图片之被摄主体,而其"孤立"则为新闻主题所在。

依前引文献观之,"新闻图文叙事"理当共同再现新闻事件,但在"图"与"文"被读者以先后秩序或交错方式阅读时则可发现,新闻图与文的重点与论述方法各有特色,如除了在新闻信息及意义上出现互补、互斥关系外,尚有延伸阅读以及图文竞争论述权的现象。

综合观之,此个案之图文关系可依以下诸点说明。

(一)图、文以各自符号优势相互补充未及之处

首先,个案之照片未曾显示事件发生之时间、空间而须倚赖文字说明,如导语第一句之底线:"前天台风夜,地处低洼的高雄县冈山晋德安养院。"照片亦未

说明主角人物之职衔，也得透过新闻报道文字方可交代（见附录表7.1第一段末句底线处："……红十字会救灾大队和冈山消防队队员现身……"）

同理，照片难以彰显连续过程而有赖文字补实，如："……业者奋力抢救十余人上二楼，眼见大水来得太快，担心救援不及，要求一一九支援救人"（附录表7.1第二段底线处），均非照片所能展现而须透过文字完成。

而且，照片无法表达不同新闻角色的思维。如红十字会人员的"念头"（……就是尽快将这些老人搬离，见第三段）以及队长萧福顺的"（这一幕他）感触良深"（第四段；添加语句出自本书）。最后，"……全身冻僵（第三段）""……几乎一片寂静"（第四段）等被摄主体的体温、声音、思维亦难由照片披露，需要文字补充、描述。

另一方面，文字未及描述却可从照片一见即明之处，则有当时老人浸水的情景以及现场各种细节，包括房间内部格局与色彩、装置、门窗楼梯位置以及老人浸水/救援行动在空间中的相关位置与移动路线（见附录图7.1）。此外，待救援老人与红十字会消防队员之人物穿着、轮椅特色、房内飘浮物、老人长相表情等细节无须另以文字彰显，只要观看照片即能一目了然。

由此或可推知，"图"与"文"各有叙事专精功能与特色，系以"互补"形式共同表述新闻故事。

（二）图、文以各自符号凸显差误之互斥现象

除图文互补以共同描述事件外，新闻照片之"图"与"文"也以各自符号特色凸显彼此差误或错置现象。如文字显示"红十字会队长萧福顺抵达现场，看到水淹二公尺，隐约只看到'十几个'老人的头及肩膀，在水中载浮载沉"（见附录表7.1第三段，双引号为本书添加），照片却显示了不同人数及淹水情景，出现两位老人坐在轮椅的上半身及淹水仅约一公尺深。若淹水真如文字所述曾经达到两公尺，老人当已灭顶或轮椅翻覆漂浮而无法坐在其中。

新闻文字又说"……千钧一发，再迟恐怕就不行了"（第三段最后一句），照片中却见背对镜头的安养中心业者助手（见照片"三区"）与站在照片右侧被剪掉头身的施救队员，两人都双手下垂立于水中而构图稳定，显示"控制中的危险"并无积极紧张的援救动作。

（三）图文并置可能引发更多的疑点与想象

最终，"图"与"文"两者共同合作而让读者"对眼前一幕感触良深"，但文字或图片究系何者"让人感触良深"则是尚待验证的竞争关系。而这种竞争关系

正是本节论述之核心部分，一方面展示不同符号系统的功能和作用，另一方面披露符号所建构的意识形态。以此则"水淹南台湾"新闻报道为例，"图"与"文"实则各有独立论述方式，系以"文"强调被救援之故事过程，而以"图"展示老人等待救援之无奈。

至于新闻图文共同叙事的部分，图文以个别符号优势相互补充对方之不及，两者间也存有某些互斥或误差现象，而共述故事时则可能引发延伸阅读，导致更多疑点与想象。

如新闻文字叙述："……老人家可能因为浸水太久全身冻僵，'像块木头'，'千钧一发，再迟恐怕就不行了'"（第三段），但究竟是哪位老人"像块木头"，该老人是否出现在新闻事件现场或当事人是否在摄影记者拍照时已被救上二楼，此皆难依文字所述或照片所摄厘清，以致读者或可合理地怀疑采访记者（或拍摄照片之红十字会工作人员）抵达时，已非水灾发生之第一时间。

又如新闻报道文字最后提及"等待救援的老人，几乎一片寂静，好像都吓傻了，只有一两人用力挥手，其他都只用眼神看我……"（第四段），记者在句中使用声音描述（"一片寂静"）、形容词（"都吓傻了"）、动作细节（"一、两人用力挥手"）、视觉描述（"用眼神看我"），旨在唤起读者对当时老人被水淹及情景的众多"想象"（见前章），借此产生感同身受的关怀与同情。这也果不其然地让高雄县县长阅后震怒，进而要求撤销安养院执照。

（四）图文论述的竞合关系

透过本个案之分析可发现，文字故事之核心如前所述乃是老人因"凡那比台风"大水"被困""被救""被吓"之过程与结果，而新闻照片则显露了老人孤立在外的"无助""待援"与"救援"静态现象。

由外表来看，文字与照片均与大水中之老人受困以及红十字队员救援老人相关，但图文共同合作之结果却展示了故事之不同面向，如文字负责再现大水中之动态事件与救援先后过程，新闻照片则可彰显现场某些静态细节。

总结来说，由本小节所引个案可知，"图"与"文"实为各具潜力的文本结构，而其共同叙事的成果，则让"文本意义"得以在读者与文本的深度阅读过程中"具体化"。换言之，文本意义系依读者自身经验与心中期望而在阅读符号系统时不断修正并调整所致，属读者理解文本真正意涵的辩证过程。

因而，持续深化图文叙事之理论内涵似有必要，因为在此影音图文共济的时代，探究图文传播实有重大学术与实务意义。且不论符号之形式、意义与解读，亦均理应持续受到社会文化与媒介组织重视，因为"图文并置"现象决定性地左右了叙事传播的总体意义。在现今叙事面临多媒体及跨符号系统再现故事的时代,更为复杂的语言传播、社会文化结构(van Dijk,1988)或意识形态等论述问题(MacDonell,1986/陈璋津译,1995),仍有待未来持续钻研。

第三节　本章结论:反思从"静态图像"到"动态影像"之说故事方式

一、本章摘述与延伸讨论

他(Mitchell,1994)解释(说),这些领域无可辩论之处就在于我们无法将视觉视为再现之"纯"领域而与口语无关,"图像与文字的互动乃再现之本质"(Martinengo,2013:302;添加语句出自本书,双引号出自原文)。

正如前述,传播领域对如何面对"图像说故事"迄今犹未予以关注而有待开展,相关文献多在艺术(如陈吉宝、陈狐狸,2015)、儿童教育(如绘本创作教学,见萧靖慧、徐秀菊,2010;顾薇薇,2010)、设计(如钱怡儒,2014)领域。其中原因不难理解,毕竟传播研究引入叙事学的精华不过数十寒暑而已。而如上引 Martinengo(2013)转引 Mitchell(1994)之言,图像与文字本皆属社会真实之再现,讨论其如何"各自"与"共同"完成说故事历程实有学术意义而应广受重视,此即本章主旨所在。

(一)回溯本章要旨

本章先由理论入手讨论图片(照片)之相关定义,接着说明图像与自我心象间之关联,次则提出"图像传播"之意涵并以"家庭相簿"为例,透过某位受访者之自述而试图展现其自选十帧照片如何经其讲述生命故事,从而连结其与家庭间之传承意涵,借此强调图片(图像)与生命故事讲述(语言)之特殊关联。次节改以新闻"图像"为旨,说明其传统上与"文字"间之复杂互动关系,如早期新闻专业编辑多"以文带图"编版,而自20世纪90年代后则改为"以图带文"呈现新闻报道内容。

此一改变影响甚大,部分原因当系来自科技之影响,尤其是20世纪80年代中期苹果计算机推出了 McIntosh 桌上型,很快被《今日美国报》(USA Today)采为全页组版工具,从而影响且改变了全美(甚至全世界)的报纸编辑方式。自此图片(照片)渐次成为前述报纸"版面视觉中心"(即 CVI)所在(见于凤娟译,2002/Harrower,2002),而文字在平面媒体之独占角色也就一蹶不振。

该节所援引的案例随后透过个案检讨一则新闻报道中之"图"与"文"如何共谱故事并协助完成意义建构。简而言之,该例显示"图"与"文"既有相互补实彼此未尽完善之处,却也相互竞争以凸显彼此错置且不足之处,更也在反复对照后引发更多疑点,两者可谓处于"竞合"关系,而共同完成文本意义之具体化任务。

(二)延伸讨论

由此观之,"图"与"文"间似有超越以往所知之复杂关系,尚待未来持续探索方能厘清其各自与共同在讲述故事过程中所扮演的关键角色。

法国哲学家 J. -F. Lyotard(2011)在专著 *Discourse, Figure* 中,即曾试图说明文字(话语)与图像间的复杂关系。根据龙迪勇(2009:148),在 Lyotard 的观念里,话语意味着"文本性"(textuality)对感知的控制,是逻辑、概念、形式、理论思辨作用的领域,常用来传递讯息与含义。但"图像"是感性的,其有可能优于话语或"所见优于所言"。龙迪勇(2009:148)借用 Lyotard 的观点强调,话语与图像两者实应和谐共处、相互借鉴、相得益彰,甚至"以言词作画,在言词中作画"。

龙迪勇(2009:148-149)进而认为,话语文本与图像间的关系颇为复杂而难以言尽:一方面,话语代表了一种"时间性媒介",却想突破时间而达成空间化的效果;另一方面,图像属"空间性媒介",却也总想表现出时间与运动。两者有其"互文"或"姐妹"关系,却也总在"争战",像是两个维持了漫长的交流与接触关系之"国家",共同形成了叙事的工具与手段。由此可知,"静态图片"或"动态影像"与"文字"及"语言"间的交流可试析如下。

1.以漫画为例之图文互动关系

举例来说,由于"漫画"具有与其他文本不同之"图文并陈说故事"特性,近来业已渐次受到传播研究者重视。如宋育泰的硕士论文(2009)即曾探索"漫画中的图像叙事",因为其虽是"结合图像与文字两种不同符号系统运作而成的多媒介文本,……(实则)含(有)特殊的、揉合图像与文字而成的叙事章法",但图像在此过程中显然担负了"关键的叙事责任;毕竟,我们可以找到没有文字的漫画,却不能找到没有图像的漫画"(2009:i;添加语句出自本书)。

在其论文中,宋育泰所欲探讨的主题围绕在图像如何呈现"故事静态部分的场景与时间"以及如何表达"故事动态部分的角色互动关系",而且检视了漫画作者如何安排图像与文字共同表意以完成其叙事功能。有趣的是,其主要发现与前述蔡琰、臧国仁(2012)有异曲同工之处,"(叙事之)重要的抽象意念多由文字呈现,而图像则用于辅助文字的强度",两者属于"策略协商的结果,也是漫画此一复合媒介形式的特有符号策略"(宋育泰,2009:129;添加语句出自本书)。

除此之外,宋育泰发现图像另也负责"动态"呈现部分,包括人物与物品之意象表达,更也透过隐喻而营造了"抽象概念"如口感气味,使得漫画作者的"创意表象令人惊叹"(2009:119),其原因则在可借此引发读者"涉入"并参与阅读,进而与文本互动[参见本书上章结语有关"想象即(叙事)行动"之讨论]。

因而宋育泰认为,漫画里的"图像"显示了奇特的说故事本质,"邀请阅听人离开其生活现实,'如临故事现场'……而得以'神入'……"(2009:131),其作用并非仅在创造故事或建构阅读氛围,更重要的使命是"作者想要传递给读者的价值观,以及作者想与读者互动的意图"(2009:132—133)。

此点结论似乎超越了前述蔡琰、臧国仁(2012)以新闻为例之文本分析,进而加入了"叙事者"与"读者"在图文互动过程中之沟通作用,其理论意涵显有持续发展潜力。

另外,王松木(2014)的近作同样以漫画为例,试图解析其"如何叙述故事"又"如何吸引读者",其直接将漫画定位为"图文整合的叙事语篇",从而探索"漫画语篇的构成要件及其语义功能""漫画家如何透过图像演述故事""漫画如何为读者营造深刻的观看体验"。

该文先将图文关系之演进分为四个阶段:初期为"图文混同",如远古先民多以直观绘其所见,以象形"画成其物,随体诘诎",只要"视而可识"即可辨明其意。次则文字诞生,文与图间不但形式渐异且传播功能亦有不同,即所谓"索象于图,索理于书"之"重文轻图"时期(参见余欣,2013)。第三时期则为"文主图辅",其因多在印刷术发明后文字与图像互涉的情形愈形普遍,如在中国古本小说或戏曲文本中加上插图乃属常见;但此时之刻本仍多以文字为主,而"图像只是居于陪衬点缀的角色"(2014:76)。

王氏认为,时间进入 21 世纪后人类文明业已进入"后印刷时代",使得图像有"附庸蔚为大国(大观)"之势,不但不再隶属文字甚而有取代文字可能,其影响力正在各层面急速扩展。王氏在此文中与前引宋育泰那样,认为漫画实乃"融合了多种模态符号"(multimodality;本书第一章译为"多模态性"),除图像外兼有拟声、拟态的象征符号,以期能"挑动读者感官"(2014:80),因而具有强烈的叙事性与感染性。

王氏与宋育泰同采"社会符号学"（social semiotics）取径，兼以认知语言学观点探索"作者如何创作图像""读者如何理解图像意义""如何评定图像的艺术风格"等议题。其研究过程颇为细腻，如发现漫画中的文字经过"重新符号化"（resemiotization）后，就具备了新的形象意涵并产生了"返祖"现象，从而转化为图像资源，甚至产生"以形表意"的视觉效果。如某些拟声词的使用就让读者可"感受到音源本体之外在样态或内在情绪，兼具着拟态的功能"（2014：106），十分有趣。

由此，王氏继续援引美国著名漫画家与漫画理论家 S. McCloud（2006/张明译，2006）之言，认为所有漫画皆有七种图文关系，包括"文字具体""图画具体""图文皆具体""图文交叉""图文相互依存""图文相互平行""蒙太奇式图文混合"等，其中又以"蒙太奇式图文混合"是"文字与图像交融最为紧密的搭配类型"，塑造了"字中有图而图中有字"的形式（2014：109）。

总之，王氏（2014）强调"图像"与"文字"（语言）虽属各自独立的符号系统，但两者间仍有着共通之结构原理（2014：110—111）。漫画多以图像为主而以文字为辅，乃因过多文字即可能干扰图像之解读。如在王氏分析之漫画案例《灌篮高手》中，文字使用就极为精简，且"有图无文"之框格颇多，有时甚至完全舍弃文字而全凭图像来述说故事，借此让读者能直接体验剧情发展。

小结本节：诚如叙事研究者申丹、王丽亚（2010：257）所言，漫画与连环图画当属最能表现图像叙事（两位作者称此"绘画叙事"）情节连贯性之媒介："前一个画面与后一个画面之间通过画格做出区分，每一个画面都代表了一个动作，代表一个事件，而画面与画面之间的关系都是依照事件的先后进行排列，最后构成一个完整的故事。"

如此描述漫画固然无误，但其所述显然忽略了漫画之"画面"多有文字相随，其图文间如何搭配应是研究图像叙事最重要的任务。而由上引两篇文献观之，相关研究业已展开且已获得初步成果，除有类似前述如图文各自分工外，亦加入了叙事者（与"读者"）在图文互动过程中所担任之重要任务（参见下节）。饶为有趣处则在于，这些新作发现了漫画的文字犹可转化为图像资源甚而产生"以形表意"之视觉效果，此一说法显然已超越过去所知（较新文献可参阅冯品佳编，2016）。

2. 绘本之图文关系

另一种以"图像"为主之媒介则为"绘本"（picturebooks；见赖玉钗，2013b），包括"有字绘本""无字绘本"与"图文书"等类型，其特征即在于透过一连串之图片贯串情节，"宛若慢动作电影般，娓娓道来故事情节；或如从电影片段抽取静态画面以呈现图像叙事,鼓励读者发挥想象加以补白"(赖玉钗,2013b:2)。

此类研究过去多在儿童教育(如黄秀雯、徐秀菊,2004;锺敏华,2003)与艺术创作(如高珮瑄,2012;陈之婷,2011)领域,但近年来赖玉钗曾广泛地引入传播研究并如本章分类方式,分别针对"虚构"(赖玉钗,2014)与"纪实"(赖玉钗,2013c)图像探索其可能引发之读者"美感传播"(赖玉钗,2013a)。

举例来说,赖氏曾引介美学家 R. Ingarden 与 W. Iser 之理论,详述"图像"具有之视觉元素包括"造形与线条""色彩""媒材""边框""构图""含括面积与视点"等,据此即可分析绘本之单一或众多画面,可能具有之叙事结构如人物表现、场景安排、时间动态等(赖玉钗,2013b)。由于一般绘本多以学龄前儿童为主要读者,其"无字"程度远较其他媒介来得普遍、常见,主要原因即在于这些幼童尚未识字而须倚赖视觉器官吸收知识,以绘本(尤其是无字绘本)为主之这类图像叙事媒介从而扮演了重要的识读功能。

赖玉钗(2014:195)发现,无字绘本艺术创作者常预设儿童读者之需求或审美发展特质并以此作为构图参考,如以其"熟悉(之日常生活相关题材)事物建立阅读路标"(添加语句出自本书),借此除可呼应其原有阅读经验外,亦能"融入同部作品间之图像相互参照",进而解读事件始末,或以其"熟悉(之其他)童话情节或类型以发掘图像脉络并建构合理剧情"(2014:191—192;添加语句出自本书);前者赖氏称为"内参文本"(intratextuality),而后者则称为"外参文本"(intertextuality)。

总之,赖氏(2014;括号内出自原文)认为此类绘本可供学龄前读者透过众多"预设"而鼓励其"补白",指"安排儿童熟知日常景物供其建立确定感以克服陌生感而享阅读之乐,亦可假想其如何克服不确定点[包括亲师(按:指父母亲和教师)共构之阅读情境]或鼓励其'看图说故事',而铺陈属于自我之故事线";此点或与本章前述(个案一)由受访者自选照片讲述生命故事不谋而合,其重点乃在连结图像文本与阅读经验。

图像绘本对成人当然亦有类似功能,旨在刺激读者注意图像细节以能创造更多元之想象并填补图像间之可能间隙(即前述"补白"作用)。但有趣的是,某些有文字创作经验之读者曾称能"以字补图"以协助情节"定锚"(赖玉钗,2013b:26),似在显示读者之"先前经验"实有主导其阅读此类图像之想象空间。

尤其是当转述图像为文字时,系将前者素有"全观"之特性转为具有因果关系之"线性逻辑",甚至模拟图像传递之氛围以能更细腻地描绘画面景物,此一"跨媒介叙事"(transmedia narrative)之转换显然有值得继续推敲之必要。

3.图像与文字之"跨媒介叙事"现象

赖玉钗(2016,2015a,2015b)随后确实将其注意力转往上述之"跨媒介叙事",并继续以绘本为例探究"图""文"结构如何在不同媒介间转述,且曾先以获多项出版界大奖之《雨果的祕密》(*The Invention of Hugo Cabret*)绘本为例,试析该书如何得经改编后成为影像叙事。

赖氏认为(2015a),绘本原系"看图说故事"之类型,如有文字亦多为"以文辅图"形态,而《雨果的祕密》绘本包括单幅图像、连续图像以及文字情节,系以"图文接力方式"呈现故事情节。经改编为曾获奥斯卡奖五项奖项之电影《雨果的冒险》(*Hugo*)时,其变动过程浩大乃以"媒介间互文性"(intermediality,本书第一章前译"互媒性")为之,将静态图像之情节或"重组"或"浓缩",或"加戏"或"放大"。

举例来说,绘本描述时系以文字先行说明而后再以类似电影之"火车进站"画面为之,以"……单幅满版照片,呈现(火车进站)影像。即运用'对称手法'以不同媒介形式表述同一事物。……此叙事策略亦为(《雨》)剧改编者所接纳,……亦挪用(火车进站)影片以扩充文本意涵"(赖玉钗,2015a:93;添加语句出自本书,余均出自原文),读来令人莞尔。

在结论中,赖氏进一步阐释类似《雨果的祕密》之绘本本就以"镜头堆栈方式呈现默片般之旨趣。故绘本图文组合形态,实提供转述为影像之跨媒介特质,便于叙事者依电影语言改变(改编)故事"(赖玉钗,2015a:110)。换言之,不同媒介间本有些重叠之叙事特质,正是"互媒"可资发挥之处,以致同一故事可在不同媒介间不断地转述、扩张、缩编,持续地吸引读者一再品味,而这也正是本书第一章所述"小河马欧文故事"广受欢迎之原因。

赖氏近作(2016)更以国际得奖绘本为例,如《雪人》(*The Snowman*)、《野蛮游戏》(*Jumanji*)、《史瑞克》(*Shrek!*)等,以上述"互媒"特性为研究基础,进而尝试探索以下几个议题:"绘本跨媒介转述之叙事策略为何?""绘本之跨媒介转述考量为何?""绘本之跨媒介转述如何建构叙事网络?"综言之,可称其为延续前述"向图像转"后兴起的"向互媒转"新思潮(intermedial turn;赖玉钗,2016:136－139)。

赖玉钗(2016:167)发现,如无字绘本《雪人》系依卡通分镜形式展现情节,其分镜表即可用做改编为动画之故事版,但动画内容显然较原作加入了更多细致之故事支线与连续动作,且有远近镜头期能增加动感。其他绘本则常因原作之文字与图像仅提供了概括情节,改编为其他媒介如电影、电玩、iPad交互式动态影像时仍可"透过动画等科技再现场景,补白原作未言之处,……强化感官刺激"(赖玉钗,2016:171)。

总之,赖氏认为,现今"跨媒介叙事"早已成为传播领域常见表现方式,其旨乃在以"媒介"为核心,探查如何运用叙事资源以能借由不同媒介平台转述故事原作,进而形成"故事网络"(story internetwork)。对阅听众而言,其或因对某一媒介形式(如绘本、动画、游戏、小说、电影或新闻)之原作感到愉悦,而进一步"汇整众多版本之'互媒'线索(从)而洞悉叙事整体之关联"(赖玉钗,2016:183;添加语句出自本书)。

另外,江静之(2014:52—53)曾以电视新闻的"视觉化"为题,探索如何搭配"画面""文字""口语内容""背景音乐"以产生"多媒材"之组合意义。其曾引用文献指出电视新闻的六种媒材关系,包括"透过文字标题或口语旁白以减少影像之多义性,并引导阅听众解读、透过声音赋予意义",或"运用旁白赋予影像意义与新闻显著性""强化某一媒材用以增强另一媒材所欲传达的意义""不同媒材如影像与文字间有其扞格与冲突""影像与情境间的关系""结合文字与视觉符号以创造一致性,并引发阅听众产生联想与集体记忆"等。

江静之随即以"全球变暖新闻议题"为例,讨论"口语""图像/影像""文字"及"音乐"等媒材之比重与角色,期能理解其如何相互强化、补充、冲突或无关。其研究发现,由于"气候变暖"题材抽象而难以透过影像呈现,"口语叙述"因而成为电视新闻报道之主要媒材,借此赋予影像意义。至于"人文破坏",则多以影像强化或补充口语叙事。但整体而言,动画、文字、黑白影像及配乐等均曾用来强化口语提及之气候变暖的"负面影响"(江静之,2014:71)。

4.叙事者与接收者之认知

由以上小节所述观之,图像与文字间究竟如何互动以成就故事情节,近些年来业已渐有学术讨论,不同研究者或以"静态故事"(如绘本)或以"动态影像"(如动画)为例,探讨图文叙事之内涵,期能增进不同"媒材"(如多媒性)、"媒介"(如互媒性)与故事间的相关性,进而理解图文如何增进(或降低)其对组合故事意义的贡献。

而如本章稍前所述,图像与文字间的论述关系时有竞争、时有合作,此时相互补充对方而彼时却又排斥甚至产生误差,因而削弱了阅听众对文本的理解,未来尚待持续探究方可强化图文叙事的理论意涵。

如图7.1所示,本节讨论之"图文叙事"关系包含了"跨媒介"(见图7.1框外)与"多媒材"(见图7.1框内)相关元素,前者指传统的不同媒介间的故事述说,而后者则指可能动用之不同媒材如"图像""文字(含口语)"、影像、"配乐

（配音）"等,其共同作用后就形成了传统叙事学所称之"论述"功能。

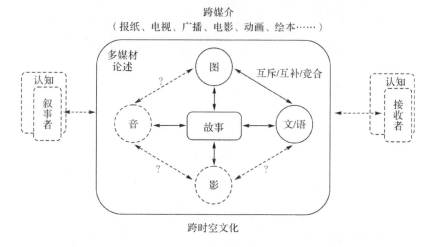

图 7.1　图文叙事的相关论述元素

注:虚线表示相关文献以及本书尚未深入讨论之处。

但在不同时空中(见图 7.1 框底),叙事者如何建构故事,如何述说过去、现在或未来,仍待深入研究,此处或可倚赖近些年新起之"认知叙事学"(cognitive narratology)。如申丹(2014;申丹、王丽亚,2010)所述,这个新起次领域约自 20 世纪末方由德国叙事学家提出,旨在探索并分析叙事与思维的关系,尤其关注(申丹,2014:305;参见唐伟胜,2013)

叙事如何激发思维,或文本中有哪些认知提示来引导读者的叙事理解,促使读者采用特定的认知策略。……也关切(关注)叙事如何再现人物对事情的感知和体验,如何直接或间接描述人物的内心世界,……读者如何通过文本提示(包括人物行动)来推断和理解这些心理活动。

由此观之,引入"认知叙事学"来研究图文叙事的互动关系当有其学术与实务意义。例如,叙事者如何透过特定多媒材来展现其有意讲述的故事,或接收者如何透过不同媒材取得相同故事,其对这些不同文本形式的媒材是否有相同的理解等(见图 7.1 左右两边),当皆有助于提供更为深入的探析。

总之,图文叙事近些年的发展远超过其他叙事领域,其未来可能产生的影响显然也将持续引发关注与研究兴趣,值得重视。

附录图 7.1 "水淹南台湾"之新闻照片

图片来源:《联合报》2010 年 9 月 21 日 A1 版,"水淹南台湾高雄县";图片中间所绘之"一区""二区""三区"出自蔡琰、臧国仁(2012)。

注:本图原由红十字会提供给《联合报》,原刊出之图说为:"安养院……凡那比台风带来惊人豪雨,高雄县冈山镇的晋德安养院前晚淹水,院内坐轮椅的老人一度受困漂浮水中,经红十字会派人救援才脱困。"

附录表 7.1 "水淹南台湾"之新闻文字分析

《联合报》2010 年 9 月 21 日 A3 版 水淹南台湾高雄县 记者李承宇、王昭月/连线报道	本栏显示新闻叙事文本中的故事元素。 分析结果
（新闻第一段）前天台风夜,地处低洼的高雄县冈山晋德安养院,坐在轮椅上的阿公、阿嬷被"穿心台"凡那比带来的大水围困,半个身子泡在水中⋯⋯,这个时候,红十字会救灾大队和冈山消防队队员现身。获救的老人家个个吓得说不出话。	第一段:窗口♯1: <u>故事存在物:角色及场景</u> 时间:前天、夜、这个时候（时间延续） 空间:高雄县、冈山、晋德安养院、地处低洼 人物:主角:阿公、阿嬷 　　　英雄:救灾队员 　　　恶人:"穿心台"凡那比 <u>故事事件:行为动作及偶发事件</u> 行为动作:救灾队员现身（救助） 偶发事件:凡那比台风大水围困轮椅上老人 <u>故事条件:因果逻辑及开始、中间、结局</u> 第一幕,背景情境、有待解决的困境: 　1.凡那比（"穿心台"）带来大水 　2.低洼地轮椅上的阿公、阿嬷被大水围困 　3.阿公、阿嬷半个身子泡在水中 第二幕,转折,救灾队员/英雄现身: 　1.红十字会救灾大队队员现身 　2.冈山消防队队员现身 第三幕,结局,解决困境: 　1.老人家获救 　2.老人家个个吓得说不出话 　故事:凡那比大水使老人 1.受困、2.获救、 　　　　3.被吓
（新闻第二段）高雄县冈山镇大辽里晋德安养院,前天傍晚灌入大水,三十一名行动不便的老人受困,业者奋力抢救十余人上二楼,眼见大水来得太快,担心救援不及,要求一一九支援救人。	第二段:窗口♯1-1（时间、空间同前,为嵌入窗口,补述前面第一段） <u>故事存在物:角色及场景</u> 时间:前天、傍晚（早于第一段） 空间:高雄县、冈山镇、大辽里、晋德安养院

续表

(新闻第二段)高雄县冈山镇大辽里晋德安养院,前天傍晚灌入大水,三十一名行动不便的老人受困,业者奋力抢救十余人上二楼,眼见大水来得太快,担心救援不及,要求一一九支援救人。	人物:三十一名行动不便老人、业者、(一一九) **故事事件:行为动作及偶发事件** 行为动作:业者奋力抢救、要求一一九支援 偶发事件:灌入大水、太快 **故事条件:因果逻辑及开始、中间、结局** 开始,背景情境,有待解决的困境: 　1.中心大水 　2.行动不便的老人受困 中间,转折: 　1.业者奋力抢救 　2.十余人救上二楼 　3.大水来得太快 结局:要求一一九支援救人 　事实叙述:大水使老人受困、业者抢救不及、 　　　　　要求支援(受困之补述)
(新闻第三段)红十字会队长萧顺福抵达现场,看到水淹二公尺,隐约只看到十几个老人的头及肩膀,在水中载浮载沉。红十字会人员说,当时只有一个念头,"就是尽快将这些老人搬离",至少先让他们到干燥、安全的地方。萧顺福说,他拉到其中一个阿公,老人家可能因为浸水太久全身冻僵,"像块木头","千钧一发,再迟恐怕就不行了"。	第三段:窗口♯1－2(空间同前,为嵌入窗口,补述前面第二段) **故事存在物:角色及场景** 时间:前天、傍晚(早于第一段、晚于第二段) 空间:高雄县、冈山镇、大辽里、晋德安养院 人物:萧顺福、红十字会人员、十几位老人、 　　　阿公 **故事事件:行为动作及偶发事件** 行为动作:尽快搬离(抢救、救助) 偶发事件:拉到一位冻僵如木头般的老人 **故事条件:因果逻辑及开始、中间、结局** 开始,背景情境,有待解决的困境: 　1.萧福顺抵达 　2.水淹二公尺 　3.十几名老人在水中载浮载沉 中间,转折: 　1.尽快将老人搬离 　2.十余人搬上干燥、安全的地方 　3.萧福顺拉起冻僵像块木头之老人 结局:1.千钧一发及时救人 　事实叙述:萧福顺见到大水中老人受困、搬老 　　　　　人到安全处、及时救人(老人获救 　　　　　之补述)

续表

（新闻第四段）"等待救援的老人，几乎一片静寂，好像都吓傻了，只有一、两人用力挥手，其他都只用眼神看我"，萧顺福说，这一幕他感触良深。	第四段：窗口♯1－2－1（空间同前，为嵌入窗口，接续补述第三段） 故事存在物：角色及场景 时间：缺（"这一幕"同第三段，嵌入第一段） 空间：缺（"这一幕"同第三段，嵌入第一段） 人物：萧顺福 故事事件：行为动作及偶发事件 行为动作：萧福顺倒叙（说） 偶发事件：缺 故事条件：因果逻辑及开始、中间、结局 开始，背景情境，有待解决的困境： 　1.（倒叙）等待救援的老人 　2.（倒叙）一片寂静 　3.（倒叙）都吓傻了 中间，转折： 　1.（倒叙）一、两人用力挥手 　2.（倒叙）其他只用眼神看"我" 结局：1. 萧福顺感触良深 事实叙述：萧福顺回述当时，老人们寂静、吓傻，（老人们的）眼神令他感触良深（受惊吓之补述）

注：新闻导言中之删节号"……"出自原文。

第八章　叙事传播与日常情感生活

——以游戏、仪式与故事原型为例

第一节　概论：叙事与日常传播活动/行为

……但若要提供新的传播视角，则其转向资源究在何处？对我而言，这些资源可在（下列社会学家）韦伯（Weber）、涂尔干（Durkheim）、托克维尔（de Tocqueville）及赫伊津哈（Huizinga）著作里取得，也可就教于现代学者如（修辞学家）Kenneth Burke，（社会学家）Hugh Duncan、Adolph Portman，（科学哲学史者）Thomas Kuhn，（社会学家）Peter Berger，以及（人类学家）Clifford Geertz。……从这些（芝加哥学派重要人物之）来源，我们就能提出足以解惑且兼具智识力量与广度的简单定义：传播乃是符号过程，在此真实得以产制、维持、修补与传送（Carey，1992:23；添加语句出自本书）。

如前章所述，许多"告知型"之传播行动（如新闻报道）总是传送着关键事件的发生时间、地点、数字、人物等讯息，但更多传播现象却另常透过故事来交换人际互动的情感与记忆（蔡琰、臧国仁，2008a）。无论其叙述方法、渠道或形式为何，"好故事"总是带给阅听大众趣味与感动，借着其所述内容超越现世俗务而走入心灵、产出视野，这正是本书定义"叙事传播"为"了解生命意义、创造美好生活"之原因（参见第九章第四节）。叙事经验固然兼有伤痛、愤怒或愉悦，但无论其所述总先吸引着传播互动者的关注，借着参与叙事情节而沉入故事情境并经认同而产生情感意义（Bruner，1990）。

因而，本章引入"情感""游戏""仪式"及"原型"等亟须关注的日常传播活动面向,以此说明如何得从人文视角观望"叙事"视域,旨在回顾人们企求沟通互动并增加人际情感交流的本能。

亦如前章所述,传播活动不仅是个人或组织传递信息之说服行为,更是集体生命现象的述说,其表征即显现为人际互动过程中之"说不完的故事"①,因为任何故事总也持续发展着属于其自己的言说模式,并随着科技与文化的变动而一再更新(见本书第一章的象龟与河马之例),使得传播意涵形成了仿佛急着向外快速辐射的历史。唯有偶尔停下脚步并以"回顾来时路"的心情向内追寻,或许才能重新定位"传播"在叙事符号与新旧科技媒介中的位置,此即本章主旨所在。

本章强调,有意义的传播来自心灵互动,而好的叙事实也渲染着情感。人们在社会化过程中早已习惯根据理性思维来面对并处理日常传播行为,却忽略了自己正如本书第二章所示其实也是非理性的"叙事动物"(见 Gerbner,1985;Fisher,1987),那些能够拨动心灵深处的情感性质之传播活动/行为往往才最深刻且最有意义。

因此,以"日常生活之叙事传播"为旨来述说何谓"传播"真谛时,似乎也兼应讨论了"情感"以及与其相关之"游戏""仪式"与"原型"等概念。

第二节　叙事传播之"日常生活"(everyday life)研究观点

"说故事"再次成为传播研究(之)重要隐喻有其自身故事(可资述说),乃奠基于对真与假、事实与虚构以及理性定律的(不同)信念(Gerbner,1985:73;添加语句出自本书)。

这些概称为传播的活动——如与人交谈、提供指示、传授知识、分享有意义的想法、寻找信息、娱乐与被娱乐——是如此普通与平凡而难(以)惹人注目。……社会科学各领域(却)旨将社会生活最明显但(躲)在背景的事实,转换成为令人惊奇的前景,让我们沉思社会生活里平淡、无甚问题,且肉眼难视的一些显著奇迹。如杜威想要表达的,传播能引发我们针对不起眼的活动产

---

① 故事之"未完成性"亦称"无结束之散文体"(prosaics of unfinalizablility),乃俄国文学家 Bakhtin 运用于小说研究的重要哲学理念(见 Morson & Emerson,1990:36 − 40)。根据 Brockmeier 和 Carbaugh (2001:7),Bakhtin 之意在于任何"叙事自述"都与生活有关,在不同情境无时不有下一个及另一个故事可资讲述。这个观点造成了故事之"动态性",即在实际生活中的真实故事与未来生活中的可能故事间不断合并。刘滧(2008:6)译"未完成性"为"不可完成性",其意类似。

生惊叹语境的能力……(Carey,1992:24;添加语句出自本书)。

首先,所谓"日常生活"研究系自 20 世纪 50 年代出现之新研究趋势,迄今业已成为人文与社会科学领域之重要研究面向。如 Bruner(1990:37)所述,社会科学领域开始重视"日常生活"研究乃源自人类学家的自省:"究竟不同文化之意识形状(shape of consciousness)与经验是否不同,以致其产生了翻译(translation)的困难。"

其后,社会学者如 H. Garfinkel(1967)与心理学者 F. Heider(1958)也都相继产生类似疑问,前者随后提出了"常人方法学"(ethnomethodology)之议,认为社会科学应以"日常生活"为研究对象;后者则倡议"通俗心理学"(naïve psychology),并视日常经验为研究素材。

认知心理学开创者、心理学者 Bruner 亦曾严肃讨论过"领域转向"相关议题,认为心理学以往过度耽溺于讨论因果关系,反而忽略了"心智意义"如何受到文化因素影响,理应改弦易辙地关注"民俗心理学"(folk psychology,又译"庶民心理学"或"通俗心理学"),包括"心智的本质与其过程、我们如何建构意义与真实、历史与文化如何形构心智"等议题(1990:xi),而这些都得倚赖"叙事方式"透过情节结构述说"生活行动"(life in action)方能达成(Bruner,1990:45—46)。

近期则有赖玉钗(2010:280—281)书评介绍了日裔学者 Y. Saito(2007)所撰 *Everyday Aesthetics* 专著,强调"Saito 相信日常生活经常充满美感体验,但人们通常太视之为理所当然而难以洞察。Saito 主张,人们得发掘熟悉事物中陌生的部分(the familiar strange),方能拥有美的惊奇,引发多个而暂时拟定的几个臆测"。

但探究"日常生活"传播行为较为深入之中文专著首推卢岚兰(2007),其除了回顾 C. Lukacs、H. Lefebvre、J. Habermas 和 M. de Certeau 等一系列"欧洲日常生活理论家"外,兼及芝加哥学派之 E. Goffman 和 H. Garfinkel 等北美日常生活研究者,其所述可合并称为"日常生活的社会学"。

卢岚兰(2007)在书中整理并连结阅听众的媒介经验与日常生活研究,包括阅听众如何透过媒介使用,而伴随"自我形构""自我指涉/他人指涉""认同建构""社群想象""社群建构""认识并批判媒介"等,堪称既详尽又深入。

而依张淑丽(2009:23)之见,"日常生活研究"之方法学建制源自法国学者 Lefebvre 与 de Certeau 之贡献,前者将"日常生活"视为严肃的学术议题,将其"问题化",从而建构了日常生活之理论框架,也开启(了)"日常生活研究"的滥觞。……并非客观的分析"日常生活"的现象,而在于改造"日常生活",使得"日常生活能够摆脱庸俗、规律、惯性"。

但 Lefebvre 之"日常生活"讨论常采批判风格,且称其已成为"商品逻辑异化状态",de Certeau(1984)改以"理论性与经验性"的纪录方式关注"实践"(使用)之途径(引自 Ouranus,n. d.):

在受限于手边材料的状况下,日常生活得以表现出一种创造力:得以重新编排、重新使用,并再现出各种异质性的材料。甚至透过这种创造力,人们得以在日常生活中"反抗"天生的差异性:身体与它们操作的机器不同、传统与被提倡的事务不同、欲望与主宰的原则不同。

简单来说,de Certeau 认为一般人虽受制于社会既定规范却不因此就范,反而发展出不同"战术"以操弄这些规范,进而发展出可供自主行动的空间,此即其透过"使用之道"所自产的文化(谢欣情,1998:9)。

张淑丽(2008)认为,"日常生活研究"迄今业已发展出了几种不同定义,或如前述之生活实践方式、美学风格或分析概念,如强调书写"城市"空间并视其为"实践场域",尤其关心"城市漫游者""商场百货公司之橱窗时尚""消费者"如何透过记忆书写,从而呈现社会现代性的日常秩序与文化病征。

这类书写以及相关研究与以往之"国族论述"有异,也不同于"理念先行"之研究典范,因而"代表了学界对于'在地'文化的重视,也反映出学界对于'现代化'研究的反思,对于'全球化'论述的拆解"(张淑丽,2008:28)。

而在叙事研究领域,Ochs 和 Capps(2001)早就认为日常生活的"说故事"行为,不但反映了人们寻求"如迷"的生活经验,而且有试图安定生活之一贯性满足(见该书封底)。这些日常叙事常来自每日对谈,有其共构本质,兼有社会科学与人文特色,与本书之旨契合。

延续上述有关"日常生活研究"之初步文献说明,本章认为"叙事传播"的讲述内容本属日常生活场域,尤其是"说故事"已如本章前引 Bakhtin(见 Morson & Emerson,1990)之"未完成性"观点,乃与每个讲述者之生活有关,讲述故事时"也都嵌入了活生生的(在地)情境"(Brockmeier & Carbaugh,2001:7;添加语句出自本书)。

又因每个人的日常生活里永远有尚未发现的可能性、尚未确认的需求、尚未完成的身份选择,Bakhtin 逐而指出,"所有现有的衣服(指故事内容)都太紧了"(引自 Brockmeier & Carbaugh,2001:7;添加语句出自本书),暗示了讲述故事所用语言永远有不足之处,也有可资继续延伸可能,据此才能显现故事所具之人性形式而非追求理性之答案。由此可知,"叙事传播"所欲传达之标的并非仅是为了与实际生活世界结合,更也为了变身为任何身份建构的"可能实验室"。

整体观之,本章延续前述 Bakhtin 所持"生活叙事语言丰富性"观点,认为"叙事传播"乃日常生活随处可见沟通行为,每个人皆在"世界游乐园"(the world as fun house;Bird,2003:173)透过讲述故事而寻得乐趣、共享悲痛、相互砥砺。

或如 Bruner(1990:46)所称,每则故事都有其可参照的普遍性价值逻辑,且也包含了某些特殊信仰与行动,而所有符号互动(包括论述之无数种类)也皆能透过讲述与转述而建构出美好的理性逻辑。而叙事之作用尤在提供如生活般地"逼真"(lifelike)框架,借此促进真实生活中之协议而避免对立立场之分裂与争吵,其功能并非复制或对照语言以外的世界,而是提供新的解释。此点正是本章之旨意,即"叙事传播"乃在描述、诠释生活经验而非反映真实(Bruner,1990:50),其内容或与真实重叠却非一致。

第三节　情感与叙事传播

在日常生活中,人们总是传颂或撷取一些重大、伤心、开心的事情来相互沟通,无论严肃讨论、休憩还是聊天聆听故事皆然。

叙事在此发挥了最大作用,透过参与各种类型之叙事互动,如观看新闻报道、影视节目、创作书籍绘本或与他人游戏、聊天,而调剂着日常规律生活。好的叙事此时不免如诗如画,"在人的灵魂上产生了一种丰富的、幸福的或忧郁的印象"(林国源,2008:19)。

由此来看,人与环境周遭持续发生的叙事互动不仅具有提供生活信息之效,实也有生活趣味与情感连结作用。叙事使用的语言及符号正如琴键般地不断敲醒着日常生活的公式与沉闷,偕同诗歌乐舞一起引导人们的身心前往情感方向。

心理学长期以来关注理性智能,如记忆、逻辑与分析的功能以及视觉、听觉、嗅觉等知觉系统的作用,也早已累积了许多重要成果,唯独"情绪"在 20 世纪70年代后才有较多研究（安宗升、韦乔治译，1987/Strongman，1978）。不过，我们终也明白"没有情绪的心智根本不算是心智"（洪兰译，2001：31，34/LeDoux，1996），因为情绪是发生在人们身上的事情，"在思想与情绪的战争中，前者永远是败将"，因为人们大脑的设定总是偏向情绪（引自洪兰译，2002：153/Carter，1998）。情绪的认识、感受、琢磨与学习除了来自日常人际互动外，叙事传播活动所塑造的情境也提供着重要的生活经验。

一般而言，情感是感受到的情绪，而情绪则是身体的感觉。如上引洪兰译（2001/LeDoux，1996）所述，"身体的改变是直接跟随着一个令人兴奋事件的知觉，基于这个改变所产生的感觉才是情绪"，"高兴""愤怒""害怕""快乐""爱"等情感，经常伴有生理反应如心跳、出汗、肌肉紧绷。

情绪是身体里帮助生存的复杂机制，具有缜密的认知建构，透过对情境刺激的反应促使人们感觉到生理机制与情绪反应。这些可体验到的情绪统称"情感"，它们乃重要的社交工具，其目的"是引起别人相对应的情绪改变，使别人做出对我们有利的行为"（洪兰译，2002：131/Carter，1998）。

Langer（1953/刘大基、傅志强、周发祥译，1991）在讨论艺术哲学与艺术心理学时曾经提及艺术品与情感间的关系，真切地描述了日常生活的叙事情感。他认为，日常通俗叙事之主要作用乃在"传播"，虽不必然提供美的鉴赏或进入审美经验，却涉及了符号与艺术的形式，屡屡是其所谓"情感的自发表现"。换言之，叙事显示着说故事者的内心状况，表现出人类情感赖以发生的社会生活，更也"表明了人们的习俗、衣着、行为，反映了社会的混乱与秩序、暴力与和平。此外，它无疑可以表现作者的无意识愿望和梦魇"（刘大基等译，1991：35/Langer，1953）。

音乐、绘画、文字等各种符号的最终意义，皆来自日常对生命的体悟、情感的抒发以及促发叙事行动的情绪，因而叙事不仅是严谨而需要记忆的物理与生命科学知识，也是各种熟悉的情感符号，涉及意象、原型、游戏趣味等议题。

在理性主义的认识论脉络下，仍然可见意识、感性的资料与观察的事实共同作为主体的经验。如传统理性意识经典之语"我思故我在"（见下说明）并非心智的全部，因为"我感觉故我在"同样是心智的具体描述（洪兰译，2001/LeDoux，1996）。而日常生活中的感觉与潜意识造就了独特的个人感受，只有人类能将经验中的现实转换为动人的故事，并以不同的语言符号方式讲述给其他对象，甚至将美丽与哀愁传颂为生活事实与可能造就愉悦的心理体验。

滕守尧（1987：69）指出："你看那画面上纵横交错的色彩、线条，你听那或激荡或轻柔的音响、旋律。它们之所以使你愉快，使你得到审美享受，不正是由于它们恰好与你的情感结构一致？"因而，情感表现不必然是艺术表现，但却是叙事的重要内涵，如同情绪是心智的重要内涵一般。

叙事的创作与阅读均与人类情感难以分割。汪济生（1987：298－299）认为，人都是从自己的心灵出发去了解世界，但恰巧我们最不了解的就是自己的心灵："人的主观世界或心灵世界绝不仅仅是由理性活动组成的，它还包括感性活动。……神经系统中产生了对感觉的记忆力，理性能力才有了产生的前提。"

由此观之，叙事中的情感表现若以情绪心理学来解释，远较使用行为或认知心理学解释为宜，因为"情绪是一种不同于认知或意志的精神上的情感或感情"（安宗升、韦乔治译，1987：1／Strongman，1978）。因而，或可说情绪是个人主观的情感，因其具有跨文化性而能普遍达到感染情绪的作用，如在演唱会、抗议集会场合的煽动情感力量就属其来有自。

叙事传播的故事经验经常透过感受、体会、顿悟而获得，不一定全然运用理性思维之推理结果，举凡符号的象征、美的形式与叙事智慧的洞察，多来自传播双方达成某种趣味或某种感受的构连："记忆的黄金可以从经验中汲取，但它必须在情感的流水中练洗。强烈的情感往往会蚀刻最深的记忆，就彷佛我们的心灵把情感贴在记忆上，借以标示它的重要。"（庄安祺译，2004：150／Ackerman，2004）

总之，叙事提供着可感知的生命，"在人的生活中，只有那（些）记忆中的期望中的感受，只有那些令人畏惧、令人渴望的感觉，甚至只有那些令人想象、令人回避的感觉才是重要的"（刘大基等译，1991：430／Langer，1953；添加语句出自本书）。人们意识中之情绪感觉与思想，均是大脑彼此作用后共同针对情境而运作的结果，而理性感性、情绪思想两者也俱是工作记忆中潜意识系统运作的过程和结果，这也是我们需要在后面篇章（见本章第六节）继续讨论叙事"原型"之原因。

第四节　游戏对叙事传播研究之启示[①]

人们只有完全符合"人"这个词汇之意时方才游戏，也只有透过游戏方才成

① 本节受到台南科技大学多媒体与计算机娱乐科学系杨智杰教授以及佛光大学传播系张煜麟教授引介与启发甚多，专此致谢。

为完整的"人"（18—19世纪德国诗人、历史学家、戏剧学者、剧作家F. Schiller之格言，取自 http://izquotes.com/quote/164220）。

早期大众传播研究整体而言，缺少对"玩乐"（play）元素的讨论。我提议，无论社会控制与趋同选择性（convergent selectivity）皆无法不注意它们涉及的玩乐成分，因而我们需要思考大众传播的玩乐理论而非讯息理论（Stephenson，1967：3；引号内文字在原文系斜体）。①

……超过一亿七千万美国人是"游戏玩家"，而一般美国年轻人在21岁前会花1万小时在玩游戏上。……那些从不玩游戏的人未来将愈趋不利，反之玩家们将可利用游戏的协作与激励力量在自己的生活、社区与工作（McGonigal，2011：封面与封底套页）。

"游戏"过去甚少受到传播学者眷顾，本章第一节前引之 Carey（1992）曾从"传播即文化"视角，讨论如何从学术前辈与现代学者包括专研游戏之社会学者 Huizinga 习得新的传播研究视角。由是，本节与下节即可呼应 Carey 所言，分别从"游戏"与"仪式"切入与叙事传播有关的文化创意议题。

如前章所述，每个人都是"说故事的人"，而在说故事之前也曾是"参与游戏""参与仪式"的人，如希腊人早在启蒙时期就曾忘情地沉醉于酒神仪式的狂欢祭典，年年以"羊歌"集体嬉戏。② Huizinga（1955/成穷，2004：ii）即曾从历史角度指出我们是文化之"游戏的人"，游戏对人类文明有着极端重要性。而"游戏"不仅出自动物本能，其出现时机实较目前所知文化及文明历史更为久远。

根据 Huizinga（1955/成穷，2004：1—2），传统上人们多视游戏为需要放松的休闲或是满足模仿的本能，既可释放日常繁琐生活的多余精力，也可培养年轻人准备未来的严肃工作，不但帮助人们获得愉悦也使人们完成在竞争中掌握主动性的欲望。由此，Huizinga（1955/成穷，2004）认为，在游戏过程中实多显露着行动的意义与生命的需要，而"玩游戏"亦不仅是生物现象与心理反射而已。

---

①　吴兹娴（2008：8；注4）曾经引用 Stephenson 著作（1967）并将其译为"游戏理论"，称其"主张人们倾向寻求欢乐，趋避痛苦，倾向工作与娱乐混搭"。但观其原文并参考 *The Play Theory of Mass Communication Knowledge Center* 之讨论，将 play theory of mass communication 译为"游戏理论"似有不妥，因为其意在于"玩乐"，两者之中文意涵略有差异。此处采译"玩乐"而非"游戏"（http://www.12manage.com/description_stephenson_play_theory.html）。

②　"羊歌"（goatsong）原指参与酒神 Dionysus 祭典仪式唱歌演戏的嬉戏，乃今日戏剧（尤指悲剧）之源头（悲剧之英文原词 tragedy 即源自希腊文的 trago，乃"羊"之意）。参见 http://bjjtjp.com/article/341876525.htm。

　　由以上简述可知,游戏实介于动物的本能与理性意识之间,其"非物质性"呈现了特殊意义,而"动物性"也因参与游戏与仪式获得愉悦之感而有异于机器。

　　然而,多数理论在追寻着生物或功能的答案时,却忽略了游戏的"好玩"部分,如 Huizinga(1955/成穷,2004:4)即曾探问"游戏的真正好玩之处为何",因为这种"玩"的概念才是游戏的核心所在,能够解释为何孩子们总是乐于嬉戏、为何球场上总可聚集着成千上万的疯狂观众。

　　Huizinga 认为(1955/成穷,2004),理性的人们参与非理性游戏时实能自知"正在游戏"(玩耍),此点已使游戏具有深刻的研究意涵与重要的文化意义,甚至可谓游戏早于传播、早于仪式也早于符号。依其原意,游戏本是"玩耍"(playing)之意,也是玩耍的方式(gaming),曾被视为人生基本而原始的要素和文化起源,亦即人们必须透过游戏方能解释生命和世界(Huizinga,1955/成穷,2004:28,46)。因而,要使游戏风行必得重视其"玩耍"部分,且要使玩家感到"好玩"。如 2016 年中开始风行之手游"神奇宝贝游戏"(Pokémon Go)即因要让人"走出户外"并与"外在环境融为一体"而广受欢迎(野岛刚,2016:173)。

　　何况游戏若指动词时实与"玩耍"意思相近,而指名词时却是玩耍的中介或过程,如"玩牌""玩球""玩赛车";此处之"牌""球"或"赛车"是游戏的种类,而"玩"游戏则有其他意涵(见下说明)。

　　荷兰人类学家 J. Huizinga 曾出版 *Homo Ludens*(中译《游戏人》,见成穷,2004)一书,描述了人类游戏的文化行为。Huizinga(1955/成穷,2004:3)指出,游戏的趣味与好玩早年尚乏分析与逻辑解释,因而他尝试从英文、德文、法文、荷兰文等字源中,寻找"有趣味的玩耍"(playing with fun)的同义字,结论是"明眼人都看得出,玩就是玩"。

　　Huizinga(1955/成穷,2004:5—6)曾用"严肃"(seriousness)作为"玩"的反义字,结果发现很多游戏实是严肃且有规则性的;若用"笑"来做相似词则又可发现有些游戏对参与者而言并不好笑(如比赛),而那些好笑的游戏(如荒谬的喜剧)却也不具可玩性,最后他集合了一些差不多的意思来表述"玩"这件事,包括笑、蠢、机智、玩笑、笑话、喜剧等。Huizinga(1955/成穷,2004:7—12)认为,游戏既属自愿行为亦有别于寻常行动,既有自己的时空之感也具秩序、美的倾向,可与紧张、规则、社群感等连结,此点在 21 世纪风行的诸多手机游戏如 Ingress、Pokémon Go 等中清晰可见。

　　由此,Huizinga(1955/成穷,2004:13)给出"玩耍"的意思为:"完全吸引着玩家的不严肃、自觉又自由的非日常活动。游戏有其自属时空规则与秩序而与物质或利益无关,经过假扮或其他方法集结出非一般世界所有的社群隐密。"①

Mortensen(2009:15—19)曾经援引 Huizinga 之论并认为游戏具有张力、冒险性、无效率、无产出,却有目标并以游戏器具为辅器。游戏中既有竞争亦有合作,兼有为了个人好玩或对自己有益等不同功能,也有输有赢。

Mortensen 另采 Salen 和 Zimmerman(2004:79)归纳的游戏意涵显示多位不同作家之游戏定义,包括以下几个重要特质:玩家受游戏规则限制;有目的或结局;牵涉了竞争、决策,是自愿参加且非日常的安全活动、过程或事件;有游玩辅具;非关利益;假扮(make-believe or representational);好玩而让人投入。Mortensen(2009)继而介绍了计算机游戏及其发展、游戏特色和研究,但仍未将"好玩"之概念、成分或传播意涵列为该书重点。

反观 Huizinga(1955/成穷,2004:32)在搜索了多国语言后提出中文"玩"(wan)字来解释游戏的核心概念,认为玩耍虽常跟孩童游戏连结,但中文"玩"之"动词"含有许多意思,"专心""愉悦""轻忽""顽皮嬉闹""诙谐打趣""说笑话""嘲弄""逗趣""触摸""检查""嗅闻""抚弄""欣赏""把弄""醉心"皆是。②

Huizinga(1955/成穷,2004:75)也曾指出,从早期(希腊)文化开始,"玩"这个跟孩童有关的字眼就兼有严肃与趣味,因为其根源于仪式而得使对节奏、和谐、改变、替换、对比、高潮等内在需求展示丰富的文化游戏产品;总之,玩/游戏的精神在于争取荣誉与尊严,以及博得优越与美感。

另依洪汉鼎(1993:xi/Gadamer,1965)之见,德国哲学家 H.-G. Gadamer 视游戏为对艺术经验进行"存有论"说明之线索:"游戏并非主体状态,而是存有模态。在真正游戏中,游戏者达忘我之境,似乎并非某人在玩游戏而是游戏在玩某人。"

Gadamer 对游戏(尤其是"玩"的部分)实较 Huizinga 有更清晰的说明:"如同陶醉于游戏中之儿童,并非自己在玩耍,而是游戏本身在玩似的。于游戏中,无主无客,为嬉逍遥;无敌无我,唯力流行。在游戏中,抽象的规则必须在每一具体行动中实现,而且游戏的过程中又生出规则。"(洪汉鼎译,1993:

---

① 在 Huizinga(1955/成穷,2004:32—35)心目中,游戏与日常生活"不同"且有"超日常"性质,乃因其必须停止日常活动、以一种不当真的方式来"乔装打扮",并在特定场所"演出",此点或与本章所述有些出入。另外,本章所引 Huizinga 概念部分出自中译者之序文。

② Huizinga(1955/成穷,2004:32)认为中文的"玩"字不用于与技巧、比赛、赌博、表演对应之游戏,但如中文之"'玩'吉他""'玩'石头""'玩'命"等则也与"输赢"无关,却与"技巧""竞争心""表演欲"等相关,未来仍需深入讨论。

xi/Gadamer,1965)

较新文献则出自 1999 年南美乌拉圭游戏学家 G. Frasca 的会议论文,首次提及"游戏学"(ludology)这个名称,并延伸讨论了其与叙事如何可能碰撞出火花。

Frasca 认为,即便许多人可能视"电玩"为叙事或戏剧的新种类,但事实上这些计算机程序与故事共享相同元素,如"角色""连续性的行动""结局""布景"等,因而研究"电玩"实有助于延伸其"叙事"本质。

Frasca 自承其首创之"游戏学"(ludology)一词出自拉丁文的"游戏"(ludu),为了与"叙事学"(narratology)一致而以此凸显未来或可将"游戏"与"玩游戏"合并讨论。实则"游戏"的拉丁语意本为"规则",可转录为文字并在不同玩家间传达其意,也常被某些组织定义而广受遵循(如 NBA 决定了职业篮球如何"玩")。在 Frasca 眼中,这些游戏规则与叙事的情节颇为接近,两者均涉及了如何进行的程序结构,如讲述故事之顺序即可类比于游戏的"打'关'"。

Frasca 另也使用 paidea 一词描述叙事的情境,借以显示游戏如何"玩",可定义为"一种恣意妄为的生理或精神行为而无显著或特定目的,其唯一原因只是基于玩家的实验乐趣",一旦玩家确定了输赢就成了"游戏"。

Frasca 认为,如果 ludu 可以比拟为"叙事情节",则 paidea 可视为"叙事布景或背景"(settings),因为如何"玩"游戏当视不同"环境"空间而定(在哪儿玩),如同故事事件发生的"时空情境"一般。

总之,在 Frasca 这本重要著作里首次揭示了"游戏学"乃是从游戏本身出发,进而研究游戏定义、游戏文化、游戏设计、游戏规律与游戏现象的学科,其与叙事学有诸多共通之处,因而透过叙事研究探索不同类型之游戏(包括电玩、手游、数位游戏)有其重要学理意涵。[①]

从以上文献观之,人类学与心理学领域多认为"玩"是具备内在动机的自愿行为而让人开心喜悦,这种行为存于儿童、成人与一些动物的日常生活中,却也有别于日常规律生活形态。

汪济生(1987:139-140)所下结论,最有力地指出了叙事与游戏的关系:

---

① 根据 Simons(2007),许多后起游戏研究学者并不认为游戏学与叙事学有重叠之处,甚至认为"叙事理论如今不再适合应付新媒介的形式与格式",因而呼吁新的典范,此即"游戏学"兴起之背景。为了区辨两者,游戏研究学者指控叙事学者过于"资本主义"取向、心怀"学术殖民主义"以及具有"故事拜物"倾向。但 Simons 此文则认为,游戏研究学者使用之辩解正好说明了两者间有诸多相似之处,两者像是一场"零合游戏"(zero-sum game)而无赢家。

在现今社会力力碌碌地发明机器以减轻劳动之刻，

人类却从来没有也不愿意发明什么机器，来代替自己从事游戏活动。他既没有发明跳舞机器来代替自己跳交际舞，也没有以机器人来代替自己做打羽毛球运动，更没有发明什么看电影机器来代替自己欣赏电影艺术。而且恰恰相反的是，人类却愈益冲向前面，要求更加近切地、实感地、综合地、强烈地体验游戏活动的快感。

质言之，"玩"常透过"游戏"之故事情节获得愉悦或其他情绪，因而其所具特质即本节核心关注所在。除了 Huizinga(1955/成穷，2004)曾提出玩游戏的精神在于争取荣誉、尊严并争取优越、美感外，下节尝试讨论仪式之"玩"的意义，因为日常生活叙事仍须钻研叙事情感以及具有好玩特色的传播行动。

第五节　仪式与叙事传播

日常戏剧形式的叙事，如电影、电视剧、小说等，长期以来认为游戏、仪式、表演、社会与人际传播互动彼此相关，也以仪式、游戏为戏剧最初起源。戏剧与电影的仪式性功能即含有娱乐和嬉戏玩耍的性质，与前节所引 Huizinga (1955/成穷，2004)和 Mortensen(2009)提出之"游戏、玩耍"概念有值得对照之处。

而在传播互动方面，前引德国哲学家 Gadamer(1965/洪汉鼎译，1993：xx)早即指出，"游戏使游戏者在游戏过程中得到自我表现或自我表演：'游戏的存在方式就是自我表现。'但是为了达到自我表现，游戏需要'观赏者'，'游戏只有在观赏者那里才赢得其自身的完全意义'"(双引号均出自原译文)。同理，叙事只有在被读者阅读与观众赏析接收时才获有自身完全的意义。

另依 Brockett(1977：5)之见，人类学家常认为神话和仪式是社会互动的重要元素，而其戏剧性的叙事行为本就源自原始仪式，因而其与神话、仪式共有以下三个与日常生活面向相关的祈求和满足："愉悦"(如食物、庇护、性、亲族方面的祈求和满足)；"权力"(如征服欲、耗费、膨胀方面的祈求和满足)；"责任"(如对神明、部族、社会价值方面的祈求和满足)。

戏剧表演的叙事行为与仪式极为相关，如 Brockett(1977：6)认为，戏剧与仪式两者都透过音乐、舞蹈、语艺、面具、服装、场面、表演、观众、舞台等元素传

颂故事,且两者之活动内涵均有生命节奏并提供了愉悦的形式。对 Brockett
(1977:5)而言,仪式:(1)是知识形式,用以解释社会对宇宙的了解并定义人与
世界的关系;(2)含有教育性质且传递文化知识与传统;(3)有影响或控制事件
的企图,如追求想要得到的结果;(4)彰显着超自然的力量,包括战功、历史、英
雄、图腾;(5)其景观、重复形式、表演者技巧都使观众感到愉悦。

　　胡志毅(2001:24)另曾举出三个仪式功能,即"交流"(指通过仪式而让参
与者与神明交流)、"教育"(指透过仪式达到教育和教化目的)和"娱乐"(指仪
式参与者在过程中宣泄压抑的情绪,并从中得到娱乐);显然,这些仪式功能同
样具体表现在戏剧表演与其他许多叙事活动中。又据胡志毅(2001:24)之见,
戏剧与宗教仪式同样"是集体情感与观念沟通的关系",两者也皆"使人类能够
忍受自己的存在"。

　　虽然仪式与戏剧不相等同且两者并不彼此替代,但戏剧与仪式在叙事表
现时唤起的集体情感、交流沟通、窥视世界奥祕的功能却颇一致。透过参与及
观看"作为仪式之一"的戏剧性叙事,人们的灵魂从躯体中被呼唤,从而获得精
神的诞生与重生,诞生、重生因而也就成为戏剧表演、神话、仪式三者的重要内
涵。如戏剧主神戴奥尼索斯(羊人潘)即有重生、欲望、恐惧、迷狂的情绪象征
(胡志毅,2001:27－32),而"重生"(获得永恒)与"欲望"一向都是戏剧演出的
重要主题,"情绪"与"狂欢",则是戏剧与仪式祭典的重要形式,这种生命现象
的"反复"正是叙事传播活动众多主题一再重复展现并转述的基底。

　　戏剧人物的情绪与行动在戏剧情境中相互纠结并高度互动,恰也显示了
戏剧表演特别之处,即常以内容显示人与周遭际遇相互牵引的互动关系,同时
也反映了人在际遇中的行为节操、人性以及智慧的增长,正与叙事活动的一般
内涵相仿。

　　叙事表演形式以及故事技巧经常引导观众透过悲剧或喜剧形式感知情
绪,而正是这种情绪引导及宣泄的效果常使观众为之痴迷,进而成为戏剧、神
话、仪式一般共享特定的宣泄情绪功能,"……参与者在参与仪式的过程中,使
压抑的情绪得到宣泄,而这种宣泄功能也是一种娱乐的功能……,它使生活中
的冲突与协调,在社会与大自然环境中戏剧化"(胡志毅,2001:30);换言之,唯
有透过观赏戏剧化的生活故事,观众之心灵方得以洗涤。

　　宣泄情绪达到的愉快效果出自希腊先哲亚里士多德在《诗学》中提出之
"净化"(catharsis)概念,其意在于人们必须透过戏剧的情绪经验方能学习面
对生命的极端伤痛或狂喜,且能理性而安和地回到日常现实,进而面对一己的
真实遭遇(王士仪译注,2003)。

　　胡志毅(2001:31)因而认为,戏剧故事是从仪式转化的"有意味的形式"。他引述德国哲学家 E. Cassirer 之论指出,礼仪或节律庄重或粗野狂放都能使情绪宣泄,而戏剧净化也是情绪释放,它激起人们重新追求淡然,"这种自我克制在人们日常生活中是必不可少的"。

　　整体观之,文学与戏剧等艺术活动都是释放压抑的最佳渠道,甚至是现代心理咨询与戏剧治疗(李百龄等译,1998/Landy,1986;洪素珍等译,2002/Jones,1996)、叙事治疗(陈阿月译,2008/Morgan,2000)的源头,如民间节日庆典活动一向透过众多仪式活动以达"娱人"效果,无论"抢孤""炸寒单"还是"端午划龙舟"等皆然。

　　胡志毅(2001:32)因而认为:

　　宗教活动中必演戏剧,娱神只是形式,娱人才是实质。中国的傩戏就具有"对生存危机与焦虑的解脱"的功能。有的学者指出,傩通过法师的语言和一道道繁琐的仪程,将(使)那种利用其他手段难以表达的心灵状态一下显得豁然鲜明起来。

　　傩通过歌舞和仪式提供了一种有秩序的诗人理解的感性形式和结构,这种感性形式和结构把那本来是混乱和不可表达的种种实际经验表达了出来,从而将(使)人们身体的痛苦与灾难带来的痛苦所造成的生理、心理上的紧张压力和焦虑,朝着有利于他们的方向重新组织起来,由此他们紧张而焦虑的心理也奇迹般地随之松弛了。

　　另据 S. Langer(1953/刘大基等译,1991),符号或戏剧表演的形式赋予人类精神材料以一定的秩序。戏剧表演艺术出自对人类情感的服务,将人们的内在日常经验与矛盾心理、错综复杂的情感、思想与印象、记忆等透过抒发情感的音乐、舞蹈、语言等形式表现出来。

　　因而,与戏剧性叙事相近之仪式性传播互动或宣泄情感之表演活动,显然均可启动叙事者间的"一起玩"题旨,尤其是,日常生活的种种压抑情绪皆可经由游戏互动而减缓,在宣泄制造愉悦或忧伤情绪场合调节生活步调并抒发胸中块磊,借由叙事传播活动得到特别的安慰与快乐。

第六节　叙事传播之故事原型

上节透过"情感""游戏""仪式"等说明了叙事传播之日常行为特色，而在故事来源层面上另有"潜意识"与"原型"，可用以解释上述三者如何得与日常叙事行为有关。

如分析心理学的创始者 C. G. Jung（以下皆称"荣格"）曾从心理学临床研究中质疑，是否有某些无意识心态被否定、压抑或未被充分认识，甚至被投射到客观世界的故事与幻想里，而被视为病态的奇异、陌生与可怕，以致人们内心是否有着什么事物希望与我们沟通？

他从病例的"幻想"与"梦"开始研究神话与宗教经典，借此探讨人类的心灵结构并提出著名的"情结"（complexes）潜意识（Stein，1998/朱侃如译，1999：3—6），继而找到了人们在故事结构层次的平行关系，并于 1919 年首次使用"原型"（archetypes）概念（Hyde & McGuinness，1995/蔡昌雄译，1995：61），假定了"集体无意识"（collective unconsciousness）的存在，由此奠定了其在文艺批评领域无人取代的学术地位。

"原型"累积自人类历史、文学诗歌、宗教及神话故事。[①] 荣格由前人书写作品里找到故事中众多相同而重复的意象与象征，继而陆续推出"英雄""母亲"等多个原型，借此说明人类的普遍心理模式，从而开拓了全新的文化理论视野（蒋韬译，1997：114—117，159/Hopcke，1989；吴康、丁传林、赵善华译，1999：179—205，211—227/Jung，1971）。

---

① 从荣格讨论"内倾""外倾""思维""情感心理类型"的诸多著作中，可见其针对曾获诺贝尔文学奖的瑞士诗人 C. Spitteler 所著诗集 *Prometheus and Epimetheus*（1818 年）的分析，讲述聪明的普罗米修斯与其愚笨弟弟艾皮曼修斯，以及此二人与妻子潘朵拉的希腊神话。荣格在该神话中发现了"母亲""圣女"原型以及透过宝石渴望的更生象征，其后又从印度婆罗门的梵歌和教义（《奥义书》）中指出，二元对立在心理层次的消弭与化解，"大梵不仅是一种心理状态，而且也是一种过程，一种'创造的绵延'"（duréecréative）；大梵即有与无、存在与非存在、有限与无限、实在与非实在。

荣格认为，心理事件有其规律，是秩序、规则、方向、命定、神圣习俗、正义、真理等"梨陀"，而"梨陀"以周而复始方式重复、再生。对荣格而言，体现秩序最典型的图案是"曼荼罗"，梵文指魔圈和圆环，引伸为一切具有某个绝对中心的图形如圆、正方形、球体等。在宗教、艺术与梦中，"曼荼罗"以花朵、十字、车轮形状出现，其结构则常显示为四极倾向，存在于跨时空、跨文化、跨年龄的图画中（滕守尧，1987：388）。荣格另曾发现相同的"和解象征"也写在中国的《道德经》中（吴康等译，1999：214—228，234/Jung，1971）。有关原型和集体潜意识之解析多收集在普林斯顿大学出版社出版的《荣格全集》第九卷第一辑中（Adler、Fordham & Read，1949）。

荣格师随心理学家 S. Freud 的无意识学说，在性的"里比多"（libido）研究外[①]，也曾思考精神病的意象、梦的意象以及个人幻想是否有共同源头，随之发现人类思考与想象确有共通之处："意象"有某些主题与要素且其不断地以相同或类似的形式反复出现，如混乱与秩序的对立、光明与黑暗、上下左右等二元性，而二元对立物在第三立场的统合以及意象中的四元性（四边形、十字架）、循环（圆形、球体）以及汇聚核心的过程等，亦是原型之常见形式。

荣格从文学研究中发现，叙事创作并非一般心理学所能解释。透过分析歌德、席勒、尼采等人之书信与著作以及神话得知，他们的诗文中充满"原始意象"（primordia image），而其永恒精神结构则来自"同类体验无数过程的凝聚……，是不断发生的心理体验的沉积"（胡志毅，2001:12）。由此，荣格认为"原型"系以意象形式表现而为原始魔力、灵气与情感模式，且其不断规范着人们的知觉，使得人们在其日常叙事中难以脱离原型的影响。

荣格另从 Freud 的无意识理论中区分出"个人无意识"与"集体无意识"两个层次，前者是个人被压抑与被遗忘的记忆，集体无意识则"包含着为人类所共有的心理知见的基本架构，即原型"（蒋韬译，1997:3，119－120/Hopcke，1989）。

"无意识"概念最早出自 17 世纪英国神学家 R. Cudworth[②]，是指难以清晰意识或不能及时注意到的能量，也是使灵魂和身体结合为一的感应。依滕守尧（1987:381－382）之见，18 世纪启蒙时代瑞士裔法国思想家卢梭（Jean-Jacques Rousseau）最早从情感方面探讨了无意识，从而注意到自己有种并非来自理性也非来自意志的自动情绪状态。一些浪漫主义作家（包括歌德）接着异口同声地表示无意识无所不在，他们在艺术创作中皆能亲身感受到"强大的、隐蔽的，然而又具有积极的创造力的无意识活动的存在"。

荣格（Jung，1971/吴康等译，1999:568）则将这种驱动神话象征的无意识称为"原动力"，而将基于无意识的原型解释为"与生俱有的心理领悟模式、潜意识心理的遗传基础、路径之律则、有机体存在之经验的汇集、原初意象、象征的程序"。依朱侃如译（1999:284/Stein，1998），"原型"为"想象、思想或行为

---

① 里比多包括"本我"（Id）、"自我"（Ego）、"超我"（Superego）学说。"本我"是最原始的无意识心理，来自遗传和本能欲望，既是寻求满足的非理性冲动，也是"伊迪帕斯情结"（Oedipus，弑父娶母）、"那西瑟斯情结"（Narcissus，即自恋）、梦想、灵感之根源。而"自我"依知觉系统修改或压抑本我，代表对理性与现实要求的需求。"超我"为超个人道德的心理层次，代表良知与自我批判的内心理想成分（胡志毅，2001:10－11），另可参阅蔡琰、臧国仁（2003）。

② 剑桥大学哲学家与神学家（1617—1688），生平见 http://en. wikipedia. orgwikiRalph_Cudworth。

与生俱来的潜在模型,可在所有时代和地方的人类身上找到"。

而以研究神话著名的 Frye(1957/胡经之、王岳川编,1994:114)则认为:"原型即那种典型的反复出现的意象。'原型'作为一个中心概念,往往指在不同作品中经常出现的具有稳定性的象征、神话、意象等,它根源于社会心理和历史文化之中,将文学与生活联系起来,并体现出文学传统的力量。"

荣格认为,原型是某种遗传下来的先天反应倾向或模式,是无意识中的某种力场或势力中心。或者,原型是"理解的典型方式",是"作为人类一分子所共同具有的心理认知与理解的模式"(引自蒋韬译,1997:2/Hopcke,1989)。Stein(1998/朱侃如译,1999:278)则曾说明原型是心理积聚的情境和处理情境的模式,而这些模式提供心灵结构意义的基础,因而说明了叙事借由原型而完成理念与沟通。

原型理论对叙事或创作的重要性在于它解释了直觉与灵感。这种难以被艺术家说清楚的叙事依归并不全然来自理性认知,也是每个人都具有的艺术创作本能。滕守尧(1987:379—380)即曾注意到好的创作似有规律可循,叙事作品"或是和谐对称,或是充满着生命的节律,或是体现着无法言传的深刻含义";现代艺术心理学家称这种(艺术)意象形成的步骤和遵循的原则为"无意识"。

简单地说,原型不等于叙事内容,也不等于遗传下来的思想,它来自于祖先的长期经验而作为种族记忆或原始意象。原型可使人们易于领悟经验世界,藏在无意识中并以具体的象征符号或形象出现于意识中,也更浮现于叙事中。

荣格即曾指出以下十二个常见于叙事之原型:"自我"(Self)、"阿尼姆斯"(Anima/Animus)、"母亲"(Mother)、"父亲"(Father)、"智慧老人"(Wise Old Man)、"恶精灵"(Trickster)、"处女"(Maiden)、"圣婴"(Divine Child)、"阴影"(Shadow)、"面具"(Persona)、"英雄"(Hero)、"合体"(拉丁文之 Coniunctio)等(蒋韬译,1997:75-133/Hopcke,1989)。这些原型以各种方式组合出个体的日常叙事经验,但经验对个体的正面或负面影响及后果则未论及。

除了上述原型外,Bodkin(1934)也曾发现文学与戏剧之恋母情结、天堂、地狱原型以及魔鬼、英雄、神明形象等。而 Frye(1957/胡经之、王岳川编,1994)继而讨论周而复始的再生原型,并进而观察到神话的基调大约分为五种,分别是"天堂""地狱意象""天真""理性""经验意象",彼此可以变形及转换,并以七种生死反复交替的模式出现在叙事里,包括神的世界、光的世界、人的世界、动物世界、植物世界、文明社会、水的象征与其各种形式之反复交替。

Frye(1957/胡经之、王岳川编,1994)接着将故事主题的反复归纳为"传奇""喜剧""悲剧""反讽"等四类原型以及相对应的四种主人翁类型原型:传奇的主人翁优于他人如神或英雄;喜剧主人翁是与我们类似的普通人;悲剧主人翁优于他人但无法超越处境;反讽的主人翁劣于一般人的能力或智力。① 此四类原型按着四季发展,而循环于死而复活之神话,如春(喜剧、牧歌)、夏(神话、传奇)、秋(悲剧、挽歌)、冬(反讽),也在文学史上依序产生、反复出现。②

博客主"踏雪无痕"曾引伸 Frye 之类型原型为:"神话(原型)运动的方向:喜剧对应于春天,述说英雄的诞生或复活;传奇对应于夏天,叙述英雄的成长和胜利;悲剧对应于秋天,讲述英雄的失败和死亡;反讽对应于冬天,叙说英雄死后的世界",而如死亡/复活、成功/失败等主题理应受到叙事重视。

从以上文献所述或可推知,"自我""圣婴""父亲""母亲"等原型,实也关系着叙事的不朽题材"亲情";而"英雄""处女"等原型则描写着故事里的"爱情";至于"阿尼姆斯""阴影""面具""智慧老人""恶精灵"则关系着故事里的"人际关系"。

荣格的原型理论有其心理学根源,与儿童随年龄增长发展的心理过程之人格形成有重叠部分,但发展心理学或人格心理学③都不能全然解释荣格的"心灵"或"原型"。从叙事角度而言,荣格的原型理论纳入了故事背后非文学的泛文化内容,包括神话、仪式、梦、幻觉。前两者(神话与仪式)是人类自身的起源与历史,也是信仰与逻辑寄托所在,而后两者则潜藏着生命精神层次的奥祕,往往渗入生活叙事中于无形。但不论正式的文学诗歌文本还是叙事的其他泛文化类型,荣格的原型理论集结起了故事文本与个人无意识、集体潜意识间的关联(胡经之、王岳川编,1994:111-113/Frye,1957)。

另一方面,由荣格建立的"分析心理学"(analytical psychology)则提供了批评故事的基础,使身处现代社会的人们得从自我反身去寻根,也使人们得从叙事现象的表层去理解深含其中的远古记忆或神话。④

---

① Bodkin(1934)曾经发现下列原型(见底线所示),如 the Oedipus complex,the rebirth-archetype,the archetype of Heaven and Hell,and images of the Devil,the Hero,and God. 参见 http://en.wikipedia.orgwikiMaud_Bodkin;相关研究另见鲍玉琴(2008)。

② 相关研究见冯建国(2001)。

③ 发展心理学家如 J. Piaget 曾经提出 theory of cognitive development,并观察幼儿随年龄发展之心理及行为阶段。人格心理学旨在研究一致的心理特征如外向、内向、开放、神经质等,Freud、A. Bandra、A. H. Maslow、E. H. Erikson 都是重要研究者。

④ 神话(mythos)的希腊原文之意是想象的故事、叙述或情节,可参见胡志毅(2001:35)。

第七节　本章结语:叙事传播之真谛

所有事物里,传播最为美妙(Of all things communication is the most wonderful;Dewey,1935:385)。

直到最近,多数男女大众总是被阻绝于、或无法接近、或无趣于被机械复制,而超越(所住)村庄与亲属圈子的传播科技。……对大多数人来说,传播工具昂贵、遥远、无趣也无关。……但如此<u>工艺性的延伸与安置</u>无法摆脱历史以外的古老本能与必需品,即严格说来具有人类学(意涵)的仪式与叙事(Carey,1992:1-2;底线与添加语句均出自本书)。

自20世纪以来,知识分子往往在混乱无序、缺乏意义及目标的时代慨叹信息交流中的知识、美感崩坏。但荣格(1971/吴康等译,1999:91)却认为,"象征"(尤其是艺术活动传递之象征)对灵魂有积极转化作用,且人类存有两种必然,即"自然"与"文化":"我们不仅仅是我们自己,我们必定同别人发生联系。"

"传播"这个概念原就含有与人联系、互动之深邃内涵,如前引传播学者Carey(1992)稍早发展的"传播即文化"观点,就曾视其为"分享""参与""连结""共同拥有"或"共享信念之再现",包含"共同性"(commonness)、"共有"(communion)、"社群""沟通"等彼此相互归属的概念(译名出自徐国峰,2004:12);传播无法脱离与人互动,因为其是"人际友谊"与"社会关系"的基础(Carey,1992:22)。

惜乎传播领域早自发轫之始,就陷入了如上引Carey所称的"工艺性的延伸与安置"(见上引画底线处),将复杂的人际互动流程简化为信息的发送、传达、阻绝、控制与效果,因而丧失了其与"人"的直接关联(参见本书第二章)。

更源于传播研究的实证导向一贯地追求客观、中立、正确,而摒弃与人际互动直接相关的情感、情绪、经验叙事等概念,传播领域发展长期以来已经渐渐与"人性""生命意义"无关,更与"人"及"生活世界"相互脱离(臧国仁、蔡琰,2013)。

本章之旨就在延续前章所述,从日常生活中所见的几个传播元素出发,延伸归纳出叙事传播的情感底蕴,强调除了传统信息导向的传播行为外,传播实也涉及了以情感为主的说故事交流互动。尤其是,好故事的交换与分享多具体表现在"游戏"与"仪式"等叙事活动中,也都奠基于心理学者多年来持续探索的"原型理论"。

　　总之,本章强调叙事传播乃日常生活可见之人际互动,既无须受制于科技,也无须透过任何大众媒体即可传达并互通有无,每个人、每个时刻都在生活世界里讲述自己的故事、传颂他人的故事、缅怀历史也眷顾未来,彼此的生命经验因而得以交换,而人生伤痛的历练、丑陋的真相与美好的意义也借此获得抒发。

　　在此互动历程中,传播者(说故事者与聆听者)即"以平等、共有、共享、意义共构方式彼此激励,各自从其生命经验/记忆里抽取有趣、美好、值得与对方分享之情节共同营造情境;真实与客观不复彼此唯一关心的传播目标,如何达成'好的讲述与聆听理由与内容'方是"(改写自臧国仁、蔡琰,2013:193),此即"叙事传播"之真谛。

第九章　结论与反思:叙事传播之未来展望

——再论以"人"为本的"说故事"传播行为

第一节　概论:回顾有关叙事学意涵的学术论辩

叙事学元老普林斯的说法很具讽刺含义:"用'叙事'代替'解释'或'论辩',是为了听起来更具有试探性;用'叙事'代替'理论''假定'或'证据',是为了听起来不那么科学死板;用'叙事'代替'意识形态',是为了听起来不那么妄作判断;用'叙事'代替'信息',是为了听起来不那么独断。"因此"叙事"成了万能代用语;应当说,这是一个很敏锐的见解,但是某些基本术语成为通用语,并不是坏事。某些研究诗歌的学者认为这个局面有点不合理,因为强调故事性,诗歌就更加边缘化了。某些文字只是说"叙事转向"可能过分了,例如:2000年索特维尔提出了"反对叙事";2004年阿特金森认为医学中的"叙事转折"转进了一条死胡同等。甚至叙事学家费伦都承认,有可能已经出现了包打天下的"叙事帝国主义"(赵毅衡,2009b:90)。①

本书撰写"结论"章节之刻,两位作者正巧拜读了上引四川大学叙事学名家赵毅衡教授稍早所述,心中顿感不安:难道"叙事学"近几年的蓬勃发展业已产生了如其所引之"反对叙事"与"叙事帝国主义"(narrative imperialism)的学

---

① 赵毅衡之原文均采"叙述"一词,这里改为"叙事"以与本书所述一致。

术论辩，而其意究竟为何（可参阅本书第二章第三节有关"叙事典范"之讨论）？[①]　正可借由本章深究"叙事传播"研究未来将何去何从。

一、Phelan 与 Eakin 之论辩

上引赵毅衡教授所言之学术论辩，实则出自美国俄亥俄州立大学叙事学者费伦（J. Phelan，2005）主编之《叙事》（*Narrative*）学术期刊第十三卷第三期"主编专栏"（Editor's Column）以及随后由 P. J. Eakin 作出之回应。简单地说，Phelan（2005）抨击了 Eakin（2004）稍早提出的"叙事认同"（narrative identity）论点，认为其说已将"叙事"概念讲得彷彿无远弗届，有如"帝国主义"般地恣意扩张了学术主张。Phelan（2005：206；添加语句出自本书）如此批评：

这个源自叙事转向现象之（叙事认同）论点有其重要性，乃因其属我以"叙事帝国主义"为名之一例，出自叙事学者指称该领域持续扩张后，已让学习对象及学习方式皆较前更为有力。

此一扩张主义的动力（虽）其来有自且理由充分，实则叙事以及叙事理论皆曾有助于这个新领域的形成。但如其他殖民例子所示，叙事帝国主义无论对被殖民者或殖民者皆有负面影响，不但贬抑了被殖民领域的现有眼光且也延伸了叙事概念，以致我们（容易）忽略其原有之独特所在，进而导致解释现象时过于简化。

而 Eakin（2006）在回应时，则好奇为何此一以"叙事"为名之学术期刊（1993 年创刊）主编如 Phelan 教授却狭隘地认为"叙事"之意仅是"文体形式"（literary forms），而未曾积极地与社会、认同、身体等新概念连结。Eakin 认为，上述"叙事帝国主义"一说忽略了叙事之本质应在建构社会互动并与人们有所连结："……或可谓，我们每个人都建构并生活在叙事里，而其（注：指叙事）就是我们，（以及）我们的认同（identities）"（2006：180）。

Eakin 随后（2006：185；底线出自原文，添加语句出自本书）借用英裔美籍神经医学叙事研究者 Oliver Sacks 之言强调："我们，每个人，都有一个生命故

---

　　① 本章以下将专注于检索"叙事帝国主义"，而无意深究"反对叙事"。根据赵毅衡（2009b）所列文献，"反对叙事"（counter narrative）出自 Sartwell（即赵氏所译之"索维特尔"，2000：10）但其未曾详述，而另依 Bamberg 和 Andrews（2004），"反对叙事"之意乃相对于"主要叙事"（master narrative），如在某一特定时空环境出现大众较能接受之"主要叙事"，与其立场或框架相异之述说就是"反对叙事"；由此观之，若将"反对叙事"一词改译为"对立叙事"似更贴切。

事,一个(属于我们的)内在叙事——其连续性、其意义,<u>就是</u>我们的生活。"文末 Eakin(2006)再次解释:"叙事岂仅具有语言功能,实则深植于我们的身体。"

有趣的是,两年后 Eakin(2008:ix)续将其所论之"叙事与认同"改以专著形式出版,强调"叙事并非仅是我们所说、所读或所创,而是我们自觉认同的重要部分",由此进一步阐释了其所认定之叙事概念的核心意涵:"叙事并非仅是文学形式,而是我们生活经验的部分组合……。叙事也不仅有关我们自身,而是(我们)建构自身的复杂成分。"(Eakin,2008:2-3)

二、Brockmeier 和 Carbaugh 之解析

事实上,有关"叙事"与"认同"之连结早在同一时期即由 Brockmeier 和 Carbaugh(2001)所编之专著中定调。两位编者认为,"叙事"与"认同"领域过去分属不同知识探索范畴,亦曾借用不同理论进行研究,彼此却意外地少见来往。例如,心理学曾常常探讨人之本性,如记忆、心智、个人如何与故事连结(参阅本书第六章第六节 Sarbin 之"想象即(叙事)行动"),而文学理论或文学批评(此即前述 Phelan 所持立场)则曾深究叙事语言之故事本质,两者却多忽视对方之存在。

如 Brockmeier 和 Carbaugh(2001)所称,叙事学之研究传统(20 世纪六七十年代)系从结构主义入手探讨书写文本之结构(参见本书第四章),其常检索虚构文学与小说的故事特性。如今则早已迈向"跨领域取向"(transdisciplinary approach;见本书第七章之讨论),众多研究者持续说明叙事文本不仅由语言/文字构成,而且由任何依故事线索组织之符号系统(包括视觉、听觉以及兼有静态与动态之 3D 符号系统)建立如下活动:舞蹈与运动事件、有回忆性质的人工造物如纪念堂与博物馆陈设、社会仪式如丧礼或公共典礼、其他文化现象如流行与景观设计等。

Brockmeier 和 Carbaugh(2001:6)也曾广泛地引述其他叙事研究者,特别是 Labov 和 Waletzky(1997/1966)之观点(见本书第四章所引),强调该文深具民族志学、人类学、社会科学、应用语言学等内涵,"不但指出研究日常传播及非虚构叙事形式及类型的方向,并对有关虚构叙事的研究影响重大。也由于此篇论文,虚构与非虚构叙事间的明显界线从而模糊,使得早先二元论及双向论(binarism)所建立的差异无关紧要"。

Brockmeier 和 Carbaugh(2001:7)另也将叙事研究的"多义"(polysemic)与"多声"(multi-vocal)特性发展归功于 M. Bakhtin,认为其对陀思妥耶夫斯

基小说之分析超越了传统文学理论或语言哲学的领域，从而催生了叙事分析之"多声性思维"与"对话式自我"等新概念。尤其是，Bakhtin 习惯以 tropes（指多元语言的形式）一词来形容生活叙事的语言丰富性，指称每个叙事之"自述"都与生活有关，且说故事者所述多为其个人经验或听闻自他人的体验，因而其所述也常嵌入生活情境，兼有互动与沟通、企图与幻想、模糊与不明，一旦触及不同情境则无时不有下一个及另一个故事可资讲述。Bakhtin 所言足可凸显"生活叙事"的动态特性，使得叙事研究一举突破了传统研究对象（故事文本）所限，而与日常生活连结（参见本书第八章）。

　　Brockmeier 和 Carbaugh(2001)认为，这个观点指出了故事讲述系在"实际经验"与"未来预期"间不断来回，最后成为开放且"无结束"①的文本，因为其在真实与虚构间不断选择更多意义、更多身份并也形成更多解释，故事表达之情节甚至远逾生活实境。这意味着生活故事之述说虽也"属实"却难验证，因而唯有"说/演/写得像是真的"，方能超越真实与虚构之鸿沟而取信于人；此即虚构文学如小说常引人入胜之因，但纪实报道何尝不然。

　　由此可知，传统叙事理论之研究范畴早在 20 世纪 80 年代以降即已触及了对不同社会文化活动的兴趣，尝试脱离早期奠基于结构主义之诸多观点，且不复受不同规则、深层结构、句法、二元论等桎梏。

三、叙事学之"跨领域取向"

　　因此，上述学术论辩并非意外，实则代表了两个研究取径/典范间的学术论辩（参见本书第二章讨论）：一者系以上引 Phelan 为其代表，迄今坚持叙事研究之对象乃是透过语言或修辞所呈现之静态文本，并以文学作品如小说为其主要研究对象，关注任何故事之内在结构呈现方式（参见本书第四章）。

　　另者则贴近上引 Phelan 所称之"叙事帝国主义"思维，研究者如 Eakin 或 Brockmeier 和 Carbaugh 多延伸其触角并形成前章所称之"跨媒介叙事"传统，持续走出文本之限而形成了"互媒""互文""多媒"等新特性（见本书第三章），并多视故事为讲述者与聆听者相互参与、积极互动之动态内容，与讲述时之心智、时空情境、社会文化皆有交流，其复杂程度显非传统（古典）叙事主义者如 Phelan 教授所能想象。

　　由此，可再引用上述赵毅衡教授的另一篇论文（2010），其亦认为叙事研究早已无法回到如 Phelan 教授习惯认定之小说作品结构模式，故而倡议改以

---

① "无结束"之意与本书第八章第一节脚注 1"未完成性"之意相同。

"广义叙述学"或"新叙述学"①为名，以能囊括不同类型之叙事研究。赵毅衡认为，"……不论自称后经典叙述（叙事）学，还是后现代叙述（叙事）学，还是'多种叙述（叙事）学'（narratologies），都必须迎接这个挑战，……为涵盖各学科中的叙述（叙事），提供一套有效（的）通用的理论基础，一套方法论，以及一套通用的术语……"（2010：150；英文出自原文，添加语句出自本书；另可参阅傅修延，2014）。

尤为重要者则是调整叙事的传统定义，如"叙述（叙事）的默认时态是过去时（式），叙述（叙事）学像侦探一样，是在做一些回溯性的工作，也就是说，现实中已经发生了什么故事之后，他们才进行读听看"（赵毅衡，2010：151；添加语句出自本书）。换言之，传统叙事研究总是认为要待事件发生后始有述说文本，如此也才能视其为故事内容，因而如"戏剧表演"就因属"台上正在发生"之述说，而多被排除于传统定义之外。

赵毅衡认为，如此局限乃因叙事研究之早期观察对象，系以小说或文学作品为主，必得先有文本述说才能展开探析。但此刻如影视新闻、电子游戏、体育赛事现场转播，甚至直播等新兴传播类型不断推陈出新之刻，具有"绝对现在"特质的述说形式早已成为生活常态。因而"新叙事研究"的首要之务，恐就在于抛弃来自对叙述时态的狭隘观点，回到如本书宗旨以"人"为本的说故事立场，以兼容不同时态。

赵毅衡之说法恰与另一位叙事名家 D. Herman 一致。Herman 曾与 Phelan 同在美国俄亥俄州立大学英语系执教多时，早在 20 世纪末期即已提出"后经典叙事学"（postclassical narratology；见马海良译，2002：2/Herman，1999）术语，呼吁研究者"走出文学叙事"，以期展开"对结构主义叙事学之反思、创新与超越"。②

其后，Herman 于 2009 年另行推出 *Story Worlds：A Journal of Narrative Studies* 学刊，旨在"发表当下跨学科叙事理论的研究成果"，而非"聚焦于某个学科或仅以（推崇）某种叙事类型"。该刊认为应从不同面向探究故事内容，如"面对面的交际互动、文学写作、电影和电视、虚拟环境、编年史、歌剧、新闻、绘图小说、戏剧、摄像"（引号内文字出自尚必武，2009），其关注之叙事内涵显然较 Phelan 广泛甚多。

而 Herman（2013a：ix）的近作更曾试图连结叙事与认知科学以能回答"人

---

① "新叙事学"一词出自马海良译（2002/Herman，1999）之中译书名。
② 此句引号出自马海良译（2002/Herman，1999）之篇名与图书封底说明。

们如何理解故事"，而"人们又如何使用故事理解世界"等议题，采"跨领域"模式讨论叙事理论如何得与认知心理学、语言学、符号学，甚至人工智能与传播理论等社会科学与人文学科领域接轨，并以"个人"以及"个人与环境互动"为其研究核心，自称此为"叙事创造世界"（narrative worldworking）观点（Herman，2013a：x；参阅 Herman，2013b），创新程度显与 Phelan 大异其趣。

Herman（2013a：333，ft. 1）认为，早期叙事学家大致延续了瑞士语言学家 F. de Saussure 的语言学传统，而后进学者则普遍关注如何建构不同符号系统以与生活经验有所关联。Herman 延续了新的研究传统，认为叙事之主要功能就在建构并探究生活世界。

而在另一本专著中，Herman（2009）再次强调叙事研究之发展早已超越由结构主义者奠定之文本取向，进而关注"说故事者"如何述说生命经验、如何建构生活、如何与言说情境互动，重点仍在强调"人"是说故事的主体，并以个人或社会沟通途径展现具有故事性的人生。尤为重要之处则在于，每个故事之讲述历程总也涉及了亲身经历之"自述"，透过互动双方交换各自生活体验从而转换其为"故事"，并在述说历程中重建彼此之社会（人际）关系；此与本书强调之"以人为本"之叙事传播理论相符，尤与第二章所引之诸多叙事传播理论相近。

由以上所引不同所述观之，跳脱文本所限而与其他领域直接接轨，早已是诸多叙事研究者之共识，其皆重视说故事者如何透过不同"媒介"（如大众媒介）并以不同"媒材"（如语言、符号、图像、影音）讲述生命故事，且在讲述过程中尝试与聆听者交换情感，进而连结生命经验，甚至形成"世界化故事"（worlding the story；见 Herman，2013b：179）与"故事化世界"（storying the world；见 Herman，2013a：xi）等取径①，这也应当是叙事传播研究亟待整合并持续探究之方向。

四、由学术论辩反思"叙事传播"研究

整体观之，本书所言之"叙事传播"着眼点就在于提出"以人为本"之不同典范内涵，以期改变、替代、调整传播领域自发展初期迄今惯用之"信息论"或"数学模式"（the mathematical model of communication；见本书第二章），因为

---

① Herman（2013b：179）曾如此定义"世界化故事"："利用文本线索或能供性（affordance）以探索故事世界（story worlds）的过程"或者"叙事乃诠释对象"（2013b：179）；而"利用故事世界以理解经验，尤其（是）某些特殊行为的过程"或者"叙事即理解（sense-making）之源"（2013b：182），则是"故事化世界"之意。

古典传播理论一向受制于实证主义之渊源,以致其自始就仅关注如何达成"沟通效果",并仅强调"客观""中立""正确"与"理性"等信条,而不介意沟通双方如何传递情感或如何相互交流,多年以来早已使得传播学科愈形僵化,"人味渐失"并与生活世界相互脱离(见臧国仁、蔡琰,2012)。

此时提出"以人为本"之叙事传播论点之因,乃在提醒研究者与教学者回到传播行为原就具有之情感本质,更也当强调"守住'人≠机器'这条底线"(傅修延,2014)之重要性,借此凸显叙事传播之旨乃在促进日常生活之人际互动,进而建立社会关系。

但此项工作不易,因为传播理论发展迄今分支众多,一般研究者或已无视传统传播内涵之刚性作用。举例来说,本书第二章在改写、投稿学术期刊时曾蒙匿名评审如此评议:"……有关传播研究的典范转移问题,经由传播学界这几次的深入讨论,几已定案,望眼当今各种传播期刊或学术论著,对此一已经定案的学术观点,有如 Kuhn(1962)所言,早已历经传播学界典范转移,而且成为传播学界的科学社群共识,已经不必再花时间在这些早成定论的旧常识(上),应该着眼于未知、尚未定论的知识讨论。"(底线出自本书)①

这位评审之言值得讨论:其一,"典范"之原意乃在随着时代变迁持续出现"后起之秀"(程树德等译,1994/Kuhn,1962;见本书第二章),因其常与主流观点良窳互见而需要不时检讨,应无"定案之学术观点"(见上引底线处)? 其二,该评审未说明传播学界的"社群共识"为何,实则任何研究者均须针对时代变迁而寻找新的传播定义与诠释,"共识"恐正阻碍了学界的前进与跨步。实际上,受到媒介汇流之影响,传播学术内涵正遭逢着奠基以来仅见之重大冲击,此时才正当是集合学界众人之力厘清并图改造内涵之刻,引进"叙事传播"新议当有助于扩充原有领域范畴,以能适应世纪新局。

总之,本书之旨乃在提倡"以人为本"之叙事行为,触及了与前不同之传播理论途径,系以"说故事者"为其主体所在,透过不同媒介与媒材之故事讲述历程而与他人建立关系,进而展开互动并展现理想生活。

---

① 该评审之意见尚有(添加语句出自本书):"事实上,有关这个(大众传播研究典范转移的)议题,早在 1983 年,就曾出专刊讨论过,传播学界也有许多论文提出反思和检讨,十年后(的)1993 年,又再旧话重提、专刊再讨论一次,(学界)也再度有所回应。"前者(1983 年)指美国 *Journal of Communication* 第 33 卷第 3 期由主编 G. Gerbner 推出,并以"领域之发酵/骚动"(fermentin the field)为名的专刊。十年后(第 43 卷第 3 期),该刊以"领域之未来:分歧与聚合"为名重新讨论亦曾广获重视,至今仍常引发传播学界延伸讨论。

第二节 叙事传播的未来

——以故事"再述"与"延展"为例

延续前章所述,叙事传播之内涵不仅在于讨论文本结构而也应广泛地与其他传播相关变项连结,探索以"人"为本之说故事行为究竟如何得与自身、人际关系、社会行为持续互动,进而产生共享的美好生活。

除上节所谈之定义与渊源外,另有故事"再述"与"延展"等概念值得在本书结尾提出以为未来讨论之用。

一、故事之"再述"

本书第二章曾经略述如河马与象龟之事件如何得与小女孩结缘而一再被转述,进而成为跨媒介与跨媒材之叙事传播现象,此类现象实无时不有,如以下近例:

作家李昂代表作《杀夫》轰动一时,……李昂日前透露,"杀夫"其实取材自上海真人真事。她从白先勇借给她的上海忆旧书籍《春申续闻》中读到、引发灵感。真实版的"杀夫",结局却好过小说版"杀夫"。……李昂近年到上海查访历史,发现詹周氏出狱后再嫁,也有后嗣;而对岸(按:指大陆)则有意根据《春申续闻》,把"詹周氏杀夫"搬上银幕(陈宛茜,2016,标点符号从原文)。

上例显示,一则"詹周氏杀夫"之真人真事经由纪实报道者写入《春申续闻》后,续由小说家李昂接手改编为虚构故事之小说体,复因得奖[《杀夫》曾于1983年获"《联合报》中篇小说首奖(第一名)"]而家喻户晓,多年后则因书商有意重新出版而经《联合报》再次报道并重新引发重视,未来犹可能改编为电影而持续其(故事)不断流传之历程。如此从真实报道到虚构文学,再经纪实新闻刊载而后可能转为电影题材的过程,与本书第一章所述个案"如出一辙",足可显示"故事再述"本就是叙事传播之重要形式,日日皆有且时时可见。

实则"再述"最常为第一人称所述,亦即当事人在家人、朋友、社会组织中"口述"或"重述"个人经验之开始、中间、结果历程,具有困境、冲突、时序与因果等不同组合(Ollerenshaw & Creswell,2002:332)。而在叙事研究中,尤常由研究者搜集多篇前人经验之述后整理为故事形式,复依时序"再故事"

(storying the story;见 McCormack,2004)为分析文本(见上例),进而视其"如实叙述"或个人经验之再现,此即前章曾经论及叙事活动本质早已超越"真实与虚构"界限之由来。

另如传播学者 W. B. Pearce(2007)发展经年之"意义协调管理理论"(coordinated management of meaning,简称 CMM 理论),就旨在处理故事讲述之意义与人际互动间的关系,值得引介。简单来说,Pearce(2007:132)认为人生本如"经验之流"而由不曾间断之事件组成,若要讲述这些人生经验,必须将有头有尾之序列"情节片段"(episodes)组成故事,方得阐释其意。换言之,Pearce 认为人生经验需要透过"故事讲述"始能与人沟通互动,且讲述愈多故事愈能与真实人生连结,也愈能鼓励讲述者往前迈进,以期寻得新的人生意义。

然而,讲述故事并非如早期叙事心理学者(参见 László,2008 之回顾)所称,仅系单纯地从说者处认知检索片段并随之表述,实则更也是讲述者个人经验之"再建构"(re-construction)与"再描述"(re-description;Pearce,2007:228),考验着听者与说者能否拥有相同"情境",可简单定义其为"行动发生的时空参考架构,具有多层次意义特性且彼此相互衔接"(见 Littlejohn,1989:124)。

由此,Pearce 认为故事情节之讲述乃是"协调之行动",需要说者与听者先行取得具有共识之时空情境始能产生连结,进而建立双方互动关系并彼此沟通,而此关系反过来又成了彼此沟通之新的"情境",周而复始(参见第五章有关叙事访谈之讨论)。立基于此,Pearce(2007,212 - 213)续而提出"LUUUUTT 模式",用以说明故事述说、意义协调与人际关系间的复杂性,系由下列不同概念组成:"经历过的故事"(stories Lived);"不知的故事"(Unknown stories);"未经(即)讲述的故事"(Untold stories);"未曾听闻的故事"(Unheard stories);"无法讲述的故事"(Untellable stories);"业经讲述的故事"(stories Told)以及"正在讲述的故事"(stories Telling)。而此"LUUUUTT 模式"名称,就由上述各专有名词之首个英文大写字母组成。

Pearce 认为,上述"正在讲述的故事"在此扮演关键角色,可串联"经历过的故事"与"业经讲述的故事",因为经历过的人生故事众多而可资讲述者少,经由"讲述"或可消减或弭平两者差距而有利于沟通。

当然,人生除了"业经讲述的故事"外,仍有众多"未经(即)讲述的故事"与"未曾听闻的故事",何况更有许多故事即便讲述者知晓或亲身经历却无意讲述,此乃上述"无法讲述的故事"之意。

诚如 Leinaweaver(2008)所言,"LUUUUTT 模式"旨在提醒研究者,社会本就处于多义与持续创建意义的流动状态,需要透过故事讲述方能化繁为简,以让不同讲者与听者彼此沟通并达成共识,进而完成"传播"互动历程。另一方面,故事意义却又层层叠叠、环环镶嵌,讲述与未曾讲述的情节若非细察实难厘清。研究者理应深入文本资料进而关注故事背后的矛盾与逻辑,如此方能解读其意从而深入发掘(挖掘)故事讲述者所欲表达的内在意涵(参见林韶怡、蔡敦浩,2013)。

小结本小节所述,任何故事之讲述均有赖讲述者依其"认知"(mental representation;马海良译,2002/Herman,1999)所得表述,聆听者再依其共有情境所得之理解而纪录、转译、再述。

此一过程可如图 9.1 所示共居符号、互通世界之符号文本产出流程。

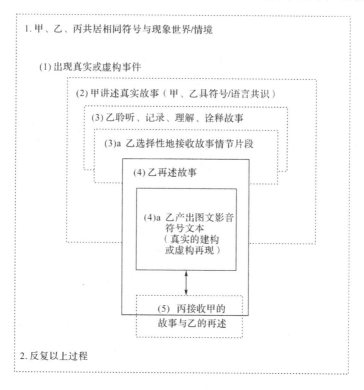

图 9.1　故事之再述与分享

如图 9.1 所示:

1.甲(讲述者)、乙(再述者)、丙(接收者,一般读者)共居真实及象征符号世界或情境(见图 9.1 最外圈),而其人际互动时:

　　(1)情境中发生某一真实或虚构事件；

　　(2)甲(讲述者)讲述其所认知之故事(如图9.1之第二层)；

　　(3)乙(再述者)聆听并记录真实故事(如图9.1之第三层)；

　　3(a)乙(再述者)之各种心理活动,使其仅能选择性地掌握甲所述故事之部分内容与意义(见图9.1第四圈(3a))；

　　(4)与(4)a乙掌握其所能认知与记忆之故事重点,透过符号(文字或影音)再述并产出文本(见图9.1内圈之(4)与(4)a)；

　　(5)丙(接收者)接收并分享乙所转译与再述之甲的真实故事。

　　2.以上过程反复出现,但甲、乙、丙角色可能互换,且"再述"为跨媒介、跨媒材之叙事行动。

　　而如图9.1所示,所有故事之讲述均与上述转述历程有关且具沟通动机与目的,亦即任何故事的"再述"均涉及了以"说故事"方式再现不同说者各自听来的情节(见 Dixon & Gould,1996:221—222)。

　　以现有文献观之,故事述说似可视为社会行动,而不同行动者所述均系其针对社会现象之"再述",并以故事形式与听者进行意义协调,而此行动实也涉及了说者与听者间的情境共识,双方须在文本释义过程中透过讲述或再述,始能建立关系进而彼此沟通。而再述者(如上图之乙、丙)聆听故事时则常依其认知所得而选择性地接收意义,随后忠实或具有创意地再述原始故事最有价值的部分,并以图文影音符号制作成可供接收的文本。

二、故事与媒介之延展性

　　延续上节所述之"故事再述",另一影响叙事研究甚大之概念则为"文本"定义之扩充。早期多视其为以文字符号为旨之书写文本,但如上节所引Brockmeier 和 Carbaugh(2001)之解析,任何依故事线索组织之符号系统如舞蹈与运动事件、回忆性的人工造物如纪念堂与博物馆陈设、社会仪式如丧礼或公共典礼、其他文化现象如流行与景观设计等,皆可视为广义之故事文本,其与相关叙事元素(如情节、主角、时空情境)当皆有关联。

　　因此,此处尚可提出"故事延展性"与"媒介延展性"概念,前者旨在说明任何故事文本都可透过"再述"让阅听众接触进而产生情感涉入(同理或共识感)。后者(媒介延展性)则具"跨媒介叙事"特色,即任何故事经不同媒材展现后,势必容许读者依其自身经验与意向填补意义解读之缺口(此即前引之"补白"概念；见赖玉钗,2009)。因而,故事的某些部分被强化以适应媒材特性,另一些则也可能源于同样原因而遭淡化,此皆常态。

　　由此观之,我们可如图 9.2 所示发展人与故事的一般互动、参与式互动、故事产业等不同层面,而未来可再延伸发展的空间犹大。

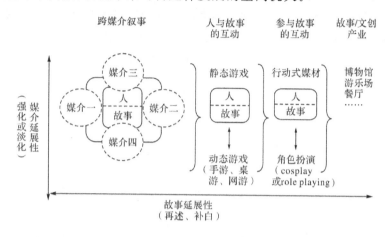

图 9.2　叙事与不同元素的互动关系

　　由图 9.2 可知(中间),故事文本总可经延展而成为更多新的"交互式媒材"内容(如静态/动态游戏),进而成为"行动式媒材"(如"角色扮演",即 cosplay or role playing)的素材,甚至是"故事/文创产业"(图 9.2 右侧)的内涵,并吸引消费者乐于成为故事的一部分。近来,如众多餐厅、游乐场、博物馆等皆已"故事化"而习惯将其内部铺陈为可吸引人观赏、进食之场所,因为唯有"故事"方能让人涉入且享受由不同主角、情节、主题、动作带来的乐趣,差别仅是如何讲述(即"论述")而已。

　　这部分的文献目前犹在累积。举例来说,李芷仪(2011)的硕士论文即曾广泛地引用了前引数位叙事研究者 M.-L. Ryan 的说法,认为在线游戏有其叙事本质,尤其是玩家与游戏间的关系已将叙事研究带入了与前不同的方向,"叙事便不是只存在于文本上,而是产生在玩家和游戏的互动之间。所以,即便在线游戏不同于以往的叙事文本,也有产生叙事的可能"(2011;3;)。

　　换言之,不仅静态游戏早已如本书第九章所述有其叙事内涵,即连动态的多人角色在线游戏如"魔兽世界"亦具"叙事性"(narrativity),"是读者经由反应文本所产生的心智影像,同时若这些心智影像符合叙事性的条件,便可称作叙事"(李芷仪,2011:12)。尤为有趣者乃如 Ryan 所指称,任何故事都是读者经由阅读或观赏文本后产生的心智影像,如同到了另一空间,"就像爱丽丝梦游仙境一样,她(指 Ryan)将这故事的空间称为故事世界(story world),而成功的叙事会将读者置身于这个故事的世界中"(引自李芷仪,2011:12;添加语句出自本书,参见上节 Herman 所言),其观点与本章前引 Herman(2013a,2013b)所述如出一辙。

这个说法可为图 9.2 右边所示之"故事/文创产业"提供初步理论支持,即除了静态、动态游戏等参与式叙事活动外,未来犹可透过如同博物馆、餐厅、游乐场之设计而发展更多故事实体(参阅本书第六章第六节有关"叙事"与"想象"如何关联之讨论)。坊间早有许多"主题餐厅"提供不同故事情节以让消费者得以"身历其境"、身心疗愈,如日本 Kitty 猫主题餐厅、可以玩创意或玩角色扮演的咖啡厅、主题乐园等皆属之。迪士尼乐园甚至推出"主题航班",连"飞行员也戴着米老鼠的大耳朵"娱乐乘客,菜色甜点也做成标志性的米奇造型,其着眼点无不在于将故事与消费者结合为一体,以能产生梦幻般的故事世界(参见本书第一章第二节引言,有关"沃尔特·迪士尼公司"如何与故事结合)。

总之,叙事传播研究方兴未艾,其可发展之叙事产业亦才刚起步,只要调整理论步伐,则其视野就能较前宽广。

三、整理"叙事传播"之理论内涵

由此仍可思考,以人为本之"故事述说"所应注意的"本体论"(ontology)立场、"知识论"(epistemology)基础特色、"方法论"(methodology)途径,以及如何透过"叙事论"让我们可以参与传播活动,此即涉及叙事传播的本质(参见第二章由 Cragan 和 Shields 提出之"叙事典范理论"五个预设)。因而,以"人"为说故事、听故事的主体时,其所采立场实是"共生平等"(而非传输论或结果论所持之"信息提供者位阶较高"立场);此乃其"本体论"特色。

而"叙事论"强调没有完结的故事,任何人讲故事时皆可透过"再述"而不断转换原有情节,因此故事有其延展性也持续等候下一个说故事者补白;此即叙事传播之"知识论"特色。另外,故事也可透过不同媒介而产生变异并持续更动,旨在吸引更多人的青睐;此为叙事传播之"方法论"取径。

以下简列有关"叙事传播"之"本体论""知识论"与"方法论"内涵。

(一)本体论(本质)[①]

1. 人乃生而既是传播者亦是说故事者,就像大海与鱼的关系那样每时每刻被故事包围,透过相互讲述故事共创传播行动;

---

① 有关传播学本体论之近作,可参阅陈蕾(2015)。

2. 人们透过经验世界的符号化历程(如大众媒介),来分享日常生活所得;

3. 叙事传播是"互动"与"连结"的科技文化现象;

(二)知识论(特色)

1. 传播乃"(符号)文本"的讲述、延展、变形、参用现象;

2. 不同"媒介"各有专精,而传播文本可在不同媒介以不同形式一再流传,此即传播行为之"再述"特色;

3. 在传播情境中,"虚构"与"纪实"文类混杂,难以区辨,"知性交织"与"情感渲染"也常交互更替;

(三)方法论(途径)

1. 叙事传播系以"原型"为基底之共构认知基础;
2. 叙事传播也是以"符号象征"引发之"知性"与"情感";
3. 叙事传播更是兼具"传承"与"创新"之循环。

第三节 反思"叙事传播"研究之可能限制与不足[①]

一、"反思"之必要性

有关谁拥有故事或谁能讲述、聆听故事的论战与疑虑至今犹无定论,(而)指称故事所有权(ownership)或挑战他人说故事权利(rights)的讲法实皆超越故事本身,而涉及了讲者与听者间的地位、尊严、权力(power)以及道德与伦理关系等议题。争夺故事所有权有其不同理由,也在(说与听故事之)互动过程(的)不同阶段发生,包括熟识者间质疑彼此过度使用故事以及远距者(如何)使用个人故事以支持社会议题(Shuman,2015:37;增添语句与底线出自本书)。

---

① 本节受惠于深圳大学传播学院吴予敏教授之启发甚多,其除在点评时提出口头回应外,并曾以电邮指正,认为本章(本书)多从个体经验与认知模式出发,而少讨论历史经验与集体社会对叙事之影响,乃因由"谁"决定"何时"讲述故事以及讲述哪些"内容"均应受到重视,而其有关"讲述策略"与"集体经验"之提醒最为弥足珍贵。

如前节所述,本书视"叙事传播"为一段由故事讲述者与聆听者彼此交换生命经验并互通有无的沟通历程,借此促进互动往来而能创造美好生活(见本书第一章第二节以及下节定义)。

但如此定义是否过于"浪漫""天真"或"理想"? 难道"说故事"之沟通行为果真没有"负能量"? 本书结尾似宜检讨并反思此点,借以自我砥砺并向读者指陈本书不足之处。

正如叙事研究者 Riessman(2015:233;增添语句出自本文作者)近期所言,"反思(reflexivity)像是走入(了)置有众多镜子的大厅,其从不同角度照亮了某个社会现象。虽无单一形式,然仅提出个人之某些装饰性修辞显有不足,而需说明此一学术成品的自我立场(situated self),如是方能有助于研究信度与效度"。

因而,本节旨在延伸上引 Shuman 之故事"所有权"与讲述"资格"(entitlement)等概念①,借此自我反省并提醒未来叙事研究者持续关注"故事"之讲述策略与集体经验,尤应探究其如何与"社会实践"连结,包括关注"谁"有资格讲述/再述故事、故事讲述之"情境"权力以及讲述故事过程是否/有无正当性(legitimacy)等与叙事伦理有关之议题(de Fina & Georgakopoulou,2015:3)。

二、两个案例:"陈水扁遭拍事件"与"母女对话揭露闺密之家庭私事"

……(人生之)不可预测性并未暗示其无法解释,而其可解释乃因所有生活叙事都有些目的性,即对目的之感知。这种目的性具有环状(circular)特质,其非事先预知而是在叙事里创知。生活总有目标,而其最重要之处就在制定并修正目标,而这环状目的性即(英国哲学家)A. McIntyre 所称之叙事探索(narrative quest)。如其所言,良性生活(之旨)本就在于探索美好人类生活,而建构一个美好生活之定义乃是持续不止、直到人生尽头的过程。……无论在哪个领域,好的社会生活学习者理应致力于让叙事成为社会生活、知识与传播的某种形式(Czarniawska,2004:13;添加语句出自本书)。

首先,本章初稿行将写就之际(2016 年 10 月前后),台湾发生了与故事讲

---

① Entitlement 之英文原意在于"受之无愧"之权利,此处译为"资格",其意相同。王小章(2009)曾将其译为"应享权利",唯其研究主题为"公民权",与此处意涵有异。

述"资格"有关之下述社会事件,正可用来延伸讨论。

高雄市某位黄姓面包师傅在美术馆摆摊时,巧遇陈水扁带着外佣散步路过,见景心喜之余就用手机拍下了照片,并放在网上指称"阿扁悠闲散步,对比他(按:指黄姓师傅自己)努力却卖不出面包,才会抒发心情"①,其所拍照片旋遭陈水扁儿子陈致中与支持者(扁迷)抨击认为其系造假。隔天黄姓面包师傅再次遇见陈水扁因而复用手机拍照并录像,陈水扁之相陪友人立刻趋前制止以致双方引发口角,视频上传网络后同样激起了支持者与反对者的互骂。

高雄市市长陈菊随后出面呼吁并发出新闻稿,要求"停止对陈水扁……的不当滋扰,而若有逾越法令的行为,市(政)府也将依法制止"。高雄市政府卫生主管部门则开立劝导单,指黄姓面包师傅"在骑楼制作面包无防尘设备且食材应离地置放,促其改善;若未改善,可以依食安法裁罚"。高雄市地方税务部门也称黄姓面包师傅有销售行为,"依法得办理营业登记,若没登记,(相关部门)将辅导办理"。②

暂置此事可能涉及之法律争议(如黄姓面包师傅拍照是否侵犯陈水扁之隐私与肖像权等)以及政治考量(陈水扁病况是否业已好转理当回监服刑)不论,单纯从"叙事"角度观之则有以下相关议题值得探究。

当黄姓师傅拍下陈水扁健步如飞之照片/视频上传脸书网粉丝团公诸大众时,其如何自知得有"资格"讲述并分享这段关于"他人"(指陈水扁)散步之故事,而此故事讲述资格之认定又属何方?

反过来说,若黄姓师傅未曾具有"资格"述说并拍摄"他人"(指陈水扁),则谁有之?而陈致中以及与黄姓师傅拉扯之陈水扁友人或一般大众,又如何自知有无资格得以否定或肯定"他人"(指黄姓师傅)的故事述说?而指陈其所拍"实"与"不实"的认定关键又何在?③

此类案例甚多,尤常见于日常对话与交谈,有些发言者性喜分享亲身经历或听闻,却常不经意地在交谈互动中提及众多不在现场之"他人"(others;Shuma,2005),从而如上述事件之因言贾祸或惹事上身甚至引发龃龉。叙事研究者Shuman(2015:39—41)稍早即曾长篇累牍地分析了以下个案。

其研究之受访者M女士曾经自陈女儿T7岁时,因同学父母即将离婚而感到悲伤,因而问及M是否将与父亲离婚以及是否有过朋友离婚的经验;为

了安抚,M 只得分享三十年前其高中闺密 S 的父母离婚情事。

M 与 T 之谈话情境原是家庭成员(母女)间的生活分享而非有意地揭露友人私密,未料事隔多年 T 在外地结识了 S 的女儿,双方交谈后意外地揭开了此桩理当不为人知的故事,导致 S 深觉其遭友人 M"背叛"(betray of confidence;Shuman,2015:40),因为其婚后未曾告知家人这件自觉有损名誉的家庭往事。

Shuman(2015)指出,虽然 M 与 T 之间的母女对话情境发生在数十年前而当时实难预料人生际遇,但关键问题乃是 M 是否具备讲述/再述其所听闻的"他人"(即友人 S)父母离婚私密之资格(权利),而此事之"拥有者"究属当事人 S 与其父母,抑或"听闻者"(如闺密 M 女士)与"转述听闻者"(如 M 的女儿 T)亦得因曾经听闻而可转述/再述?

尤以当 M 向 T 分享其听闻而来的故事时,当事人 S 及其父母并未现身(Shuman,2015 称此 the voiceless)详述离婚之因,其等除了感到友情遭背叛外,是否亦有"权益"受损之忿(如"你们既未身历其境,如何得知'真相'为何""你这'外人'怎可窥视我们的私事""这是我(们)的事,怎能由你来说三道四"等)?[1] 而若 S 及其父母在场,则其等自述之离婚经历是否与 M 之转述版本相互竞争而难定论(姑且不论双方恐对离婚之因亦各有说法)?

何况,当 T 多年后转述其记忆所及时,囿于时空变迁(T 当时仅系 7 岁幼童,后则已年逾 40 岁)与情境转移(当初属母女对话,而后则是友人闲话家常),则其所言亦可能与母亲 M 当年讲述不同,如此一来则何人版本方属"正确"与/或"可靠",而故事之"正确"与/或"可靠"又当如何不证自明(见下说明)?

因而 Shuman(2015:41;添加语句出自本书)强调,"曾经亲历或感受事件者有权讲述故事此一未经述明的(社会)规范,已因再述(retelling)而趋复杂且遭破坏。每次的再述都创建了新的情境,而经此变换,(故事)拥有权即当重新宣示、再次宣称与/或竞争"。

三、检讨一:"谁"有资格述说故事

资格(议题)……指争议发言者有否(有无)权力代表他者沟通,……涉及了原始意义的移动以及其(如何)受到新讲述者的挪用。资格议题是,谁、为了

---

[1] 引号诸句出自本书作者而非 Shuman 所言。

谁的利益、以谁的名义、挪用了谁（的故事）（Shuman，2005：51；添加语句出自本书）。

叙述之权利并非仅涉及了讲述某人故事之权，实是（如何）控制再现之权利（Slaughter，1997：430；引自 Gready，2013：242）。

由以上二例观之，案例一"陈水扁遭拍"一事似与社会议题之公共论述（亦称"公共故事"，public stories/narratives）有关，而 M 转述之友人双亲离婚经历则属个人故事（private or personal stories）分享①，两者所涉之叙事内涵不同，却皆指向了前引之"叙事资格"与"所有权"学理争议，恰属叙事研究常见之"社会"vs."个人"取向（Squire、Andrews & Tamboukou，2013）。

有趣的是，案例一之特殊处在于将"陈水扁是否回监服刑"之公共议题透过谁有资格讲述而导向了黄姓师傅是否侵犯陈水扁私密之争议，而案例二论及之离婚话题却因遭友人公开而造成人际龃龉。因而，上述二例显然皆涉及了故事讲述者可否擅自引用"他人"（之言），并据其以增加己言之公信力，以及如此引用他人（之言）是否违反了社会诚信规范等伦理（ethical）考量，因而使得其讲述缺少了前述之"正当性"，即故事与个人经验间的关系以及此经验如何与他人（或其他文本）产生恰当之互动（Shuman，2007：181）。

但无论何种叙事形式，若讲述时不得随意引用他人之言，则故事又何以成"事"，因为任何述说绝非"独白"，而是总会提及讲述者与熟识"他人"（以及"他人"之"他人"）之互动，甚而可谓凡故事必有其所述之"他人"而非仅是"自述"（Shuman，2015：6；臧国仁、蔡琰，2013），此一两难诚可谓叙事以及叙事研究之最大挑战与限制（Nelson，1997；引自 Shuman，2007：176）。

因而，故事讲述不仅与一般所知之内容可信程度有关，实也涉及了如何在情节中恰如其分地引入不在场之他人（以及他人之他人），但又要避免妄以"他说她这么说（你）"（he-said-she-said；出自 Goodwin，1990；添加语句出自本书）方式，在日常对话中添醋加油地提及他人，否则就容易让故事沦为背后议人是非、道人长短之"八卦"或"流言蜚语"。尤其是，应注意故事内容论及他人时，是否以认真负责、正确、恰当之语言或文字"再现"真实，或有无"以偏概全""断章取义"之虞。

总之，任何故事内容固应出自亲身经验或目击所及，其所述却也常与讲述内容有关之人际网络密切相连。如 Shuman（2005：23－24）所称，"任何述说

---

①　"公共故事"与"个人故事"词汇出自 Shuman（2005：16－17），亦可参见 Gready（2013）。

的正当性都建立在谁说了它、说者与经验有何关联、谁可算是参与者以及谁是 '目击者'(谁可能拥有正确讯息),以及事件述说的形式如何让经验[述说得以]理解"(单引号与圆括号内容均出自原文,方括号内添加语句出自本书)。

四、检讨二:故事述说之"资格"与"同理心"(empathy)

追溯此类研究源头,实出自 20 世纪 70 年代初期由"对话"研究奠基者 Sacks 展开之一系列演讲,其关注一般人如何在与他人对话里组织着人际关系,并述说其所知晓与所曾经历之人生经验(参见本书第五章)。

Sacks(1992;转引自 Shuman,2007:178)曾经如此提问:"一旦讲述,则故事会如何发展? 其究属听者(recipient)或仍属讲者所有? 换言之,讲者因曾目击或曾受苦而有(讲述)权利,但问题是,故事之听者是否如同讲者同样(那样)拥有权利可向他人讲(转)述?"(添加语句出自本书)。Sacks 称此"经验之库存"(stock of experiences),指任何对话并非纯然基于个人亲身经历,而常仅系听闻就自认拥有讲述资格(权利)进而论人是非。

以前述案例一为例,陈致中与扁迷获知黄姓师傅在网站刊出陈水扁散步照片后,立即宣称其"造假""合成"。若依 Sacks 与 Shuman 等叙事研究者之见,其叙事策略恐系在第一时间争取(或取回)论述主导权(见 Shuman,2015:41)以免"以讹传讹",而谓照片造假正可扰乱其所言之可信度。

但此举却也迫使黄姓师傅第二天再次拍摄视频,以示其故事确有所"本"而非合成,正与 Shuman(2015:42;增添语句出自本书)之言有关,"故事所有权的宣称经常代表了权力的宣称,无论其就方法论而言指对其所知何事的宣称,或是从诠释/法律/政治/社会(等层面)宣称拥有解释发生何事之权力皆然",因而故事讲述的"所有权"恐非仅限当事人,而有待争议双方不断协商始能定论。

反之,唯故事讲述之当事人(如陈水扁而非陈致中或扁迷,因其皆不在现场)可责难黄姓师傅,并言明其所拍照片业已"伤害"己之自尊,因为黄姓师傅未能将心比心地"同理"故事所涉当事人(指陈水扁)本无意出现于任何公共叙事。换言之,拍照者如黄姓师傅固在讲述自己亲眼所及,但其所述并未设身处地顾及故事所涉"他人",引起争议并非意外。

Shuman(2007,2005)曾多次说明"同理心"之相关意涵,指其与故事讲述"资格"处于对立关系:一方面,讲述者(如黄姓师傅)有其特定立场可谓具有资格或权利自述故事,另一方面,其无法尊重并体会"他人"(如陈水扁)之心情与意愿,擅将其植入自我故事述说内容,恐就易于伤及"无辜他人"。

因而，同理心可谓"以新的价值重新省视（故事）的过程"，或是"跨越时空或任何经验差距的理解"（Shuman，2007：180；添加语句出自本书），系让个人原有经验趋向不稳定状态以便重述故事并承认原有故事不尽周全，甚至愿意为了讲述对象而改变原有故事所强调之寓意。

整体而言，同理心实乃对不同时地之故事接收者的想象与理解，但对"受害者"（如案例一之陈水扁或案例二之友人 S）而言则不尽然能有助于其改变心境，因而对故事所有权的要求常演变为"叙事"vs."反叙事"之争论。

由此可知，说故事并非随意而为之沟通行动或叙事传播行为，实也牵涉了极为复杂的说者与听者互动关系，讲述时理应思及其内容是否旁及与故事无甚关联之他人，以致有违一般认定之生活伦理与社会规范。

五、纪实叙事之"资格"

上述伦理考量除警惕一般叙事者外，对纪实叙事者如新闻记者尤具参考价值，因为其所报道除常直接或间接地"引述"（quoting）受访者之自述经验外，更常纳入其（受访者）所听闻或转述之第二手（他人）甚至第三手（他人之他人）述说，却因情境变换以致见诸媒体后原有意涵更迭而频遭"失真"指控（参阅 Shuman，2005：36—39 针对新闻报道与目击事件关联性之讨论）。[①] 其因或非出自他人（以及他人之他人）不了解真相，而是其所述俱属转述者之语言/文字"再建构"（reconfiguration），添加了转述者之情感与情绪后不复契合"原始事件"样貌（Shuman，2015：45）。

因而，纪实工作者在采访时似宜确认消息来源所述事件之不同内容究属"谁"（最）有资格（权利）发言，且其所言是否"对题"或"如实呈现"而非随意移用，如此方能提升报道内容之可信度。如刘毅、郭永玉（2014：773）所示，"任何谈话……都必须表明他有权谈论正在讨论的主题"（其说引自 Phoenix，2013）。

一般来说，政府机关或大型企业组织多会设置"发言人"一职，以期取信于众，但其发言却又常被新闻媒体视为过于"官方"，而得另辟蹊径地寻觅其他说法，借此避免受到"控制"。如此一来，不同消息来源之言是否"权威论述"

---

① Bakhtin（1984：233—234）曾经详述"转述言语"（reported speech）概念，称其为"有关他人之言语，……是言语中的言语，也是话语中的话语，同时也是关于言语的言语，（关于）话语的话语"，借此说明对话之动态性，亦即说话时不可能不触及人际互动，讲者之言语和他人间总是不断地相互渗透、融合、对话。可参见高小丽（2012）对"转述言语"的评论。

(authoritative discourse)①常是新闻叙事可信度之重要考量,此即传统新闻学理讲求"两面俱陈"或"平衡报道"之因,意指相近故事经不同说者讲述后实难定论,只能依其原意照引而由接收者自行判断虚实(Shuman,2005)。

至于事件之"弱势者"(如性侵案之受害者或儿童受虐案之幼童)是否得以透过新闻媒体讲述自己的遭遇,而不被"强势者"剥夺其发声权利,则是Gready(2013)屡次阐述的论点,其似也超越了传统"平衡"概念之寓意,在社群媒体兴起时代尤应受到研究者重视。

而案例二所示之日常对话(仍属纪实叙事?)显示,朋友或亲人间之故事讲述亦多赖讲者确认其所述"可叙性"(tellability;指"谁能针对谁们讲述")与"可靠性"(storyability,指"讲了什么")②,两者显然皆涉及了"能否"与"应否"讲述之伦理议题,因为任何个人故事均须透过情节铺陈,而与他人产生勾连并取得人际互动信任,使得此"他人"如前述究系主动还是被动地带入故事情节以及如何带入,均有隐藏未见之社会规则与文化正当性(cultural legitimacy)。

如案例二中S之父母离婚即属不经易地带入,其"能否"与"应否"成为他人话题即是论辩"叙事资格"之重点(Shuman,2007),若能如前所述将心比心地为被讲述者同理设想而谨慎发言,或可减少人际冲突。

六、讲述故事之其他限制

除上述Shuman(2015,2007,2005)外,Ochs和Capps(1996)稍早曾另先以"叙事不均衡"(narrative asymmetries)概念强调,讲述故事之沟通历程亦常涉及"谁能讲"以及"讲者扮演何种角色"等关键议题。Nelson(1997)则视其为"叙事(研究)之限制"(引自Shuman,2007:176;添加语句出自本书),因为故事讲述内容涉及了诸多人际往来而受社会规范节制。

如Ochs(见Ochs & Capps,1996;Ochs、Taylor、Rudolph & Smith,1992)举例所称,在美国家庭的晚餐对话中,孩童少有主动讲述故事之机会,总要由母亲开启话题问及不同生活片段(如学校今天有何重要活动等)后才得表述个人经验。因而无论话题为何,其讲述时间或由谁主述实都涉及了上述"叙事不均衡"现象,非如本书所述之平顺或自由。

Ochs因而强调,事件参与者或目击者固如一般不成文规则所示有其讲述

---

① 语出Bakhtin(1984:342—343),引自Shuman(2015:44)。

② "可叙性"之中文译名出自林东泰(2015:204),原文出自Bruner(1991)。Shuman(2007:177)将"可靠性"定义为:"在某特定情境(下),针对某特定主题可叙之故事,……其涉及了哪些可说,而哪些未说的协商过程。"

故事之优先地位,但例外并非少见。如上述孩提时期讲述自我经验之机会就多受父母亲"剥夺",学校教室的发言亦有其"分配原则"(distribution rules;见本书第五章第二节)以便维持课堂秩序,总要有人(如教师)指定方得畅所欲言;而另如一般罪犯也常无法自由陈述个人经验,而受制于如法官等代表国家体制之人。

当然,有关故事讲述是否属"实"或"真"的议题也常引发论辩,无论研究者还是一般大众,近来似多笃信故事内容俱为虚构而难以反映真实。另对社会科学研究者而言,如何将其研究写得有"学术价值"而非像虚构小说或散文,则是叙事学能否被学术中人接受的关键所在。

但如 Czarniaswska(2004:132)之建议,最佳应对之道乃在于了解即便"事实"(facts)也是人为之符号编织(fabricated),重点应在探知其"如何编织"进而检查其"生产证明"(production certificate),甚至可参与其中以能深入编织环节,尤应从传统之"(故事)文本说了什么"转而关心"(故事)文本要做什么"或"(故事)文本(有意)说什么",从而跳脱真假议题之拘绊。

对学术研究者而言,叙事学者一般来说并不在乎其论文所述是否具有社会科学一贯强调之"信度"与"效度",因为其知识论无意讨论研究对象(故事)是否"对应"于外在世界,亦不介意能否重复研究步骤,而如前述仅在强调故事能否吸引读者并产生美感,即便纪实叙事亦然。

如前引 Fisher(1987;见本书第二章)曾经提出"叙事理性"概念,并以故事之"可能性"与"忠实性"取代"信度"与"效度"概念,其努力当能凸显叙事传播与传统大众传播学实证取向之差异所在。诚如叙事学者 Czarniaswska(2004:136)所言,社会科学叙事取向最大贡献不在于提供一套严谨的研究步骤或可资确认研究结果是否属实的途径,而在于"导向有启发性的阅读以及……写作",如"写得好玩吗?""写得相关吗?""写得美吗?",诚哉斯言。

第四节　本章结语:重述"叙事传播"之定义与源起

由此,当可再次提出有关"叙事传播"之定义:"在某些特定时空情境,透过口述及多媒介/跨媒介载具述说故事的历程,涉及'讲述者'与'讲述对象'之自述/他述生命故事,借此促进彼此倾听以建立沟通行动,进而体验人生、了解生

命意义、创造美好生活。"(改写自臧国仁、蔡琰,2014a:110)①

上述定义显然与传统以"信息观"为主的古典传播典范不同,而此正是"叙事传播"意义所在:时代不同了、生活方式不同了、社会情境也改变了,若再以六七十年前(20 世纪 50 年代)发展之传播理论(见本书第二章),套用于 21 世纪初期的数位时代沟通互动行为,则显已不足。改以"说故事"角度来诠释"何谓传播"故有其必要与紧迫性,因为"信息"在此时代已难受任何单一来源"控制",改以叙事理论探究"传播行为"如何得以"故事"形式影响情绪、情感互动甚至政策行动,当更贴近日常生活之真相。

我们认为,20 世纪 50 年代前后兴起之"古典传播理论"(信息论)如今有其时空缺憾,面对网际网络盛行的时代亦有不切实际之限制,亟须引进不同理论典范以能面对汇流时代之传播内涵与走向。回顾"古典传播理论"的源起约在第二次世界大战结束前后,由于战争期间对"信息"的流动有迫切需求,总是希望"知道"更多讯息以能"趋吉避凶",因而其时"信息论"成为传播理论的基石,不同研究者分从社会学、心理学、社会心理学、人类学等领域思考,如何透过"讯息的流通与否"来解释"传播"之意义,"传播效果"也就成为其时对信息流通的重要评估判准(见本书第二章),影响所及也在其他次领域(如新闻访问)产生影响,以致传统上如新闻记者多以"套出真相"为其职业志向,而视"访问过程"为索取信息之沟通行为(见本书第五章)。

由此观之,显然其时众多研究者对"信息"如何贡献于人类生活,也曾经有着过于乐观与正向的讨论,迄今尤然。如"控制论"或"模控学"(cybernetics;Wiener,1948)的兴起即属一例,其对古典传播理论的影响众所皆知,也是今日生态学与 AI(人工智能)研究的起源。

如此将"传播"视为"信息/讯息流通"并产生有效性的观点(效果论),长期来早已促使传播理论过于关注"系统(如讯息制造者与接收者)"间的控制议题,从而忽略了"传播"之本质当在互通有无并协助相互交流,且其原本亦有"生命共享""意义共构""相互参与""彼此连结""共同拥有"或"再现共享信念"之意涵,而非仅在强调如何达成"信息设计者"所设计(设想)之讯息产制目标。

诚如《康健杂志》记者曾慧雯(2016)近期所写,"人生就该像部好电影,有一些剧情、有一些浪漫,还有很多的欢笑!……人生就像是一部电影,精不精采就取决于你怎么看、怎么感受……"(2016:170)。其实人生不仅像部电影,

---

① 叙事之作用或也不仅用来"创造美好生活",而可能用于争战与对立(如 Maan,2014),但此非本书所能涵括范畴,有待未来探索。

也可像是"绘本""小说""漫画""新闻报道"，其内容总能涵盖一些有趣情节而兼有浪漫、欢笑与苦痛、哀愁。但无论如何，如能将传播行为视为综观上述这些媒介的内容，则其所指简单来说就是"说故事"罢了（见本书第一章）。

　　本书提出了一个聚焦于人文与故事的替代性传播理论，借此呼吁诚恳面对以符号互动为主的社会传播与感性现实，因为真实与虚构、想象与现实都存在于符号构筑的故事与世界中。人们身为自己的主人，总是从那些真真假假的故事中看见人情世故，进而懂得文化习俗与精神信仰，也在交换对故事的认知与情感过程中沉淀出属于自己的人生意义，兼而建构一己及社会的思想与情感。实则大众传播多以不同叙事模式沟通着信息之外的情感，生活经常是呆板的，但叙事不是；叙事有静态形式，但传播没有。

　　传播与生命故事的结合应如游戏一般属于古老的生活实践（见本书第八章），从静到动、从无到有，既有着叙事的理性逻辑，更有着传播所常传递之澎湃情感。叙事传播的人文视角不应止于观察如何记录事件与情感，亦应奠基于理性叙事并乐于创造美好的传播与生活情境。

　　自启蒙运动以来，人们习惯以理性主义作为求知途径，从而压抑了天生所具有的感性传统（蔡琰、臧国仁，2003），认为凡不能透过量化或客观评估的知识就不算是真正的知识或科学求知的基础。我们却从真实生活中发现，一些科学知识固在书本里成为智性的框架，却也常仅存放在书柜供人背诵、阅览，而少直接与生活连结。另有一种知识则更广泛并也更普遍地存在于故事中，不必然是理性的、科学的、知识的，却能不断变身而被反复阅读、欣赏、感动，并在生活周遭传颂。

　　法国哲学家笛卡儿（R. Descartes）如前所述"我思故我在"的理性传统，影响了学术知识发展至少两个世纪之久，让我们遗忘"人"虽是理性的，却也是感性的更是天生讲述故事的动物（这里称"故事理性"，即 narrative rationality，参见本书第三章）。对我们生命有意义的隐喻往往并非来自理性与科学，而系出于感性与故事，唯有每天接触的动人故事才能透露日常生活的经验本质，建构起知识生活的堡垒。

　　如本书所示，叙事最简单的说法就是"讲述故事"。许多重要的文学理论、文化理论研究者在过去半个世纪里，常将"叙事（叙述）学""新叙事学""后叙事学"等新概念（见前节讨论）透过重要经典巨著详细解释，对故事素材、故事内涵元素、故事结构方法、言说的视角、时态等从宏观到微观进行完整论述。但也直到 20 世纪 80 年代后期，古典叙事学方才突破了原先对文本的关注，转而重视"读者"或"观众"等传播理论原有的基本概念，并也重新思考这些概念如何与文本互动,且如何透过这些互动而重建社会(人际)关系,进而促成了叙事与传播理念的汇流。

实则,除了社会学、心理学、信息科学等学科讨论的传播现象外,叙事学诚也为传播学提供了新的关注重点:社会互动固然得要凭借叙事,心理成长与改变亦得借重叙事,何况传播的讯息内容本属故事的基本内涵与形式。因而,传播活动可谓动员各种符号、结构方法、素材来讲述生命故事的历程,也透过故事包含的理性和感性从而塑造一己的主客观世界,使内心与外在世界的秩序与混乱得以交流。不仅如此,叙事传播经常使用、再现各种"原型"(见本书第八章),借以提醒人们经验的美感、生活的价值,或是特殊之中具有的普遍意义。

本书使用两个纪实传播相关的篇章(见第四、五章)来介绍叙事传播案例,实则仍有许多未及钻研与纳入之处,如记忆与历史、如人们如何在虚构叙事中把幻想当作真实、如人们的现实如何交织虚幻故事而得以感觉人生充实;在虚构的故事里常可发现和谐完整,而真实故事却多面临复杂的断裂与不稳定性。无论从叙事、传播还是言说、权力、审美等理论出发,又该如何思考故事所转述的真实人生以及故事对人生的影响或撞击?

我们在知识的学院中历练成长,对现况提出了挑战与异议,并也搅扰着现有理论。身为对知识有兴趣的人,不必然要反传统、反知识、反理论或批评、挑衅现状,却需自省并无惧于突破现有思维框架,替换掉桎梏自己思想和沟通模式的刻板印象。

固守单一标准或答案的传播时代已然过去,面对着瞬息万变的社会,传播知识的脉络仍然需要保持开放,既要时时与其他学科知识互动,又不能以过时、偏见或单一主观的理论概述传播现象;这个理念仍然是未来传播人的挑战。

我们呼吁,对传播现象具有敏锐观察力和想象力的新秀学子,理应不时借着反思各种理论与教条而探询日常生活的情境,继续充实人文及故事情境的其他替代或调适途径,勇于在流动的现实中开辟更久远、更广泛、更值得辩证的传播议题。

参考文献

一、中文部分

T. Harrower. 报刊编辑手册[M]. 于凤娟,译. 台北:五南图书出版股份有限公司,2002. (原书:T. Harrower. The newspaper designer's handbook (4th Ed.). New York,NY:McGraw-Hill,2002.)

于衡. 新闻采访[D]. 台北:台北市新闻记者公会,1970.

寸辛辛. 如何成为采访写作高手[M]. 台北:方智出版社,1999. (原书:W. Zinsser. Speaking of journalism. New York:HarperCollins,1994.)

P. M. Lester. 视觉传播[M]. 田耐青,等,译. 台北:双业书局,2003. (原书:P. M. Lester. Visual communication:Images with messages[M]. New York,NY:Wadsworth,1995.)

古添洪. 论"艺诗"的诗学基础及其中英传统:以中国题画诗及英诗中以空间艺术为原型的诗篇为典范. (载于)刘纪蕙编. 框架内外:艺术、文类与符号疆界[M]. 台北:立绪出版社,1999:87—122.

王小章. 从"生存"到"承认":公民权视野下的农民工问题[J]. 社会学研究,2009(1):121—135.

王士仪. 亚理士多德"创作学"译疏[M]. 台北:联经出版公司,2003.

王文进. "叙述学"与"叙事学"的摆荡与抉择:《台湾清华中文学报》编辑委员会议侧记[J]. 台湾清华中文学报,2011(5):167—170.

王石番. 传播内容分析法:理论与实证[M]. 台北:正中书局,1989.

王松木. 试论日本漫画的图像修辞——以井上雄彦《灌篮高手》为例[J].

高雄师大国文学报,2014(19):73-126.

F. Flowler,Jr. 调查研究方法[M]. 王昭正,朱瑞渊,译. 台北:洪智文化,1999.(原书:F. Flowler,Jr. Survey research methods(2nd. Ed.). Beverly Hills, CA:Sage,1993.)

王昭月. 老妇金链被抢　警民合力捉盗[N]. 联合报,2007年11月23日,第C2版.

王洪钧. 新闻报导学[M]. 台北:正中书局,2000.

王洪钧. 新闻采访学[M]. 台北:正中书局(1986年初版十五刷),1955.

C. K. Riessman. 叙说分析[M]. 王勇智,邓明宇,译. 台北:五南图书出版股份有限公司,2003.(原书:C. K. Riessman. Narrative analysis(Qualitative Research Methods,vol. 3)[M]. Newbury Park,CA:Sage,1993.)

R. Wellek. 文学论[M]. 王梦鸥,等,译. 台北:志文出版社(再版),1992.(原书 R. Wellek. Theory of literature[M]. New York,NY:Harcourt,Brace & World,1948.)

王鹤,臧国仁. 从投诉新闻看民众之"传播权"——以《苹果日报》、《自由时报》、《联合报》、《中国时报》为例[J]. 台大新闻论坛,2014(13):35-62.

申丹. 叙事学理论探颐[M]. 台北:秀威信息科技公司,2014.

申丹,王丽亚. 西方叙事学:经典与后经典[M]. 北京:北京大学出版社,2010.

方怡文,周庆祥. 新闻采访理论与实务(第二版)[M]. 台北:正中书局,1999.

石安伶,李政忠. 双重消费、多重愉悦:小说改编电影之互文/互媒愉悦经验[J]. 新闻学研究,2014(118):1-53.

江静之. 电视全球暖化新闻之多媒材分析初探:以 TVBS"抢救地球"特别报道为例[J]. 新闻学研究,2014(120):47-78.

江静之. 报纸新闻如何自电视政治访谈选材? 以台湾2010年五都市长候选人专访新闻为例[J]. 新闻学研究,2012(111):1-42.

江静之. 我闻故我问:从对话分析取径看广电新闻访问者倾听[J]. 中华传播学刊,2010(17):207-234.

江静之. 从论述角度探析广电新闻访问者的现实与理想[M]. 台北:秀威信息科技公司,2009.

江静之. 广电新闻访问之机构情境与访问设计[J]. 新闻学研究,2009(99):119-168.

江静之.（书评）在新闻"故事"之后：新闻叙事技巧与伦理［J］.新闻学研究,2009(101)：347—353.

J. Huizinga.游戏人：对文化中游戏因素的研究［M］.成穷,译.台北：康德出版社,2004.（原书：J. Huizinga. Homo ludens：A study of the play-element in culture. Boston,MA：Beacon Press,1955.）

K. T. Strongman.情绪心理学［M］.安宗升,韦乔治,译.台北：商鼎文化出版社,1987.（原书：K. T. Strongman. The psychology of emotion(2nd. Ed.)［M］. Chichester,NY：Wiley,1978.）

朱幼隶.满城瓜相飘不散——浅谈想象力在新闻中的运用［J］.新闻爱好者,1997(9)：26—28.

朱光潜,等.名家谈写作［M］.台北：牧村图书有限公司,2001.

M. Stein.荣格心灵地图［M］.朱侃如,译.台北：立绪出版社,1999.（原书：M. Stein. Jung's map of the soul：An introduction［M］. Chicago,IL：Open Court,1998.）

J. Campbell.千面英雄［M］.朱侃如,译.台北：立绪出版社,1997.（原书：J. Campbell. The hero with a thousand faces(2nd. Ed.)［M］. Princeton,NJ：Princeton University Press,1968.）

朱则刚.建构主义知识论对教学与教学研究的意义.（载于）詹志禹编.建构论：理论基础与教育应用［M］.台北：正中书局,2002：208—214.

何纯.新闻叙事学［M］.长沙：岳麓书社,2006.

何智文.新闻照片之构意探析［J］.复兴岗学报,1996(58)：145—161.

余欣.索象于图,索理于书：写本时代图像与文本关系再思录［OL/CD］. http://big5. xjass. com/ls/content/2013-01/06/content_259848. htm,2016-03-20.

汪济生.系统进化论美学观［M］.北京：北京大学出版社,1987.

宋育泰.初探漫画中的图像叙事：社会符号学的观点［D］.世新大学口语传播研究所硕士论文,2009.

J. P. Sartre.想象心理学［M］.李一鸣,译.台北：结构群文化事业有限公司,1990.（原书：J. P. Sartre. The psychology of imagination［M］. Westport,CN：Greenwood Press,1948.）

R. J. Landy.戏剧治疗——概念、理论与实务［M］.李百龄,等,译.台北：心理出版社股份有限公司,1998.（原书：R. J. Landy. Drama therapy：Concepts, theories, and practices ［M］. Springfield, IL.：C. C. Thomas,1986.）

M. LeBoeuf. 如何善用想象力[D]. 李成岳, 译. 台北:中国生产力中心, 1991. (原书:M. LeBoeuf. Imagineering:How to profit from your creative powers[M]. New York, NY:McGraw-Hill, 1980)

李志雄. 亚里士多德古典叙事理论[M]. 湘潭:湘潭大学出版社, 2009.

李芷仪. 多人角色扮演在线游戏之叙事型态(形态)初探:以魔兽世界为例[D]. 世新大学传播管理研究所硕士论文, 2011.

李金铨. 大众传播理论(第四版)[M]. 台北:三民书局, 1988.

B. S. Brooks, G. Kennedy, D. R. Moen& D. Ranly. 当代新闻采访与写作[M]. 李利国, 黄淑敏, 译. 台北:周知文化事业股份有限公司, 1995. (原书:B. S. Brooks, G. Kennedy, D. R. Moen& D. Ranly. News reporting & writing(3rd. Ed.)[M]. New York, NY:St. Martin's Press, 1988.)

R. Arnheim. 艺术与视觉心理学[M]. 李长俊, 译. 台北:雄狮出版社, 1982. (原书:R. Arnheim. Art and visual perception:A psychology of the creative eye[M]. Berkeley, CA:University of California Press, 1967.)

李顺兴. 超文本文学中的制动点——类型与应用. (载于)东华大学中文系编. 文学研究的新进路——传播与接受[M]. 台北:洪叶文化事业有限公司, 2004:545-579.

R. Barthes. 流行体系(I)与(II):符号学与服饰符号[M]. 李维, 译. 台北:桂冠出版社, 1998. (原书:R. Barthes. Système de la mode[M]. Paris, FR:Éditions du Seuil, 1967.)

李璞珉. 心理学与艺术[M]. 北京:首都师范大学出版社, 1996.

J. V. White. 编辑探索:第一本完整的杂志编辑规划[M]. 沈怡, 译. 台北:美璟文化出版, 1990. (原书:J. V. White. Designing covers, contents, flash forms, departments, editorials, openers, products for magazines(2nd. Ed.)[M]. New York, NY:Bowker, 1982.)

Jan V. White. 创意编辑[M]. 沈怡, 译. 台北:美璟文化出版, 1989. (原书:Jan V. White. Editing by design:A guide to effective word-and-picture communication for editors and designers(2nd Ed.)[M]. New York, NY:Bowker, 1982.)

沈坚. 儿童教育心理学[M]. 北京:教育科学出版社, 1988.

杜绮文. 芭蕾舞与成年女性的身体实践[D]. 政治大学新闻研究所硕士论文, 2008.

吴芝仪. 叙事研究的方法论探讨. (载于)齐力、林本炫主编. 质性研究方法与资料分析[D].嘉义:南华大学教育研究所,2003:143—170.

M. Loebbert.故事让愿景鲜活:最有魅力的领导方式[M].吴信如,译.台北:商周出版公司,2005.(原书:M. Loebbert. Storymanagement:Der narrative Ansatz für Management und Beratung[M]. Stuttgart. Stuttgart, GE:J. G. Cotta'sche Buchhandlung Nachfolger GmbH,2003.)

吴兹娴.迷的前世、今生、未来:论新媒介科技迷[D].中华传播学会2008年会论文,新北:淡江大学,2008.

C. G. Jung.心理类型(上、下)[M].吴康,丁传林,赵善华,译.台北:桂冠出版社,1999.(原书:C. G. Jung. Psychological types(Trans. H. G. Baynes). Princeton,NJ:Princeton University Press,1971.)

T. Eagleton.文学理论导读[M].吴新发,译.台北:书林出版有限公司,1993.(原书:T. Eagleton. Literary theory:An introduction [M]. Minneapolis,MN:University of Minnesota Press,1983.)

邱英明.预算删九亿! 今翻案? [N].联合报,2007 年 12 月 5 日,第 C2 版.

金溥聪.从选举声刺(soundbite)看台湾电视新闻的公正性[J].民意研究季刊,1996(196):77—92.

季水河.新闻美学[M].北京:新华出版社,2001.

尚必武.叙事学研究的新发展——大卫·赫尔曼访谈录[J].外国文学,2009(5).参见:中国社会科学网[EB/OL]. http://www. cssn. cn/wx/wx_wyx/201505/t20150504_1718601. shtml,2016-07-11.

E. H. Gombrich. 艺术与错觉:图画再现的心理学研究[M].林夕,李本正,范景中,译.杭州:浙江摄影出版社,1987.(原书:E. H. Gombrich. Art and illusion:A study in the psychology of pictorial representation[M]. Princeton,NJ:Princeton University Press,1969.)

林正弘.从哲学观点看知识的可靠性.(载于)罗凤珠编.人文学导论[M].台北:正中书局,1995:220—227.

R. Selden,P. Widdowson&P. Brooker. 当代文学理论导读[M].林志忠,译.台北:巨流图书股份有限公司,2005.(原书:R. Selden,P. Widdowson & P. Brooker. A reader's guide to contemporary literary theory(4th Ed.)[M]. New York,NY:Prentice Hall,1997.)

林美珠.叙事研究:从生命故事出发[J].辅导季刊,2000(36):27—34.

E. Babbie.社会科学研究方法(第二版)[M].林秀云,译.台北:双业书局,2014.(原书:E. Babbie. The practice of social research(13th Ed.)[M]. Belmont,CA:Wadsworth,2013.)

J. Gleick. 混沌——不测风云的背后[M]. 林和,译. 台北:天下远见出版股份有限公司,2002.(原书:J. Gleick. Chaos:Making a new science[M]. New York,NY:Viking,1987.)

林金池."合作/非合作"语用原则——论记者与消息来源之语言互动策略[D]. 政治大学传播学院硕士在职专班硕士论文,2009.

林金池,臧国仁. 续论记者与消息来源之互动策略——以"合作/非合作"语用原则为例[J]. 台大新闻论坛,2010(9):3－36.

林东泰. 叙事新闻与数位叙事[M]. 台北:五南图书出版股份有限公司,2015.

林东泰. 电视新闻结构初探[J]. 新闻学研究,2011(108):225－264.

林东泰. 新闻叙事:情节的再现与阅读想象[D]. 中华传播学会年会发表论文,新北:淡江大学,2008.

林国源. 诗的表演——从波特莱尔出发[M]. 台北:黑眼睛文化公司,2008.

林韶怡,蔡敦浩. 自我述说的再回关:经验、书写与批判[J]. 应用心理研究,2013(57):1－3.

J. LeDuc. 史家与时间[M]. 林铮,译. 台北:麦田出版社,2004.(原书:J. LeDuc. Les historiens et le temps:Conceptions, problematiques, ecritures [M]. Paris,FR:Editions du Seuil,1999.)

林静伶. 语艺批评:理论与实践[M]. 台北:五南图书出版股份有限公司,2000.

G. Frazzetto. 其实大脑不懂你的心:揭开隐藏在神经科学下的情绪真貌[M]. 林肇贤,刘子菱,译. 台北:商周出版公司,2014.(原书:G. Frazzetto. How we feel:When neuroscience can and can't tell us about our emotions [M]. London,UK:Transworld Publishers Limited,2013.)

林丽云. 依附下的成长? 台湾传播研究典范的更迭兴替[J]. 中华传播学刊,2002(1):103－137.

P. Ekman. 心理学家的面相术:解读情绪的密码[M]. 易之新,译. 台北:心灵工坊文化事业股份有限公司,2004.(原书:P. Ekman. Emotions revealed:Understanding faces and feelings[M]. London,UK:Orion Books,2003.)

周雪舫. 事实与虚构:历史与文学中的戈都诺夫[J]. 辅仁历史学报,2009

（22）：149－195.

周树华.戴维斯的赞颂诗与伊丽莎白女王一世的肖像.（载于）刘纪蕙编.框架内外：艺术、文类与符号疆界[M].台北：立绪出版社，1999：123－160.

柯志明.历史的转向：社会科学与历史叙事的结合[J].台湾社会学，2005（10）：149－170.

E. Morin.复合思想导论[M].施植明，译.台北：时报文化出版公司，1993.（原书：E. Morin. Introduction à la pensée complexe[M]. Paris, FR：EME Editions Sociales Françaises(ESF)，1990.）

胡志毅.神话与仪式：戏剧的原型阐释[M].上海：学林出版社，2001.

胡佩芸.数位媒材对电影空间真实性的影响[D].台湾交通大学土木工程系博士论文，2012.

胡绍嘉.叙事、自我与认同：从文本考察到课程探究[M].台北：秀威信息科技公司，2008.

胡经之，王岳川编.文艺学美学方法论[M].北京：北京大学出版社，1994.（原书：N. Frye. Anatomy of criticism：Four essays[M]. Princeton, NJ：Princeton University Press，1957.）

夏春祥.众声喧哗的迷思——关于传播研究的迷思[J].中华传播学刊，2002（1）：3－26.

夏春祥.媒介记忆与新闻仪式：二二八事件新闻的文本分析（1947—2000）[D].政治大学新闻研究所博士论文，1999.

盛治仁.电视谈话性节目研究——来宾、议题结构及阅听人特质分析[J].新闻学研究，2005（84）：163－203.

曹欣欣.老相片在陈列展览中的作用[J].徐州师范大学学报，2009（6）.参见：http://www. chnmuseum. cn/Default. aspx? TabId ＝ 468&InfoID ＝ 33050&frtid＝468&AspxAutoDetectCookieSupport＝1，2016-03-06.

许绮玲.令我着迷的是，后头，那女仆.（载于）刘纪蕙编.框架内外：艺术、文类与符号疆界[M].台北：立绪出版社，1999：1－34.

R. Barthes.神话学[M].许蔷蔷，许绮玲，译.台北：桂冠出版社（再版），1997.（原书：R. Barthes. Mythologies[M]. New York, NY：Noonday Press，1972.）

许丽珍.从媒介生态更迭中再出发：八位记者的流浪纪实[D].政治大学传播学院硕士在职专班论文，2010.

姜颖，陈子轩."林来疯"的媒体再现和国族焦虑[J].新闻学研究，2014（118）：117－207.

姚一苇.艺术的奥秘[M].台北:台湾开明书局,1973.

A. A. Berger.通俗文化、媒介和日常生活中的叙事[M].姚媛,译.南京:南京大学出版社,2002.(原书:A. A. Berger. Narratives in popular culture, media,and everyday life[M]. Thousand Oaks,CA:Sage,1996.)

P. Jones.戏剧治疗[M].洪素珍,等,译.台北:五南图书出版股份有限公司,2002.(原书:P. Jones. Drama as therapy vol. 1:Theory,practice and research[M]. London,UK:Routledge,1996.)

H.-G. Gadamer.真理与方法:哲学诠释学的基本特征[M].洪汉鼎,译.台北:时报文化出版公司,1993.(原书:H.-G. Gadamer. Wahrheit und methode:Grundzüge einer pilosophischen hermeneutic[M]. Tübingen,DE:Mohr,1965.)

H.-G. Gadamer.诠释学II:真理与方法——补充和索引[M].洪汉鼎,夏镇平,译.台北:时报文化出版公司,1995.(原书:H.-G. Gadamer. Hermeneutik II:Wahrheit und Methode-Ergänzungen Register[M]. GR:Mohr Siebeck,1993.)

倪炎元.从语言中搜寻意识形态:van Dijk 的分析策略及其在传播研究上的定位[J].新闻学研究,2013(114):41—78.

唐士哲.重构媒介?"中介"与"媒介化"概念爬梳[J].新闻学研究,2014(121):1—39.

唐伟胜.文本、语境、读者:当代美国叙事理论研究[M].上海:上海世界图书出版公司,2013.

马西屏.新闻采访写作[M].台北:五南图书出版股份有限公司,2007.

马春.试论想象在新闻与文学写作中的运用[J].昭乌达盟族师专学报,2009(2):45—47.

D. Herman(Ed.).新叙事学[M].马海良,译.北京:北京大学出版社,2002.(原书:D. Herman(Ed.). Narratologies:New perspectives on narrative analysis[M]. Columbus,OH:The Ohio State University Press,1999.)

A. F. Osborn.实用想象学[M].师范,译.台北:文艺生活书房,2004.(原书:A. F. Osborn. Applied imagination:Principles and procedures of creative problem-solving[M]. New York,NY:Charles Scribner's Sons,1963.)

翁维薇.新闻访问之追问研究——以模糊及回避回答为例[D].政治大学新闻研究所硕士论文,2000.

A. Nicoll. 西欧戏剧理论[M].徐士瑚,译.北京:中国戏剧出版社,1985.(原书：A. Nicoll. World drama(2nd. Ed)[M]. London,UK：Chambers,1976.)

徐敬官.书写你的生命故事：自我叙事与身分（身份）认同[D].中华传播学会发表论文,澳门：澳门旅游学院,2004.参见：http://ccs. nccu. edu. tw/UPLOAD_FILES/HISTORY_PAPER_FILES/230_1. pdf,2014-02-10.

徐国峰.龙魂不灭——传播仪式中的社群记忆[D].政治大学广播电视系硕士论文,2004.

高小丽.转述言语与巴赫金的对话理论[J].外语学刊,2012(168)：37—40.

高惠宇.访谈高手[M].台北：希代书版有限公司,1995.

高珮瑄.图文叙事结构运用于成人绘本创作[D].台湾师范大学美术研究所硕士论文,2012.

高乐田.神话之光与神话之镜——卡西尔神话哲学的一个价值论视角[M].北京：中国社会科学出版社,2004.

郭岱轩.电视新闻叙事研究：以戏剧性元素运用为例[D].政治大学广播电视系硕士论文,2011.

郭重吉.建构论：科学哲学的省思.（载于）詹志禹编著.建构论：理论基础与教育应用[M].台北：正中书局,2002：2—12.

孙式文.图像设计与隐喻阅读[J].新闻学研究,2012(110)：171—214.

孙隆基.中国文化的"深层结构"[M].台北：唐山出版社,1990.

尉任之.补白大历史疏漏[N].中国时报・人间副刊,2015 年 10 月 13 日,第 D4 版.

C. Friend，D. Challenger&K. C. McAdams.美国当代媒体编辑操作教程[M].展江,霍黎敏,等,译.广州：南方日报出版社,2008.（原书：C. Friend, D. Challenger&K. C. McAdams. Contemporary editing[M]. New York, NY：McGraw-Hill,2004.)

梁玉芳.新闻基模之研究：专家与生手知识结构差异之探讨[D].政治大学新闻研究所硕士论文,1990.

野岛刚.任天堂岩田聪,用生命孵宝可梦[J].天下杂志,2016(606)：172—173.

D. Ackerman.气味、记忆与爱欲——艾克曼的大脑诗篇[M].庄安祺,译.台北：时报文化出版公司,2004.（原书：D. Ackerman. An alchemy of mind：The marvel and mystery of the brain[M]. New York,NY：Scribner, 2004.)

庄丽薇.自助旅行、观光与文化想象：以台湾的自助旅行论述为例[D].东海大学社会学系硕士论文,2006.

R. Barthes.明室[M].赵克非,译.北京：文化艺术出版社,2003.（原书：

R. Barthes. La chambre Claire:Note sur la photographie[M]. Paris,FR: Cahiers du cinéma,1980.)

程之行.新闻写作(第二版)[M].台北:商务印书馆,1981.

T. Kuhn. 科学革命的结构(第二版)[M].程树德,傅大为,王道还,钱永祥,译.台北:远流出版公司,1994.(原书:T. Kuhn. The structure of scientific revolution[M]. Chicago,IL:University of Chicago Press,1962.)

彭家发.非虚构写作疏释[M].台北:商务印书馆,1989.

彭聃龄.普通心理学[M].北京:北京师范大学出版社,1998.

叶冠伶.观光旅游图像的结构与解构——以淡水为例[D].淡江大学大众传播系硕士论文,2006.

叶胜裕.历史、转义、叙事:海登·怀特历史著述理论之研究[D].台湾大学历史研究所硕士论文,2006.

曾慧雯.水尢水某:无论欢乐、悲伤,电影都是最好的解药[J].康健杂志,2016(210).

曾庆香.新闻叙事学[M].北京:中国广播电视(影视)出版社,2005.

冯克力.老相片的"价值"[J].悦读,2012(25).参见:专题"老相片"札记[EB/OL]. http://www. 21ccom. net/articles/lsjd/tsls/article_2012021753839. html,2016-03-06.

冯品佳编.图像叙事研究文集[M].台北:书林出版有限公司,2016.

冯建国.曹文轩《根鸟》之原型研究[D].台东师范学院儿童文学研究所硕士论文,2001.

G. Kress & T. van Leeuwen. 解读影像[M].桑尼,译.台北:亚太书局,1999.(原书:G. Kress & T. van Leeuwen. Reading Images:The grammar of visual design. London,UK:Routlege,1996.)

陈之婷.儿童自我认同议题之绘本创作研究——以《欧玛》作品为例[D].台湾师范大学美术研究所硕士论文,2011.

A. Simmons. 说故事的力量:激励、影响与说服的最佳工具[M].陈文志,译.台北:脸谱出版社,2004.(原书:A. Simmons. The story factor: Inspiration,influence and persuasion through the art of storytelling[M]. Cambridge,MA:Perseus,2001.)

陈吉宝,陈狐狸.视觉讲义:24个全球青年艺术家的图像叙事[M].台北:大家出版社,2015.参见:http://solomo. xinmedia. com/archi/24907-books,2016-03-14.

陈安骏,臧国仁.新闻报导的时间共感与想象——叙事理论之观点[D].中华传播学会年会.新竹:交通大学,2011 年 7 月 4—6 日.

H．White.后现代史叙事学[M].陈永国,张万娟,译.北京:中国社会科学出版社,2003.(原书:H．White．Metahistory:The historical imagination in 19th - century Europe [M]．Baltimore, MA:John Hopkins University Press,1973.)

陈志成.从社会学的"角色理论"论戏剧演员的角色观点[J].网络社会学通讯期刊,2005.参见:http://mail. nhu. edu. tw/～society/e-j/46/46-09.htm,2016-02-14.

陈宛茜.李昂"杀夫"真人版　女主角来自上海奇案[OL/CD].联合新闻网,http://theme. udn. com/theme/story/6774/1840400,2016-07-20.

陈玟铮.部落格新闻叙事功能之初探[D].中华传播学会年会发表论文,台北:台湾大学集思会议中心,2006.

A．Morgan.从故事到疗愈——叙事治疗入门[M].陈阿月,译.台北:心灵工坊文化事业股份有限公司,2008.(原书:What is narrative therapy? An easy-to-read introduction[M]．Adelaide, AU:Dulwich Centre Publications,2000.)

陈金桂.创造思维运用能力[M].上海:上海文化出版社,1996.

陈秉璋,陈信木.艺术社会学[M].台北:巨流图书股份有限公司,1993.

R. L. Brett.幻想力和想象力[M].陈梅英,译.台北:黎明文化事业公司,1981.(原书:R. L. Brett．Fancy and imagination[M]．London, UK:Metheun,1969.)

陈淑钰.写实性图画书与想象性图画书对大班幼儿想象力的影响[D].南华大学美学与艺术管理研究所,2004.

陈顺孝.网络新闻叙事的实践与反思[J].传播管理学刊,2013,14(1):1—23.

C. W. Mills．社会学的想象力[M].陈强,张永强,译.北京:生活・读书・新知三联书店,2011.(原书:The sociological imagination[M]．New York, NY:Oxford University Press,2000.)

H．White.元史学:19 世纪欧洲的历史想象[M].陈新,译.南京:译林出版社,2009.(原书:H．White．Metahistory:The historical imagination in nineteenth-century Europe[M]．Baltimore, MD:Johns Hopkins University Press,1973.)

陈雅惠.探索网络新闻叙事新方向[J].新闻学研究,2014(121):127—165.

陈雅惠.由电子报"新瓶装旧酒"模式探索网络新闻叙事结构[D].交通大学"传播与科技研讨会"发表论文(新竹:交通大学,2013 年 10 月 24 日).

陈雅惠.探索网络新闻叙事结构[D].政治大学新闻研究所博士论文,2011.

陈雅惠.探询数位时代中叙事与媒介之关系[D].中华传播学会年会发表论文,新北:淡江大学,2008.

E. Freund.读者理论反应批评[M].陈燕谷,译.台北:骆驼出版社,1994.(原书:E. Freund. The return of the reader:Reader-response criticism[M]. London,UK:Methuen,1987.)

陈蕾.传播学本体研究的问题与路径[J].新闻学研究,2015(215):217—258.

陈怀恩.图像学:视觉艺术的意义与解释[M].台北:如果出版社,2008.

陈帼眉.幼儿心理学[M].台北:五南图书出版股份有限公司,1995.

R. Kumar.研究方法:入门与实务[M].黄光国,译.台北:双叶书廊有限公司,2014.(原书:R. Kumar. Research methodology:A step-by-step guide for beginners(3rd Ed.)[M]. London,UK:Sage,2011.)

黄秀雯,徐秀菊.绘本创作之创意思考教学研究——从观察、想象到创意重组[J].艺术教育研究,2004(8):29—71.

黄柏尧,吴怡萱,林奂名,刘倚帆.报纸读者投书版之多元性分析:以《中国时报》、《联合报》、《自由时报》为例[D].中华传播学会年会发表论文,台北:台湾大学,2005.

黄新生.媒介批评[M].台北:五南图书出版股份有限公司,1990.

华婉伶,臧国仁.液态新闻:新一代记者与当前媒介境况——以 Zygmunt Bauman"液态现代性"概念为理论基础[J].传播研究与实践,2011,1(1):205—237.

H. Adams.西方文学理论四讲[M].傅士珍,译.台北:洪范出版社,2000.(原书:H. Adams(n. d.). Four lectures on the history of criticism and theory in the West. n. p.)

傅修延.从西方叙事学到中国叙事学[J].中国比较文学,2014(4).参见:中国社会科学网[EB/OL]. http://www.cssn.cn/wx/wx_wyx/201506/t20150629_2052161.shtml,2016-07-07.

傅修延.试论青铜器上的"前叙事".(载于)傅修延主编.叙事丛刊[J],2009(2):3—57.

S. Cohan & L. M. Shires.讲故事:对叙事虚构作品的理论分析[M].张方,译.台北:骆驼出版社,1997.(原书:S. Cohan & L. M. Shires. Telling stories:A theoretical analysis of narrative fiction[M]. New York,NY:Routledge,1988.)

J. Berger & J. Mohr. 另一种影像叙事(第二版)[M]. 张世伦,译. 台北:脸谱出版社,2009. (原书:J. Berger & J. Mohr. Another way of telling[M]. New York,NY:Vintage Books,1995.)

C. W. Mills. 社会学的想象[M]. 张君玫,刘金佑,译. 台北:巨流图书股份有限公司,1995. (原书:C. W. Mills. The sociological imagination[M]. New York,NY:Oxford University Press,1959.)

S. McCloud. 制造漫画[M]. 张明,译. 北京:人民邮电出版社,2006. (原书:S. McCloud. Making comics:Storytelling secrets of comics,manga and graphic novels[M]. New York,NY:Harper,2006.)

张春兴. 张氏心理学辞典[M]. 台北:东华书局,1989.

张淑丽. 日常生活研究[J]. 人文与社会科学简讯,2009,10(3):22—28.

张逸良. 另一种表达:西方图像中的中国记忆[M]. 上海:上海三联书店,2016.

张汉良. 符号学的兴起与人文教育:重读拉丁文学《神凡配》. (载于)刘纪蕙编. 框架内外:艺术、文类与符号疆界[M]. 台北:立绪出版社,1999:219—238.

张锦华. 批判传播理论对传播理论及社会发展之贡献[J]. 新闻学研究,1991(45):57—79.

张锦华. 传播效果理论批判[J]. 新闻学研究,1990(42):103—121.

张璨文. 仲夏夜梦的变奏:从催眠曲看蒲瑟尔、孟德尔颂、布列顿对莎士比亚《仲夏夜之梦》的音乐诠释与改写. (载于)刘纪蕙编. 框架内外:艺术、文类与符号疆界[M]. 台北:立绪出版社,1999:285—324.

臧国仁. 新闻媒体与消息来源——媒介框架与真实建构之论述[M]. 台北:三民书局,1999.

臧国仁,蔡琰. 叙事传播——元理论思路与研究架构. (载于)史安斌主编. 全球传播与新闻教育的未来[M]. 北京:清华大学出版社,2014:105—119.

臧国仁,蔡琰. 初探"老人观点":以个案照片所述生命故事为例[D]. 中华传播学会年会发表论文,台北:铭传大学基河校区,2014年6月25—27日.

臧国仁,蔡琰. 大众传播研究之叙事取向——另一后设理论思路之提议[J]. 中华传播学刊,2013(23):159—194.

臧国仁,蔡琰. 新闻访问之叙事观——理论刍议[J]. 中华传播学刊,2012(21):3—31.

臧国仁,蔡琰. 旅行叙事与生命故事:传播研究取径之刍议[J]. 新闻学研究,2011(109):43—76.

臧国仁,蔡琰.新闻叙事之时空"窗口"论述——以老人新闻为例[J].新闻学研究(研究志要),2010(105):205-246.

臧国仁,蔡琰.旅行叙事与生命故事:传播研究取径之刍议[J].新闻学研究,2010(109):43-76.

臧国仁,蔡琰.传播与叙事——以"生命故事"为核心的理论重构[D].中华传播学会年会发表论文,新竹:玄奘大学,2009年6月6-8日.

臧国仁,蔡琰.传媒写作与叙事理论——以相关授课内容为例.(载于)"政大传播学院媒介写作教学小组"编.传媒类型写作[M].台北:五南图书出版股份有限公司,2009:3-28.

臧国仁,蔡琰.新闻访问:理论与个案[M].台北:五南图书出版股份有限公司,2007.

臧国仁,蔡琰.新闻访问之理论回顾与未来建议.(载于)臧国仁、蔡琰编.新闻访问:理论与个案[M].台北:五南图书出版股份有限公司,2007:227-274.

臧国仁,蔡琰.与老人对谈——有关"人生故事"的一些方法学观察[J].传播研究简讯,2005(42)(2005年5月15日):17-22.

臧国仁,蔡琰.新闻报导与时间叙事——以老人新闻为例[J].新闻学研究,2005,83(4月号):1-38.

臧国仁,蔡琰.新闻美学——试论美学对新闻研究与实务的启示[J].新闻学研究,2001,66(1月号):29-60.

臧国仁,锺蔚文.新闻记者如何问问题? 如何问好问题? 如何问对问题?(载于)臧国仁、蔡琰主编.新闻访问:理论与个案[M].台北:五南图书出版股份有限公司,2007:1-32.(原刊于臧国仁主编.新闻学与术的对话[D].台北:政大新闻研究所,1994:45-72.)

詹志禹.认识与知识:建构论 vs.接受观.(载于)詹志禹编著.建构论:理论基础与教育应用[M].台北:正中书局,2002:12-27.

詹志禹编.建构论:理论基础与教育应用[M].台北:正中书局,2002.

董小英.叙述学[M].北京:社会科学文献出版社,2001.

R. Barthes.符号学美学[M].董学文,王葵,译.台北:商鼎文化出版社,1992.(原书:R. Barthes. Elements of semiology[M]. New York,NY:Hill and Wang,1968.)

董健,马俊山.戏剧艺术的十五堂课[M].台北:五南图书出版股份有限公司,2008.

赵毅衡.广义叙述学:一个建议[J].叙事(中国版),2010(2):149-160.

赵毅衡."叙事"还是"叙述"——一个不能再"权宜"下去的术语混乱[J].外国文学评论,2009(2):228－232.

赵毅衡."叙述转向"之后——广义叙述学的可能性与必要性[J].叙事丛刊,2009(2):73－93.

赵静蓉."老相片":现代人的文化"乡愁"[EB/OL].http://www.gmw.cn/01ds/2006-12/06/content_518710,2012-12-20.

杨乃甄.解读电视剧《光阴的故事》的怀旧政治[D].中华传播学会年会发表论文,嘉义:中正大学,2010.

杨素芬.文本类型对阅读的影响:以新闻体与小说体为例[D].政治大学新闻研究所硕士论文,1996.

杨照.可怖之美就此诞生[N].中国时报·人间副刊,2001-09-19.

廖冠智,薛永浩.多向文本与故事基模:小学学童述说科学发明故事之历程探究[J].设计学报,2013(3):41－61.

H. Zettl. 映像艺术[M].廖祥雄,译.台北:志文出版社(中译第二版),1991.(原书:H. Zettl. Sight,sound,motion:Applied media aesthetics(2nd.Ed.)[M]. Belmont,CA:Wadsworth,1990.)

W. M. Boast & B. Martin. 擅变:看杰出领袖如何掌握变局[M].蔡依玲,译.台北:方智出版社,2000.(原书:W. M. Boast & B. Martin. Masters of change:How great leaders in every age thrived in turbulent times[M].Provo,UT:Executive Excellence,1997.)

M. Hyde & M. McGuinness. 荣格[M].蔡昌雄,译.台北:立绪出版社,1995.(原书:M. Hyde & M. McGuinness. Jung para principiantes/Jung for beginners(Spanish Ed.)[M]. Buenos Aires,AR:Errepar,1995.)

C. Vogler. 作家之路:从英雄的旅程学习说一个好故事[M].蔡娟如,译.台北:商周出版公司,2013.(原书:C. Vogler. The writer's journey:Mythic structure for writers(2nd Ed.)[M]. Studio City,CA:M. Wiese Productions,1998.)

D. J. Clandinin & F. M. Connelly. 叙说探究:质性研究中的经验与故事[M].蔡敏玲,余晓雯,译.台北:心理出版社股份有限公司,2003.(原书:D. J. Clandinin & F. M. Connelly. Narrative inquiry:Experience and story in qualitative research[M]. San Francisco,CA:Jossey-Bass,2000.)

蔡琰.电视剧:戏剧传播的叙事理论[M].台北:三民书局,2000.

蔡琰,臧国仁.数位时代的叙事传播:兼论新科技对传播学术思潮的可能影响[J].新闻学研究,2017(131):1—48.

蔡琰,臧国仁.新闻记者的想象思维——再论想象与新闻报导的关联[J].中华传播学刊,2014(26):267—300.

蔡琰,臧国仁.数位相片、家庭生命故事与代间学习计算机对传播与"后喻文化"的影响:理论提议[D].中华传播学会年会论文,台北:铭传大学基河校区:2014年6月25—27日.

蔡琰,臧国仁.新闻图文叙事之竞合论述关系:以"水淹高雄冈山晋德老人安养院"个案报导为例[J].新闻学研究,2012(111):89—128.

蔡琰,臧国仁.老人传播研究:十年回首话前尘[J].《中华传播学刊》专题论文,2011(19):25—40.

蔡琰,臧国仁.论新闻读者之"想象":初探"记实报导可能引发的线索[J].中华传播学刊,2010(17):235—268.

蔡琰,臧国仁.想象与创造性想象:新闻叙事思维再现的蓝图[J].国际新闻界,2010,32(6):6—13.

蔡琰,臧国仁.爷爷奶奶部落格——对老人参与新科技传播从事组织叙事之观察[J].中华传播学刊,2010(10):235—263.

蔡琰,臧国仁.老人接收新闻讯息之情感与记忆[J].中华传播学刊,2008(13):3—36.

蔡琰,臧国仁.熟年世代网际网络之使用与老人自我形象与社会角色建构[J].新闻学研究,2008(97):1—43.

蔡琰,臧国仁."创意/创新"与时间概念:叙事理论之观点[J].新闻学研究,2007,93(10):1—40.

蔡琰,臧国仁.由灾难报导检讨新闻美学的"感性认识":兼谈新闻研究向美学转向的几个想法[J].新闻学研究,2003(74):95—119.

蔡琰,臧国仁.新闻叙事结构:再现故事的理论分析[J].新闻学研究,1999,58(1月号):1—28.

蔡诗萍.再累,也请让我们活着——《不能没有你》观后[N].中国时报·人间副刊,2009年8月25日,第E4版.

M. M. Waldrop.复杂——走在秩序与混沌边缘[M].齐若兰,译.台北:天下远见出版股份有限公司,1994.(原书:M. M. Waldrop. Complexity:The emerging science at the edge of order and chaos[M]. New York,NY:Simon & Schuster,1993.)

鲁显贵.在时间与想象空间之摆荡的叙事:系统理论取径的重构尝试[J].

传播文化,2015(14).

郑宇伶.台湾电视新闻数位叙事个案分析[D].世新大学信息传播系硕士论文,2013.

潘慧玲.社会科学研究典范的流变[J].教育研究信息,2003(11):115—143.

潘慧玲.角色取替的探讨[J].教育研究所集刊,1994(35):193—207.

J. P. Sartre. 想象心理学[M]. 褚朔维,译. 北京:光明日报出版社,1988.（原书:J. P. Sartre. The psychology of imagination[M]. London, UK: Methuen,1972.）

锺敏华.儿童绘本与儿童语文创造力之教学行动研究[D].台东师范学院儿童文学研究所硕士论文,2003.

锺蔚文.想象语言:从 Saussure 到台湾经验.（载于）翁秀琪主编.台湾传播学的想象[M].台北:巨流图书股份有限公司,2004:199—264.

锺蔚文.谁怕众声喧哗? 兼论训练无能症[J].中华传播学刊,2002(1):27—40.

锺蔚文.从媒介真实到主观真实:看新闻,怎么看? 看到什么? [M].台北:正中书局,1992.

锺蔚文,陈百龄,陈顺孝.寻找数位时代的莎士比亚:使用数位工具其技艺之探讨[EB/OL].参见:http://www. google. com. tw/url? sa＝t&rct＝j&q＝&esrc＝s&source＝web&cd＝2&ved＝0ahUKEwiRmfHcnMDLAhUFppQKHcF7C5YQFggfMAE&url＝http％3A％2F％2Fdeepplay. km. nccu. edu. tw％2Fxms％2Fread_attach. php％3Fid％3D2953&usg＝AFQjCNF-Ah2DbkXgyVkFmtYP3uHEaRgEyg,2016-03-15.

锺蔚文,陈百龄,陈顺孝.数位时代的技艺:提出一个分析架构[J].中华传播学刊,2006(10):233—264.

锺蔚文,臧国仁,陈百龄,陈顺孝.探讨记者工作的知识基础——分析架构的建立[D].中华传播学会年会发表论文,嘉义:中正大学,1997.

锺蔚文,臧国仁,陈忆宁,柏松龄,王昭敏.台大 A 片事件的多重真实:框架理论的再思.（载于）翁秀琪、冯建三主编.台湾政治大学新闻教育六十周年庆学术研讨会论文集[D].台北:政治大学新闻系,1996:181—224.

滕守尧.审美心理描述[M].新北:汉京文化事业有限公司,1987.

R. Hopcke.导读荣格[M]. 蒋韬,译. 台北:立绪出版社,1997.（原书:R. Hopcke. A guided tour of the collected woks of C. J. Jung[M]. Boston, MA:Shambhala,1987.）

踏雪无痕.“弗莱的原型批评美学”[EB/OL]. http://blog. sina. com. cn/

s/blog_48a41e1d010005nc.html,2015-08-25(原文出自朱立元.人文杂志[J]. 1999,(2).N.D.)

S.K.Langer.情感与形式[M].刘大基,傅志强,周发祥,译.台北:商鼎 文化出版社,1991.(原书:S.K.Langer.Feeling and form[M].New York, NY:Scribner,1953.)

刘伶伶.官方消息来源之模糊传播研究:以马英九受CNN访谈内容为例 [D].政治大学新闻系硕士论文,2012.

刘宏文.建构主义的认识论观点及其在科学教育上的意义.(载于)詹志禹 编著.建构论:理论基础与教育应用[M].台北:正中书局,2002:264-284.

刘纪蕙编.框架内外:艺术、文类与符号疆界[M].台北:立绪出版 社,1999.

刘渼.创意说故事后叙事模式的教学应用研究[J].台北大学中文学报, 2008(4):1-34.

刘毅,郭永玉.叙事研究中的语境取向[J].心理科学,2014(37):770-775.

刘蕙苓.汇流下的变貌:网络素材使用对电视新闻常规的影响[J].新闻学 研究,2014(121):41-87.

钱怡儒.隐空间——以叙事设计探讨绘本图像符码转换之空间意涵[D]. 台中科技大学室内设计系硕士论文,2014.

赖玉钗.跨媒介叙事与扩展"叙事网络"历程初探:以国际大奖绘本之跨媒 介转述为例[J].新闻学研究,2016(126):133-198.

赖玉钗.绘本叙事转述为影像历程初探:以绘本《雨果的祕密》之跨媒介转 述为例[J].传播研究与实践,2015,5(2):79-120.

赖玉钗.图像叙事之跨媒介转述与阅听人美感反应初探:以绘本改编动画 之"互媒"历程为例[D].中华传播学会年会发表论文,高雄:义守大学,2015.

赖玉钗.无字绘本创作者召唤儿童参与之叙事策略初探:以美感传播历程 为思辨起点[J].新闻学研究,2014(119):161-209.

赖玉钗.图像叙事与美感传播:从虚构绘本到纪实照片[M].台北:五南图 书出版股份有限公司,2013.

赖玉钗.读者诠释无字绘本之美感传播历程初探:以安野光雅《旅之绘本》 书系为例[J].教育资料与图书馆学,2013,51(1):37-89.

赖玉钗.非虚构绘本叙事之召唤式结构初探:以纪实照片图像故事《小河 马欧文和它的麻吉》为例[J].艺术学报,2013(92):209-235.

赖玉钗.(书评)日常生活中的美感传播:评析《日常生活美学》[J].新闻学

研究,2010(105):277-283.

赖玉钗.读者理解与文本结构之交流过程:以阅读金庸武侠小说之"美感体验"为例[D].政治大学新闻研究所博士论文,2009.

L. Taylor & A. Willis. 大众传播媒体新论[M].简妙如,等,译.台北:韦伯文化国际出版有限公司,1999.(原书:L. Taylor & A. Willis. Media studies:Text, institutions and audiences [M]. New York,NY:Wiley - Blackwell,1999.)

简珮如.记忆·直觉想象——"时间系列"水墨创作研究[D].台南大学视觉艺术研究所论文,2006.

R. McKee. 故事的解剖:跟好莱坞编剧教父学习说故事的技艺,打造独一无二的内容、结构与风格[M].戴洛棻,黄政渊,萧少嵫,译.台北:漫游者文化事业股份有限公司,2014.(原书:R. McKee. Story:Substance,structure, style and the principles of screenwriting [M]. New York,NY:Regan Books,1997.)

龙迪勇.图像叙事与文字叙事——故事画中的画像与文本[J].(载于)傅修延主编.叙事丛刊,2009,(2):147-189.

卢岚兰.阅听人与日常生活[M].台北:五南图书出版股份有限公司,2007.

谢欣倩.城市中的流浪者:关于宣传车的批判民族志研究[D].中华传播学会年会发表论文,新北:世新会馆,1998年6月28—30日.

韩丛耀.图像传播学[M].台北:威仕曼文化事业股份有限公司,2005.

F. K. Baskette,J. Z. Sissors & B. S. Brooks. 现代新闻编辑学[M].薛心镕,译.台北:1987.(原书:F. K. Baskette,J. Z. Sissors&B. S. Brooks. The art of editing(3rd Ed.)[M]. New York,NY:Macmillan,1982.)

J. Appleby,L. Hunt&M. C. Jacob. 历史的真相[M].薛绚,译.台北:正中书局,1996.(原书:J. Appleby,L. Hunt&M. C. Jacob. Telling the truth about history[M]. New York,NY:Norton,1995.)

萧靖慧,徐秀菊.运用叙事课程之绘本创作教学研究[J].视觉艺术论坛, 2010(5):142-162.

顾薇薇.画中有"话"——论"无字童书"的设计[D].南京艺术学院硕士论文,2010.

二、英文部分

Aarseth, E. J. Cybertext: Perspectives on ergodic literature [M]. Baltimore, MR: The Johns Hopkins University Press, 1997.

Abrams, M. H. A glossary of literary terms (8th Ed.) [M]. Boston, MA: Thomson, 2005.

Adichie, A. (2009) The danger of a single story. TED Ideas worth spreading [EB/OL]. http://b. 3cdn. net/ascend/2029fab7aa68da3f31＿jqm6bn6lz. pdf, 2016-11-17.

Adler, G. , Fordham, M. &. Read, H. (Eds.). The collected works of C. G. Jung(Trans. R. F. C. Hull) [M]. Princeton, NJ: Princeton University Press, 1949.

Altheide, D. L. Journalistic interviewing. In J. F. Gubrium &. J. A. Holstein(Eds.). Handbook of interview research: Context &. method [M]. Thousands Oaks, CA: Sage, 2002:411－430.

Arnheim, R. Art and visual perception. A psychology of the creative eye [M]. Berkeley, CA: University of California Press, 1954.

Atkinson, M. &. Drew, P. Order in court: The organisation of verbal interaction in judicial settings [M]. Atlantic Highlands, NJ: Humanities Press, 1979.

Auer, P. &. de Luzio, A. (Eds.). The contextualization of language [M]. Amsterdam, NL: John Benjamins, 1992.

Aumont, J. The image (Trans. C. Pajackowska) [M]. London, UK: British Film Institute, 1997.

Bakhtin, M. The dialogic imagination: Four essays. Ed. by K. Clark &. M. Holquist(Trans. C. Emerson &. M. Holquist) [M]. Austin, TX: The University of Texas Press, 1984.

Bal, M. (Ed.). Narrative theory: Critical concepts in literary and cultural studies [M]. London, UK: Routledge, 2004.

Bal, M. Narratology: Introduction to the theory of narrative [M]. Toronto, CA: University of Toronto Press, 1997.

Bamberg, M. (Ed.). Narrative-State of the art [M]. Amsterdam, NL: John Benjamins, 2007.

Bamberg,M. &Andrews, M. (Eds.). Considering counter-narratives: Narrating, resisting, making sense (Vol. 4) [M]. Amsterdam, NL: John Benjamins,2004.

Banach,D. (n. d.) Tolstoy on arts[EB/OL]. http://www. anselm. edu/homepage/dbanach/h-tolstoy-banach. htm,2015-08-03.

Barnlund, D. C. A transactional model of communication. In. C. D. Mortensen(Eds.). Communication theory(2nd Ed.)[M]. New Brunswick, NJ:Transaction,2008:47—57.

Barthes, R. The semiotic challenge [M]. Oxford, UK: Basil Blackwell,1993.

Bauer, M. W. &Gaskell, G. Qualitative researching with text, image and sound:A practical handbook[M]. London,UK:Sage,2000.

Bauman,Z. Liquid life [M]. Cambridge,UK:Polity Press,2005.

Bauman,Z. Liquid modernit[M]. Cambridge,UK:Polity Press,2000.

Bavelas, J. B. , Black, A. , Chovil, N. &Mullett, J. Equivocal communication[M]. Newbury Park,CA:Sage,1990.

Beasley, B. Journalists' attitudes toward narrative writing [J]. Newspaper Research Journal,1998,10(1):78—89.

Beattie, G. W. Turn-taking and interruption in political interviews: Margaret Thatcher and Jim Callaghan compared and contrasted [J]. Semiotica,1982,39:93—114.

Bell,A. Telling stories. In D. Graddol & O. Boyd-Barrett (Eds.). Media texts:Authors and readers[M]. Clevedon, UK: Open University, 1994:100—118.

Bell,P. &van Leeuwen, T. The media interview:Confession, contest, conversation [M]. Kensington, AU: University of New South Wales Press,1994.

Belton,T. Television and imagination:An investigation of the medium's influence on children's story-making[J]. Media,Culture & Society,2001,23 (6):799—820.

Berelson,B. B. The state of communication research[J]. Public Opinion Quarterly,1959,23:1—2.

Berelson,B. B. ,Lazarsfeld,P. F. &McPhee,W. N. Voting:A study of opinion formation in a presidential campaign[M]. Chicago,IL:University of Chicago Press,1954.

Berger,J. The look of things:Essays[M]. New York,NY:Viking Press,2009.

Bird,S. E. The audience in everyday life:Living in a media world[M]. New York,NY:Routledge,2003.

Bird, S. E. &Dardenne, R. W. Rethinking news and myth as storytelling. In K. Wahl-Jorgensen & T. Hanitzsch(Eds.). The handbook of journalism studies[M]. New York:Routledge,2009:205—217.

Bird, S. E. &Dardenne,R. W. News and storytelling in American culture:Reevaluating the sensational dimension[J]. Journal of American Culture,1990,13:33—37.

Bird,S. E. & Dardenne,R. W. Myth,chronicle,and story:Exploring the narrative qualities of news. In J. W. Carey (Ed.). Media, myths and narratives:Television and the press[M]. Newbury Park,CA:Sage,1988:67—86.

Blauner,B. Still the big news:Racial oppression in America[M]. Philadelphia,PN:Temple University Press(originally published in 1972 by Prentice-Hall),2001.

Boden,D. &Zimmerman,D. H. (Eds.). Talk & social structure:Studies in ethnomethodology and conversation analysis[M]. Cambridge,UK:Polity Press,1991.

Bodkin, M. Archetypal patterns in poetry:Psychological studies of imagination[M]. London,UK:Oxford University Press,1934.

Bogost,I. ,Ferrari,S. &Schweizer,B. Newsgames:Journalism at play [M]. Cambridge,MA:The MIT Press,2010.

Booth,W. The rhetoric of fiction[M]. Chicago,IL:University of Chicago Press,1961.

Bordwell, D. Narration in the fiction film [M]. London, UK:Methuen,1985.

Bousfield,D. Impoliteness in interaction[M]. Amsterdam,NL:John Benjamins,2008.

Bousfield,D. &Locher,M. A. (Eds.). Impoliteness in language:Studies on its Interplay with Power in Theory and Practice[M]. Berlin,DE:Mouton de Gruyter,2008.

Brockett,O. G. History of the theatre(3rd Ed.)[M]. Boston,MA: Allen & Bacon,1977.

Brockmeier,J. & Carbaugh,D. (Eds.). Narrative and identity:Studies in autobiography,self and culture[M]. Amsterdam,NL:John Benjamins,2001.

Brown,R. H. A poetic for sociology:Towards a logic of discovery for the human sciences[M]. London,UK:Cambridge University Press,1977.

Brown, P. &Levinson, S. Universals in language usage: Politeness phenomena. In E. N. Goody(Ed.). Questions and politeness:Strategies in social interaction[M]. Cambridge,UK:Cambridge University Press,1978:56—311.

Brown,P. &Levinson, S. Politeness:Some universals in language use [M]. Cambridge,MA:Cambridge University Press,1987.

Bruner,J. The narrative construction of reality[J]. Critical Inquiry, 1991,18:1—21.

Bruner,J. Acts of meaning[M]. Cambridge, MA: Harvard University Press,1990.

Bruner,J. Actual minds,possible worlds[M]. Cambridge,MA:Harvard University Press,1986.

Bruns,A. Produsage:Towards a broader framework for user-led content creation[D]. Creativity and Cognition:Proceedings of the 6th ACM SIGCHI Conference on Creativity & Cognition,ACM,Washington,D.C.,USA,2007.

Bull, P. "Slipperiness, evasion, and ambiguity": Equivocation and facework in noncommittal political discourse[J]. Journal of Language and Social Psychology,2008,27:333—344.

Bull,P. Equivocation and the rhetoric of modernization:An analysis of televised interviews with Tony Blair in the 1997 British General Election[J]. Journal of Language and Social Psychology,2000,19(2):222—247.

Bull, P. Equivocation theory and news interviews [J]. Journal of Language and Social Psychology,1998,17(1):36—51.

Bull,P. Queen of hearts or queen of the arts of implication. Implicit criticisms and their implications for equivocation theory in the interview between Martin Bashir and Diana,Princess of Wales[J]. Social Psychological Review,1997,1:27—36.

Bull, P. E. & Mayer, K. How not to answer questions in political interviews[J]. Political Psychology,1993,14:651-666.

Campbell,R. 60 Minutes and the news:A mythology for Middle America[M]. Urbana,IL:The University of Illinois Press,1991.

Carey,J. Communication as culture:Essays on media and culture[M]. Boston,MA:Unwin Hyman,1992.

Carter, R. Mapping the mind [M]. London, UK: Weidenfeld & Nicolson,1998.

Chaffee, S. H. &Rogers, E. M. (Eds.). The beginnings of communication study in America:A personal memoir by Wilbur Schramm [M]. Thousand Oaks,CA:Sage,1997.

Chambers,D. Representing the family[M]. London,UK:Sage,2001.

Chatman,S. Story and discourse:Narrative structure in fiction and film [M]. Ithaca,NY:Cornell University Press,1978.

Clayman,S. E. News interview. In N. J. Smelser & P. B. Baltes (Eds.). International encyclopedia of the social & behavioral sciences[M]. Oxford,UK:Elsevier,2001:10642-10645.

Clayman,S. E. Footing in the achievement of neutrality. The case of news interview discourse. In P. Drew & J. Heritage(Eds.). Talk at work [M]. Cambridge,MA:Cambridge University Press,1992:163-198.

Clayman, S. E. News interviews openings: Aspects of sequential organization. In P. Scannell(Ed.). Broadcasting talk[M]. London, UK: Sage,1991:48-75.

Clayman,S. E. Displaying neutrality in television news interviews[J]. Social Problems,1988,35:474-492.

Clayman, S. E. &Heritage, J. The news interview:Journalists and public figures on the air [M]. Cambridge, UK: Cambridge University Press,2002.

Cohen,A. A. The television news interview[M]. Newbury Park,CA: Sage,1987.

Cohen,L. &Mannion,L. Research methods in education[M]. London, UK:Routledge,1980.

Cohler,B. J. & Cole, T. R. Studying older lives:Reciprocal acts of telling and listening. In J. E. Birren,G. M. Kenyon,J. -E. Ruth,J. J. F. Schroots&R. Svensson(Eds.). Aging and biography:Explorations in adult development[M]. NY:Springer,1996:61—76.

Colomer,T. ,Kümmerling-Meíbauer,B. &Silva-Diaz,C. New directions in picturebook research[M]. New York,NY:Routledge,2010.

Cragan, J. F. &Shields, D. C. Symbolic theories in applied communication research:Bormann, Burke, and Fisher[M]. Cresskill, NJ: Hampton Press,1995.

Craig,D. The ethics of the story:Using narrative techniques responsibly in journalism[M]. Lanham,MD:Rowman & Littlefield,2006.

Culler,J. Structuralist poetics:Structuralism,linguistics,and the study of literature[M]. Ithaca,NY:Cornell University Press,1975.

Culpeper, J. Impoliteness: Using language to cause offence[M]. Cambridge,MA:Cambridge University Press,2011.

Culpeper, J. Toward an anatomy of impoliteness[J]. Journal of Pragmatics,1996,25:348—367.

Culpeper,J. ,Bousfield,D. & Wichmann,A. Impoliteness revisited:With special reference to dynamic and prosodic aspects[J]. Journal of Pragmatics, 2003,35(10/11):1545—1579.

Czarniaswska,B. Narratives in social science research[M]. London,UK: Sage,2004.

Czarniaswska, B. Narrative, interviews, and ogranizations. In J. F. Gubrium & J. A. Holstein(Eds.)(2002). Handbook of interview research: Context & method[M]. Thousand Oaks,CA:Sage,2002:733—750.

Darwin,C. A. The expression of the emotions in man and animals[M]. London,UK:John Murray,1872.

Dayan,D. &Katz,E. Media events:The live broadcasting of history[M]. Cambridge,MA:Harvard University Press,1992.

de Certeau,M. The practice of everyday life(Trans. S. Rendall)[M]. Berkeley,CA:University of California Press,1984.

de Fina, A. &Georgakopoulou, A. (Eds.). The handbook of narrative analysis[M]. Malden,MA:John Wiley & Sons,2015.

Dewey,J. Intelligence in the modern world(collected works)[M]. New

York,NY:Modern Library,1935.

Dillon, J. T. The practice of questioning [M]. London, UK: Routledge,1990.

Dixon, R. A. &Gould, O. N. Adults telling and retelling stories collaboratively. P. B. Baltes & U. M. Staudinger (Eds.). Interactive minds:Life - span perspectives on the social foundation of cognition[M]. Cambridge,UK:Cambridge University Press,1996:221－241.

Donnelly,C. Linguistics for writers[M]. Albany,NY:State University of New York Press,1994.

Drew,P. & Heritage,J. (Eds.). Talk at work:Interaction in institutional settings[M]. Cambridge,UK:Cambridge University Press,1992.

Duranti, A. &Goodwin, C. (Eds.). Rethinking context:Language as interactive phenomenon [M]. Cambridge, UK: Cambridge University Press,1992.

Eakin, P. J. Living autobiographically:How we create identity in narrative[M]. Ithaca,NY:Cornell University Press,2008.

Eakin,P. J. Narrative identity and narrative imperialism:A response to Galen Strawson and James Phelan[J]. Narrative,2006,14(2):180－187.

Eakin,P. J. What are we reading when we read autobiography[J]. Narrative,2004,12:121－132.

Eastman,S. T. Broadcast/cable programing:Strategies and practices(4th Ed.)[M]. Belmont,CA:Wadsworth,1993.

Ekström,M. Theory review:Conversation analysis in journalism studies [J]. Journalism Studies,2007,8:964－973.

Ekström,M. Politicians interviewed on television news[J]. Discourse & Society,2001,12(5):563－584.

Ekström, M. , Kroon, A. &Nylund, M. (Eds.). News from the interview society[M]. Göteborg,SE:Nordicom,2006.

Elleström, L. Media borders, multimodality and intermediality [M]. Basingstoke,Hampshire,UK:Palgrave Macmillan,2010.

Ellis, C. & Berger, L. Their story/my story/our story:Indulging the researcher's experience in interview research. In J. F. Gubrium & J. A. Holstein(Eds.). Handbook of interview research:Context & method[M].

Thousand Oaks,CA:Sage,2002:849—876.

Engell,J. The creative imagination:Enlightenment to romanticism[M]. Cambridge,MA:Harvard University Press,1981.

Ettema,J. S. & Glasser,T. L. News values and narrative themes:Irony, Hypocrisy and other enduring values[D]. Paper presented to the ICA Conference,Dublin,Ireland,1990.

Field, S. Screenplay:The foundations of screenwriting[M]. New York, NY:Delacorte Press,1982.

Fisher,W. R. Human communication as narration:Toward a philosophy of reason,value and action[M]. Columbia,SC:University of South Carolina Press,1987.

Fishman,M. Manufacturing the news[M]. Austin,TX:The University of Texas,1980.

Fivush,R. & Haden,C. A. (Eds.). Autobiographical memory and the construction of a narrative self:Developmental and cultural perspectives[M]. Mahwah,NJ:L. Erlbaum,2003.

Frasca, G. Ludology meets narratology. Similitude and differences between(video) games and narrative[D]. Originally published in Finnish in Parnasso, 1999:3: 365 — 371. See http://www. ludology. org/articles/ ludology. htm,2015-08-11.

Frye,N. Anatomy of criticism:Four essays[M]. Princeton,NJ:Princeton University Press,1957.

Garcia,M. Contemporary newspaper design:A structural approach[M]. Englewood Cliffs,NJ:Prentice Hall,1993.

Garfinkel,H. Studies in ethnomethodology[M]. Cambridge,UK:Polity Press,1967.

Genette,G. Narrative discourse:An essay in method(Trans. J. E. Lewin)[M]. Ithaca,NY:Cornell University Press,1980.

Georgakopoulou, A. Small stories, interaction, identities[M]. Amsterdam,NL:John Benjamins,2007.

Georgakopoulou, A. The other side of the story:Toward a narrative analysis of narrative-in-interaction[J]. Discourse Studies,2006,8:235—257.

Gerbner,G. Homo-Narrans:Story-telling in mass culture and everyday life[J]. Journal of Communication,1985,35(4):73.

Gergen,K. J. An invitation to social construction[M]. London,UK: Sage,1999.

Gergen,M. A. &Gergen,K. J. Narrative in action. In M. Bamberg (Ed.). Narrative-State of the art[M]. Amsterdam,NL:John Benjamins, 2007:133—144.

Gladwell,M. The tipping point:How little things can make a big difference[M]. Boston,MA:Back Bay Books,2000.

Godzich,W. The time machine. In W. Godzich & J. Schulte - Sase (Eds.). Theory and history of literature (vol. 64). Narrative on communication[M]. Minneapolis,MI:University of Minnesota Press,1989:ix-xvii.

Goffman,E. Relations in public:Microstudies of the public order[M]. New York,NY:Basic Books,1972.

Goffman, E. On face - work: Analysis of ritual elements in social interaction[J]. Psychiatry, 1955, 18: 213 — 231. (Also see E. Goffman. Interaction ritual:Essays on face to face behaveiour[M]. Garden City,NY: Anchor,1967:5—45.)

Goodson,I. &Gill,S. Critical narrative as pedagogy[M]. New York, NY:Bloomsbury,2014.

Goodwin,M. H. He-said-she-said:Talk as social organization among black children[M]. Bloomington,IN:Indiana University Press,1990.

Graham,J. Turning the visual into the verbal:Children reading wordless books. In J. Evans(Ed.). What's in the picture? [M]. London,UK:Paul Chapman,1998.

Gready,P. The public life of narratives:Ethics,politics,methods. In M. Andrews,C. Squire&M. Tamboukou(Eds.). Doing narrative research(2nd Ed.)[M]. London,UK:Sage,2013:240—254.

Grice,H. P. Logic and conversation. In P. Cole & J. Morgan(Eds). Syntax & Semantics(vol. 3)[M]. New York,NY:Academic Press,1975.

Grishakova,M. &Ryan,M. -L. (Eds.). Intermediality and storytelling [M]. Berlin,DE:Walter de Gruyter GmbH & Co,2010.

Gubrium, J. F. &Holstein, J. A. (Eds.). Handbook of interview research:Context & method[M]. Thousands Oaks,CA:Sage,2002.

Gurevitch, M. &. Kavoori, A. P. Global texts, narrativity, and the construction of local and global meaning in television news[J]. Journal of Narrative and Life History,1994,4:9—24.

Hall,S. Representation:Cultural representations and signifying practices [M]. London,UK:Sage,1997.

Hall, S. Decoding and encoding. In S. During (Ed.). The cultural studies readers[M]. London,UK:Routledge,1993:90—103.

Harris,C. R. &. Lester,P. M. Visual journalism:A guide for new media professionals[M]. New York,NY:Allyn &. Bacon,2001.

Harris, S. Evasive action: How politicians respond to questions in political interviews. In P. Scannell(Ed.). Broadcast talk[M]. London,UK: Sage,1991:76—99.

Hatkoff, I. C. Hatkoff,P. Kahumbu &. Greste, P. Owen &. Mzee:The true story of a remarkable friendship [M]. New York, NY: Scholastic Press,2006.

Haydén,L. -C. Bodies, embodiment and stories. In M. Andrews,C. Squire&.M. Tamboukou. (Eds.). Doing narrative research(2nd Ed.)[M]. London,UK:Sage,2013:126—141.

Heider,F. The psychology of interpersonal relations[M]. New York, NY:Wiley,1958.

Heikkilä,H. &.Kunelius,R. Journalists imagining the European public sphere:Professional discourses about the EU news practices in ten countries [J]. Javnost-The Public,2006,13(4):63—80.

Heritage,J. Presenting Emanuel Schegloff. In C. Prevignano &. P. J. Thibault(Eds.). Discussing conversation analysis:The work of Emanuel A. Schegloff[M]. Amsterdam,NL:John Benjamins,2003:1—10.

Heritage, J. Conversation analysis and institutional talk. In D. Silverman (Ed.). Qualitative Research: Theory, Method and Practice[M]. Thousand Oaks,CA:Sage,1997:161—182.

Heritage, J. Analyzing news interviews:Aspects of the production of talk for an overhearing audience. In T. van Dijk (Ed.). Handbook of discourse analysis(vol. 3)[M]. New York,NY:Academic Press,1985:95—117.

Heritage, J. &.Greatbatch, D. On the institutional character of institutional talk: The case of news interview. In D. Boden & D. H. Zimmerman(Eds.). Talk and social structure: Studies in ethnomethodology and conversation analysis[M]. Cambridge, UK: Polity Press, 1993:93—137.

Herman, D. Storytelling and the sciences of mind[M]. Cambridge, MA: The MIT Press, 2013.

Herman, D. Approaches to narrative worldmaking. In M. Andrews, C. Squire & M. Tamboukou(Eds.). Doing narrative research(2nd Ed.)[M]. London, UK: Sage, 2013:176—197.

Herman, D. Basic elements of narrative[M]. Chichester, UK: Wiley-Blackwell, 2009.

Herman, D. (2004) Toward a transmedia narratology. In M. -L. Ryan (Ed.). Narrative across media: The languages of storytelling[M]. Lincoln, NE: University of Nebraska Press, 2009:47—75.

Herman, D. Toward a transmedia narratology. In M. -L. Ryan(Ed.). Narrative across media: The languages of storytelling[M]. Lincoln, NE: University of Nebraska Press, 2004:47—75.

Herman, D. Scripts, sequences, and stories: Elements of a postclassical narratology[J]. PMLA, 1997, 112:1046—1059.

Hirsch, M. Family frames: Photography, narrative, and postmemory [M]. Cambridge, MA: Harvard University Press, 1997.

Hovland, C. I. & Janis, I. L. (Eds.). Personality & Persuasibility[M]. New Haven, CT: Yale University Press, 1962.

Hovland, C. I. , Janis, I. L & Kelley, H. H. Communication and Persuasion: Psychological studies of opinion change[M]. New Haven, CT: Yale University Press, 1953.

Hutchins, E. & Nomura, S. Collaborative construction of multimodal utterances. In J. Streeck, C. Goodwin & C. Lebaron (Eds.). Embodied interaction: Language and body in the material world[M]. Cambridge, UK: Cambridge University Press, 2011:29—43.

Innis, H. Empire and communications[M]. Toronto, CA: University of Toronto Press, 1972.

Jacobs, R. N. Producing the news, producing the crisis: Narrativity, television and news work[J]. Media, Culture and Society, 1996, 18:373—397.

Jenkins, H. Convergence culture: Where old and new media collide[M]. New York, NY: New York University Press, 2006.

Jenkins, H. , Ford, S. &Green, J. Spreadable media: Creating value and meaning in a networked culture[M]. New York, NY: The NYU Press, 2013.

Johnstone, B. Stories, community, and place[M]. Bloomington, IN: Indiana University Press, 1996.

Jovchelovitch, S. &Bauer, M. W. Narrative interviewing. In M. W. Bauer & G. Gaskell(Eds.). Qualitative researching with text, image and sound: A practical handbook[M]. London, UK: Sage, 2000: 57—74.

Jucker, A. H. News interviews: A pragmalinguistic analysis [M]. Amsterdam, NL: John Benjamins, 1986.

Kaid, L. L. Bush-Rather confrontation. In L. L. Kaid & C. Holtz-Bacha (Eds.). Encyclopedia of political communication (vol. 1) [M]. Thousand Oaks, CA: Sage, 2008: 75.

Koch, T. The news as myth: Fact and context in journalism[M]. New York, NY: Greenwood, 1990.

Kress, G. Interpretation or design: From the world told to the world shown. In M. Styles & E. Bearne(Eds.). Art, narrative and childhood[M]. Staffordire, UK: Trentham Books, 2003: 137—153.

Kress, G. Literacy in the new media age [M]. London, UK: Routledge, 2003.

Krijnen, T. &Meijer, I. C. The moral imagination in primetime television [J]. International Journal of Cultural Studies, 2005, 8(3): 353—374.

Kristeva, J. Word, dialogue and novel. In T. Moi(Ed.). The Kristeva reader[M]. New York, NY: Columbia University Press, 1966/1986: 34—61.

Labov, W. Some further steps in narrative analysis [J]. Journal of Narrative and Life History, 1997, 7(1—4): 395—415.

Labov, W. The transformation of experience in narrative syntax. In W. Labov (Ed.). Language in the inner city: Studies in the Black English vernacular[M]. Philadelphia, PN: University of Pennsylvania Press, 1972: 354—396.

Labov, W. &Waletzky, J. Narrative analysis: Oral versions of personal experience[J]. Journal of Narrative and Life History, 1997, 7: 3 — 38. (Originally published in J. Helm(Ed.). Essays on the verbal and visual arts

[M]. Seattle,WA:University of Washington Press,1966:12－44.）

Lacey,N. Narrative and genre:Key concepts in media studies[M]. New York,NY:St. Martin's Press,2002.

Lasswell, H. D. The structure and function of communication in society. In L. Bryson(Ed.). The communication of ideas[M]. New York, NY:Harper and Brothers,1948:215－228.

Lászl,J. The science of stories:An introduction to narrative psychology [M]. London,UK:Routledge,2008.

Lazarsfeld,P. F. ,Berelson,B. & Gaudet,H. The People's choice: How the voter makes up his mind in a presidential campaign[M]. New York,NY: Duell,Sloan,and Pearce,1944.

LeDoux, J. The emotional brain: The mysterious underpinnings of emotional life[M]. New York,NY:Simon & Schuster,1996.

Leech, G. T. Principles of pragmatics [M]. London, UK: Longman,1983.

Leinaweaver,J. The coordinated management of a culturally diffused identity:Internationally adopted people and the narrative emplotment of self [D]. Unpublished Ph. D. Dissertation at the Fielding Graduate University,2008.

Levi-Strauss,C. The structural study of myth. In Structural Anthropology [M]. Trans. C. Jacobson and B. G. Schoepf. New York,NY:Basic Books, 1955:206－231.

Lewis,J. The absence of narrative:Boredom and the residual power of television news[J]. Journal of Narrative and Life History,1994,4(1 & 2):25－40.

Liebes,T. Narrativization of the news:An introduction[J]. Journal of Narrative and Live History,1994,4:1－8.

Littlejohn,S. W. Theories of human communication (6th Ed.)[M]. Belmont,CA:Wadsworth,1999.

Lull, J. Media, communication, culture: A global approach [M]. Cambridge,UK:Polity,1995.

Lyotard,J. -F. Discourse,figure(Trans. A. Hudek & M. Lydon)[M]. Minneapolis,MN:University of Minnesota Press,2011.

MacDonell, D. Theories of discourse:An introduction[M]. London,

UK:Basil Blackwell Ltd,1986.

Machill, M. , Kohler, S. &Waldhauser, M. The use of narrative structures in television news: An experiment in innovative forms of journalistic presentation[J]. European Journal of Communication,2007,22: 185—205.

McAdams,D. P. & Janis,L. Narrative identity and narrative therapy. In L. E. Angus & J. McLeod (Eds.). The handbook of narrative and psychotherapy[M]. Thousand Oaks,CA:Sage,2004:159—173.

McComas,K. ,Shanahan,J. Telling stories about global climate change measuring the impact of narratives on issue cycles [J]. Communication Research,1999,26:30—57.

McCormack, C. Storying stories: A narrative approach to in - depth interview conversations [J]. International Journal of Social Research Methodology,2004,7(3):219—236.

McGonigal,J. Reality is broken:Why games make us better and how they can change the world[M]. New York,NY:The Penguin Press,2011.

McHoul,A. W. The organization of turns at formal talk in the classroom [J]. Language in Society,1978,7:183—213.

McKee, R. Story - Substance, structure, style, and the principles of screenwriting[M]. New York,NY:Harper Collins,1997.

McLuhan,M. Essential McLuhan(Ed. E. McLuhan & F. Zingrone) [M]. New York,NY:Basic Books,1996.

McLuhan,M. The Gutenberg galaxy:The making of typographic man [M]. Toronto,CA:University of Toronto Press,1962.

McQuail, D. &Windahl, S. Communication models:For the study of mass communications[M]. London,UK:Longman,1981.

Maan,A. Counter-terrorism:Narrative strategies[M]. Lanham,MR: University Press of America,2014.

Martin, W. Recent theories of narrative [M]. Ithaca, NY: Cornell University Press,1986.

Martinengo, I. From the linguistic turn to the pictorial turn: Hermeneutics facing the "third Copernican revolution" [J]. Proceedings of the European Society for Aesthetics,2013,5:302—312.

Mehan,H. Learning lessons:Social organization in the classroom[M]. Cambridge,MA:Harvard University Press,1979.

Mihelj,S. ,Bajt,V. &M. Pankov. Television news,narrative conventions and national imagination[J]. Discourse and Communication,2009,3:57—78.

Mishler, E. G. Research interviewing:Context and narrative [M]. Cambridge,MA:Harvard University Press,1986.

Mitchell, W. J. T. Picture theory:Essays on verbal and visual representation[M]. Chicago,IL:University of Chicago Press,1994.

Mitchell,W. J. T. Iconology:Image,text,ideology[M]. Chicago,IL:The University of Chicago Press,1986.

Morson,G. S. &Emerson,C. Mikhail Bakhtin:Creation of a prosaics [M]. Stanford,CA:Stanford University Press,1990.

Mortensen,T. E. Perceiving play:The art and study of computer games [M]. New York,NY:Peter Lang,2009.

Mugabo,A. I. Television news:Story structure and scripts[EB/OL]. https://mco3206. wikispaces. com/file/view/TV+News+story+structure. pdf,2015-08-21.

Murray, M. Narrative psychology. In J. A. Smith(Ed.). Qualitative psychology:A practical guide to research methods[M]. London, UK:Sage, 2001:111—132.

Murray, M. (2006) Narrative psychology. In J. A. Smith (Ed.). Qualitative psychology:A practical guide to research methods[M]. London, UK:Sage,2001:111—132.

Nelson,H. L. (Ed.). Stories and their limits:Narrative approaches to bioethics[M]. New York,NY:Routledge,1997.

Nevile,M. Beyond the black box:Talk-In-Interaction in the airline cockpit[M]. Hants,UK:Ashgate,2004.

Nofsinger,R. E. Everyday conversation[M]. Newbury Park,CA:Sage,1991.

Ochs, E. &Capps, L. Living narrative:Creating lives in everyday storytelling[M]. Cambridge,MA:Harvard University Press,2001.

Ochs, E. &Capps, L. Narrating the self [J]. American Review of Anthropology,1996,25:19—43.

Ochs,E. ,Taylor,C. ,Rudolph,D. &Smith,R. Storytelling as a theorybuilding activity[J]. Discourse Processes,1992,15:37—72.

Ollerenshaw,J. A. &J. W. Creswell. Narrative research:A comparison of two restorying data analysis approaches[J]. Qualitative Inquiry,2002,8 (3):329—347.

Onega,S. &Landa,J. A. G. Narratology:An introduction[M]. London, UK:Longman,1996.

Orr,M. Intertextuality:Debates and contexts[M]. Cambridge,UK: Polity Press,2003.

Osborn,A. Your creative power:Learn how to unleash your imagination [M]. New York,NY:Hamilton Books,1949.

Ouranus(n. d.). Michel De Certeau 的日常生活理论[EB/OL]http:// tw. streetvoice. com/Ouranus/articles/110757/,2013-11-28.

Page,R. (Ed.). New perspectives on narrative and multimodality[M]. New York,NY:Routledge,2010.

Page,R. &B. Thomas(Ed.). New narratives:Stories and storytelling [M]. Lincoln,NE:University of Nebraska Press,2011.

Pantaleo,S. Exploring student responses to contemporary picturebooks [M]. Toronto,CA:University of Toronto Press,2008.

Pearce,W. B. Making social worlds:A communication perspective[M]. Oxford,UK:Blackwell,2007.

Peters, J. D. Institutional sources of intellectual poverty in communication research[J]. Communication Research,1986,13:527—559.

Peters, J. D. Speaking into the Air:A history of the idea of communication[M]. Chicago,IL:University of Chicago Press,1999.

Phelan,J. Editor's column:Who's here? Thoughts on narrative identity and narrative imperialism[J]. Narrative,2005,13(3):205—210.

Phoenix,A. Analysing narrative contexts. In M. Andrews,C. Squire & M. Tamboukou(Eds.). Doing narrative research(2nd Ed.)[M]. London,UK: Sage,2013:72—87.

Platt,J. (2000)The history of the interview. In J. F. Gubrium & J. A. Holstein(Eds.). Handbook of interview research:Context & method[M]. Thousand Oaks,CA:Sage,2002:33—54.

Prevignano, C. &Thibault, P. J. (Eds.). Discussing conversation analysis:The work of Emanuel A. Schegloff[M]. Amsterdam, NL: John Benjamins,2004.

Prince,G. Remarks on narrativity. In C. Wahlin(Ed.). Perspective on narratology:Papers from the Stockholm symposium on narratology[M]. Berlin,DE:Peter Lang,1996:95—106.

Propp,V. Morphology of the folktale(2nd Ed.). (Trans. L. Scott(and) with an introd. by S. Pirkova-Jakobson)[M]. Austin,TX:University of Texas Press(original work published in 1922),1968.

Quasthoff, U. M. &Becker, T. (Eds.). Narrative interaction[M]. Amsterdam,NL:John Benjamins,2005.

Rabinow,P. &Sullivan, W. The interpretive turn:Emergence of an approach. In P. Rabinow & W. Sullivan(Eds.). Interpretive social science [M]. Los Angeles,CA:University of California Press,1979.

Randall,W. L. Storied worlds:Acquiring a narrative perspective on aging,identity, and everyday life. In G. M. Kenyon,P. G. Clark&B. De Vries(Eds.). Narrative gerontology,theory,research,and practice[M]. New York,NY:Springer,2001:31—62.

Randall,W. L. & Kenyon,G. M. Ordinary wisdom:biographical aging and the journey of life[M]. Wesport,CN:Praeger,2001.

Randall,W. L. & McKim,A. E. Toward a poetics of aging:The links between literature and life[J]. Narrative Inquiry,2004,14(2):234—260.

Riessman,C. K. Entering the hall of mirrors:Reflectivity and narrative research. In A. de Fina & A. Georgakopoulou(Eds.). The handbook of narrative analysis[M]. Malden,MA :John Wiley & Sons,2015:219—238.

Riessman,C. K. Concluding comments. In M. Andrews,C. Squire&M. Tamboukou(Eds.). Doing narrative research(2nd Ed.)[M]. London,UK: Sage,2013:255—260.

Riessman,C. K. Analysis of personal narratives. In J. F. Gubrium and J. A. Holstein(Eds.). Handbook of interview research:Context and method[M]. Thousand Oaks,CA:Sage,2002:695—710.

Riessman,C. K. Narrative analysis[M]. Newbury Park,CA:Sage,1993.

Rimmon-Kenan, S. Narrative fiction:Contemporary poetics [M]. London,UK:Methuen,1983.

Roeh, I. Journalism as storytelling, coverage as narrative[J]. American Behavioral Scientist, 1989, 33(2): 162—168.

Rogers, E. M. A history of communication study: A biographical approach[M]. New York, NY: The Free Press, 1994.

Rogers, E. M. & Balle, F. The media revolution in America and in Western Europe[M]. Norwood, NJ: Ablex, 1985.

Rogers, E. M. & Shoemaker, F. F. Communication of innovations: A cross-cultural approach(2nd Ed.)[M]. New York, NY: Free Press, 1971.

Rosengren, K. E. Communication research: One paradigm or four? In E. M. Rogers & F. Balle (Eds.). The media revolution in America and in Western Europe[M]. Norwood, NJ: Ablex, 1985: 185—207.

Ryan, M. -L. Avatars of story: Traces the transformation of storytelling in the Digital Age[M]. Twin Cities, MN: University of Minnesota, 2006.

Ryan, M. - L. (Ed.). Narrative across media: The language of storytelling[M]. Lincoln, NE: University of Nebraska Press, 2004: 1—40.

Sacks, H. Lectures on conversation, vols. 1 & 2. Edited by G. Jefferson with introductions by E. A. Schegloff[M]. Oxford, UK: Blackwell, 1992.

Sacks, H. Notes on methodology. In J. M. Atkinson & J. Heritage (Eds.). Structures of social interaction: Studies in conversation analysis[M]. Cambridge, UK: University of Cambridge Press, 1984: 21—27.

Sacks, H., Schegloff, E. A. & Jefferson, G. A simplest systematics for the organization of turn-taking for conversation[J]. Language, 1974, 50: 696—735.

Saito, Y. Everyday aesthetics[M]. Oxford, UK: Oxford University Press, 2007.

Salen, K. & Zimmerman, E. Rules of play: Game design fundamentals[M]. Cambridge, MA: MIT Press, 2004.

Sarbin, T. R. The role of imagination in narrative construction. In C. Daiute & C. Lightfoot(Eds.). Narrative analysis: Studying the development of individuals in society[M]. Thousand Oaks, CA: Sage, 2004: 5—20.

Sarbin, T. R. Introduction and overview. In T. R. Sarbin (Ed.). Narrative psychology: The storied nature of human conduct[M]. New York, NY: Praeger, 1986.

Sartwell, C. End of story: Toward an annihilation of language and history[M]. Albany,NY:State University of New York Press,2000.

Schegloff,E. A. On talk and its institutional occasions. In P. Drew & J. Heritage(Eds.). Talk at work:Interaction in institutional settings[M]. Cambridge:Cambridge University Press,1992:101—134.

Schegloff, E. A. Between micro and macro:Contexts and other connections. In J. Alexander(Ed.). The micro-macro link[M]. Berkeley, CA:University of California Press,1987:203—234.

Schegloff,E. A. Sequencing in conversational openings[J]. American anthropologist,1968,70(6):1075—1095.

Schegloff,E. A. &Sacks,H. Opening up closings[J]. Semiotica,1973, 8:289—327.

Scholes,R. &Kellogg,R. The nature of narrative[J]. London,UK: Oxford University Press,1966.

Schorr,A. ,Campbell,W. &Schenk,M. Communication research and media science in Europe[M]. The Hague,NL:De Gruyter Mouton,2003.

Schramm,W. Communication research in the United States. In W. Schramm(Ed.). The science of human communication[M]. New York,NY: Basic,1963.

Schramm,W. How communication works. In W. Schramm(Ed.). The process and effects of mass communication[M]. Urbana,IL:University of Illinois Press,1954:3—26.

Schroots,J. J. F. The fractal structure of lives:Continuity and discontinuity in autobiography. In J. E. Birren,G. M. Kenyon,J.-E. Ruth, J. J. F. Schroots&T. Svensson. (Eds.). Aging and biography:Explorations in adult development[M]. New York:Springer,1996:117—130.

Schroots,J. J. F. &Birren,J. E. The study of lives in progress: Approaches to research on life stories. In G. D. Rowles & N. E. Schoenberg (Eds.). Qualitative gerontology: A contemporary perspective (2nd Ed.)[M]. New York,NY:Springer,2002:51—67.

Schutz,A. &Luckmann,T. The structures of the life-world(Trans. R. M. Zaner & H. T. Engelhardt, Jr.)[M]. Evanston,IL: Northwestern University Press,1973.

Schwandt, T. A. Constructivist, interpretivist approaches to human inquiry. In N. K. Denzin & Y. S. Lincoln(Eds.). Handbook of qualitative research[M]. Thousand Oaks,CA:Sage,1994:118—137.

Shannon,C. & Weaver,W. The mathematical theory of communication [M]. Urbana,IL:The University of Illinois Press,1949.

Shuman,A. Story ownership and entitlement. In A. de Fina & A. Georgakopoulou(Eds.). The handbook of narrative analysis[M]. Malden, MA :John Wiley & Sons,2015:38—56.

Shuman,A. Entitlement and empathy in persona narrative. In M. Bamberg(Ed.). Narrative:State of the art[M]. Amsterdam, NL:John Benjamins,2007:175—184.

Shuman,A. Other people's stories:Entitlement claims and the critique of empathy[M]. Urbana,IL:University of Illinois Press,2005.

Sigal,L. V. Sources make the news. In R. K. Manoff & M. Schudson (Eds.). Reading the news:A pantheon guide to popular culture[M]. New York,NY:Pantheon Books,1986:9—37.

Silverman,D. Communication and medical practice[M]. London,UK: Sage,1987.

Simons,J. Narrative, games, and theory[J]. International Journal of Computer Game Research,2007,7. Also see http://gamestudies. org/0701/ articles/simons,2016-04-14.

Slaughter,J. A question of narration:The voice in international human rights law[J]. Human Rights Quarterly,1997,19:406—430.

Sommer,R. (2012)The merger of classical and postclassical narratologies and the consolidated future of narrative theory. Interdisciplinary E-Journal for Narrative Research[EB/OL]. http://www. diegesis. uni-wuppertal. de/ index. php/diegesis/article/view/96/93,2015-08-11.

Spence, D. P. Narrative truth and historical truth:Meaning and interpretation in psychoanalysis[M]. New York,NY:W. W. Norton,1982.

Spence, J. &Holland, P. (Eds.). Family snaps:The meanings of domestic photography[M]. London,UK:Virago Press,1991.

Spencer,M. M. What more needs saying about imagination? [J]. The Reading Teacher,2003,57(1):105—111.

Squire, C. , Andrews, M. &Tamboukou, M. (Eds.). Doing narrative research(2nd Ed.)[M]. London,UK:Sage,2013:1—26.

Stephenson,W. The play theory of mass communication[M]. Chicago, IL:University of Chicago Press,1967.

Tanner,M. The literary mind[M]. Oxford,UK:The Oxford University Press,1996.

Taylor, S. J. &Bogdan, R. Introduction to the qualitative research methods(2nd Ed.)[M]. New York,NY:John Wiley,1984.

ten Have, P. Applied conversation analysis. In A. McHoul & M. Rapley(Eds.). How to analyse talk in institutional settings:A casebook of methods[M]. London,UK:Continuum,2001.

Tu,D. L. Feature and narrative storytelling for multimedia journalists [M]. New York,NY:Focal Press,2015.

van Dijk,T. A. (Ed.). Discourse structure & process[M]. London, UK:Sage,1997.

van Dijk,T. A. Stories and racism. In D. K. Mumby(Ed.). Narrative & social control:Critical perspectives[M]. Newbury Park,CA:Sage,1993:121—142.

van Dijk,T. A. News analysis:Case studies of international and national news in the press[M]. Hillsdale,NJ:Lawrence Erlbaum Associates,1989.

van Dijk, T. A. News as discourse [M]. Hillsdale, NJ: Lawrence Erlbaum Associates,1988.

Vasquez, G. M. A homo narrans paradigm for public relations: Combining Bormann's symbolic convergence theory and Grunig's situational theory of publics[J]. Journal of Public Relations Research,1993,5:201—216.

Velody,I. &Williams,R. The politics of constructionism[M]. London, UK:Sage,1998.

Vincent,R. C. ,Crow,B. K. &Davis,D. K. When technology fails:The drama of airline crashes in network television news [J]. Journalism Monographs,1989,No. 117.

Waldman,M. R. "The otherwise unnoteworthy Year 711":A replay to Haden White. In W. J. T. Mitchell(Ed.). On narrative[M]. Chicago: University of Chicago Press,1981:240—248.

Weick,K. Organizing and failures of imagination[J]. Public Management: An International Journal of Research and Theory,2005,8(3):425—438.

Weick,K. E. The social psychology of organizing[M]. Reading,MA: Addison-Wesley,1979.

West,C. Routine complications. Troubles with talk between doctors and patients[M]. Bloomington,IN:Indiana University Press,1984.

White,H. The values of narrativity in the representation of reality. In J. J. Appleby, E. Covington, D. Hoyt, M. Latham&A. Snieder (Eds.). Knowledge and postmodernism in historical perspective[M]. New York,NY: Routledge,1996:5—27.

Wiener,N. Cybernetics,or control and communication in animal and the machine[M]. New York,NY:John Wiley,1948.

Williams, C. (1997) The meaning of family photographs [EB/OL]. http://dostalproject. weebly. com/meaning-of-family-photos. html,2016-03-06.

Wong,A. The whole story, and then some:"Digital storytelling" in evolving museum practice[D]. Paper presented to the annual conference of Museums and the Web. Chicago,IL,USA,2015,April 8—11.